El Concepto de Wesley Sobre la Perfección Cristiana

EL CONCEPTO DE WESLEY
Sobre la Perfección Cristiana

Leo George Cox, Ph.D.

CASA NAZARENA DE PUBLICACIONES

ISBN 978-1-56344-063-2

Publicado por
Casa Nazarena de Publicaciones
17001 Prairie Star Parkway
Lenexa, Kansas 66220 USA

Reimpresión, 2012

Traductor: Josué Mora

Originalmente publicado en inglés con el título:
    John Wesley's Concept of Perfection
    By Leo George Cox
    Copyright © 1964
    Published by Beacon Hill Press of Kansas City
    A division of Nazarene Publishing House
    Kansas City, Missouri 64109 USA

    This edition published by arrangement with
    Nazarene Publishing House.
    All rights reserved.

Todos los derechos reservados.

Ninguna parte de esta publicación podrá ser reproducida, procesada por ningún sistema que la pueda reproducir transmitir en alguna forma o medio electrónico, mecánico, fotocopia, cinta magnetofónica u otro excepto para breves citas en reseñas, sin el permiso previo de los editores.

Para
ESTHER,
la reina de mi hogar,
quien me inspira continuamente,
con su paciente confianza en mí.

CONTENIDO

I. INTRODUCCIÓN 11
   A. Perfeccionismo en el Cristianismo 12
   B. La Contribución de Wesley al Ideal 16
   C. Perfeccionismo y el Pensamiento Contemporáneo ... 20
   D. Problemas en los Estudios sobre Wesley 22
   C. Fuentes de los Materiales 27

II. EL PECADO Y LA GRACIA 33
   A. La Corrupción Total del Hombre 33
   B. *Sola Gratia* 37
   C. La Expiación en Cristo 42
   D. La Gracia Capacitadora 46
   E. Pecados Voluntarios 54
   F. El Pecado en los Creyentes 63
   G. *Sola Fide* 69
   H. Las Buenas Obras 74

III. PASOS O ETAPAS DE LA PERFECCIÓN 89
   A. Justificación 93
   B. Regeneración 98
   C. La Santificación Inicial 103
   D. La Santificación Gradual 107
   E. La Entera Santificación 113
   F. Glorificación 119

IV. LA PERFECCIÓN PRESENTE 127
   A. Es Obtenible 129
   B. Es Escritural 133
   C. Es una Experiencia 138
   D. Es Pureza 147
   E. Es una Obra del Espíritu Santo 156
   F. Seguridad y Testimonio 162
   G. Obediencia a la Ley del Amor 168

V. LOS LÍMITES HUMANOS 181
   A. La Existencia Finita 182
   B. El Cuerpo Corruptible 185
   C. La Mente Imperfecta 188
   D. ¿Carnal o Humano? 193
   E. La Santidad Externa 199

VI. LOS PECADOS DEL SANTIFICADO 209
   A. Pecado de Ignorancia 210
   B. Flaquezas del Cuerpo 212
   C. Pecados Sociales 215
   D. Caídas de la Gracia 219
   E. Tentaciones 223
   F. De Momento a Momento 228

VII. RESUMEN Y CONCLUSIÓN 237
   A. Resumen de la Doctrina de Wesley 237
   B. La Perfección en el Metodismo Norteamericano . 241
   C. Sectas Norteamericanas de Santidad 250
   D. Conclusión 255

BIBLIOGRAFÍA 263

PREFACIO

El material en este libro fue preparado como una disertación, parte de los requisitos para recibir el título de doctor en filosofía, que la Universidad de Iowa le otorgó al autor en junio de 1959. Es un estudio cuidadoso, completo, y bien documentado de las enseñanzas de Juan Wesley sobre la perfección. Aquí tenemos un intento laborioso y exhaustivo de entender a Wesley a la luz de su orientación o tradición anglicana y reformada, y desde la perspectiva del movimiento y enseñanzas que le siguieron. Será de mucha utilidad para cualquier laico inclinado al estudio, y que también tenga el propósito de "ser dotado de todos los dones cristianos, y ser lleno de luz, gracia, sabiduría y santidad" (*John Wesley's Explanatory Notes upon the New Testament*).

Este libro debe estar en la biblioteca de todo pastor que busca "ser aprobado por Dios" en sus esfuerzos para "enseñar, para redargüir, para corregir, para instruir a otros" (Juan Wesley). El estudiante al ministerio tiene en este libro un comentario de gran valor sobre las enseñanzas bíblicas acerca de la doctrina de la perfección cristiana.

Juan Wesley expresó el alto concepto que tenía de las Escrituras y de la interpretación correcta de la misma, en la forma siguiente: "La Biblia es el sistema más sólido y valioso de verdades divinas. Todas sus partes tienen la aprobación divina. Es la fuente de sabiduría celestial y quienes la llegan a probar la prefieren sobre todos los escritos de los hombres, ya sean sabios, eruditos o píos."

Publicamos este volumen con la convicción profunda que es una contribución distintiva a la literatura de santidad de nuestro día.

—*Los Editores*

CAPÍTULO I

INTRODUCCIÓN

"Apenas podrá encontrarse en la Sagrada Escritura", escribió Juan Wesley en su sermón sobre la "Perfección Cristiana", "otra palabra que haya sido causa de mayor escándalo que esta. Los hombres aborrecen la palabra *perfección*. Su sonido les es como una abominación." Wesley no se refería a hombres impíos y perversos que se oponían a esta palabra, sino a unos que profesaban ser cristianos. El se dio cuenta de la fuerza de la oposición levantada por los que no seguían la enseñanza de la perfección en su día, y comprendió el "escándalo" que había sido para muchos.

Algunos aconsejaron a Wesley que hiciera a un lado esas expresiones, y muchos otros en su día y en el presente han deseado que hubiera seguido tal consejo. Pero Wesley insistió en usar estos términos, argumentando que se encontraban en "los oráculos de Dios". Siendo que se encuentran allí, ni él ni nadie más tenían la autoridad de hacerlos a un lado. Para ser un ministro obediente de Cristo, él debía declarar "todo el consejo de Dios". En lugar de hacerlos a un lado, uno debe explicar estos términos y darles su significado correcto. Wesley dedicó gran parte de su tiempo, durante un período de más de cincuenta años tratando de presentar lo que él creía que las Escrituras enseñan acerca de la perfección cristiana.[1]

Con frecuencia Wesley empezaba algún tratado o carta con las siguientes palabras: "En 1729, dos hombres jóvenes, leyendo la Biblia, vieron que sin santidad sería imposible ser salvos, así que la buscaron e invitaron a otros a hacer lo mismo."[2] Para él, la perfección o santidad era una meta que debía buscarse y encontrarse. Wesley vio este ideal en la Biblia, y su búsqueda, aunada a la de otros, resultó en una producción continua de panfletos, cartas y sermones que describían tal búsqueda, y que exhortaban a los lectores a buscar tal perfección, y que explicaban el significado de dicha experiencia. Wesley creía de todo corazón en esta experiencia, y, aunque no le interesaban ciertas opiniones y expresiones particulares, sí estaba interesado en que le escucharan y lo entendieran.

Puesto que he sido un admirador de Wesley por muchos años, esta investigación que se basó en muchos de sus escritos, resultó un placer muy singular. Se espera sinceramente que lo que hemos hecho en este estudio —catalogar, pesar y organizar los pensamientos de Wesley sobre la perfección— en lugar de que sea motivo de "escándalo" a alguien, produzca un interés en este tema cristiano, y ayude a entender más claramente a Wesley.

A. Perfeccionismo en el Cristianismo

No podemos leer a Wesley por mucho tiempo sin darnos cuenta que él encontró en la Biblia la mayoría de sus ideas acerca de la perfección. Los ideales de la vida perfecta —una vida dedicada a Dios, vivida de acuerdo a la voluntad divina— se encuentran tanto en el Antiguo Testamento como en el Nuevo. Wesley afirmó ser el hombre de un libro, y siempre buscó sus doctrinas en la Palabra de Dios. El no podía entender la oposición tan tenaz de otros cristianos, puesto que él creía que sus enseñanzas sobre la perfección eran escriturales. Wesley no creía que la terminología fuera importante, pero sí insistía en la realidad representada por dichos términos.[3]

En el Antiguo Testamento se hallan conceptos de la perfección, y cuando la iglesia del Nuevo Testamento nació, ya tenía una literatura rica con un ideal para el pueblo de Dios. Especialmente en la literatura profética del Antiguo Testamento hay una exhortación a "la integridad moral, la plenitud, la sanidad y la sinceridad, o perfección". Se esperaba esta perfección de todo el pueblo de Dios.[4] Los cristianos del Nuevo Testamento se vieron a sí mismos como el Israel verdadero, y anticipaban una redención completa en Cristo. Tal vez este ideal de perfección esté más implícito que explícito en el Nuevo Testamento, pero cuando estas Escrituras se consideran como un todo, la convicción de que este ideal se puede alcanzar se hace un poco más clara.

El hecho de que Wesley haya encontrado la doctrina de la perfección en la Biblia, no quiere decir que todas las deducciones que él obtuvo de las Escrituras son válidas. Lo único en que insistimos aquí es que el movimiento perfeccionista en el cristianismo no tuvo que buscar fuera la Biblia para su inspiración. El ideal de la vida cristiana perfecta comenzó cuando la iglesia principió. Tal vez todas las ideas no sean presentadas con claridad en el Nuevo Testamento, razón que le abrió la puerta a una variedad de interpretaciones, pero el privilegio de tener cabal comunión con Dios era para todos.[5]

¿Retuvo este ideal cristiano la iglesia primitiva del segundo y tercer siglos? Admitimos sin discutir que la iglesia se apartó del ideal, antes de que tuviera muchos años de existencia. Wesley vio que "el misterio de la iniquidad" había empezado a hacer su obra casi inmediatamente.[6] Casi desde el principio hubo una separación o defección del resplandor original de la espiritualidad clásica de la iglesia primitiva.[7] En el siglo II los apologistas cristianos, en su intento de defender el cristianismo ante sus críticos, y de hacerlo comprensible, redujeron el evangelio al hacer el cristianismo equivalente al conocimiento perfecto y a ser perfecto.[8] Gradualmente la idea de la iglesia fue tomando el lugar de la idea del reino. Este cambio de ideas causó una demora de la gran esperanza de una purificación rápida en esta vida. "El escenario estaba listo para la aparición de Agustín, quien combinaría la esperanza de una *Civitas Dei* en la tierra, con una profunda convicción de que solamente en el mundo venidero se obtendría la verdadera bienaventuranza del cristiano."[9]

Se ve claramente que Agustín tenía un ideal. Un hombre como él, por su fe cristiana, encontraría desde luego una perfección que podía ser disfrutada en esta tierra, pero que encontraría su culminación solamente en la eternidad. Antes de su controversia con Pelagio, esta perfección era "una realidad, un puerto, para el espíritu anhelante". Pero su controversia con Pelagio hizo que surgiera la idea de la posibilidad de vivir sin pecado en esta vida, y parece que Agustín la niega. Solamente Jesús y su madre no conocieron pecado. Sin embargo, cuando Agustín se apartó de las definiciones negativas, se volvió más perfeccionista, y su "idea central era la del *Summum Bonum*, que en cierta medida se puede gozar en esta vida".[10] Empero, en sus escritos hay declaraciones contradictorias, que demandan una explicación a la luz de sus retractaciones. "No hay nadie perfecto en esta vida. Hay una perfección en esta vida." Pero esta perfección es sólo relativa y es para los extranjeros en la tierra que todavía no "poseen su hogar prometido". Uno nunca debe asignar para esta vida ninguna parte de este ideal que yace sólo más allá de la tumba.[11]

Cualquiera que haya sido la influencia que las ideas de Agustín hayan tenido en las generaciones sucesivas de la iglesia, su concepto sobre la perfección ha quedado con nosotros. En la Edad Media el ideal no se perdió de vista, pero estuvo en gran parte reservado para almas valientes. El intenso énfasis de la Reforma en la salvación por la fe solamente dejó al hombre tan incapacitado de deshacerse de su pecado, que no se esperó ningún grado de perfección en su vida actual. El hecho es que el término mismo era un reproche.[12] En este libro explicaremos algunas diferencias entre los reformadores y Wesley. La Reforma fue una reacción contra lo que los reformadores veían como "la justicia por las obras" del catolicismo, y que ellos consideraron como una forma de perfeccionismo. Hay una relación entre el concepto sostenido por la Iglesia Católica y la posición de Wesley, como veremos más tarde, pero con frecuencia la polémica de los reformadores contra "la justicia por las obras" tal como ellos la vieron, no es válida contra la perfección wesleyana.

Aunque tenemos que admitir este alejamiento del elevado ideal del Nuevo Testamento que ocurre tanto en la iglesia del período medioeval como en las iglesias de la Reforma, no debemos aceptar que hubo un eclipse completo del ideal de la santidad. Cuando la iglesia apenas estaba dando sus primeros pasos, algunos hombres se empezaron a apartar de la sociedad. En toda la larga historia de la iglesia "el monasticismo es el intento más atrevido o temerario con el propósito de obtener la perfección cristiana". Estos hombres deseaban ser perfectos. San Antonio se lanzó tras las virtudes que había visto en otros. Deseaba obtener la victoria sobre Satanás, así que se apartó a una vida solitaria. Ya sea que nos gusten o no los métodos que usaron los monjes, es evidente que su móvil inicial era encontrar la perfección cristiana.[3]

En el monasticismo la idea no siempre brilló con claridad, pero hubo períodos de avivamiento y reforma cuando los monjes

Introducción   15

y frailes ayudaron a restaurar la religión pura. Uno puede ver también la restauración de este deseo de santidad en muchos de los movimientos marginales en el cristianismo. A pesar de la herejía que respaldaron, el deseo de una reforma y de santidad interior estaba presente. Los valdenses y los franciscanos espirituales tenían muy presente este ideal de perfección. Hay un cauce de literatura de santidad, que fluye de muchas de esas mentes espirituales y con muy pocos lapsos, esta corriente se remonta hasta la iglesia primitiva. Con cada avivamiento, alguna fase de la verdad de la libertad del pecado se ha revivido en cada caso y al mismo tiempo le ha dado énfasis especial a la plenitud del Espíritu Santo.[14]

No se puede decir que la Reforma estuviese libre de estos movimientos perfeccionistas. Hubo "reformadores espirituales" que querían una "reforma completa", en la religión del corazón y la vida. Estos hombres no son muy bien conocidos, pero estamos empezando a reconocerlos como zapadores de una religión espiritual. Ellos leyeron y apreciaron mucho a los místicos, y al final su trabajo tuvo significado histórico en el desarrollo del movimiento cuáquero.[15] De éstos, y de los "amigos" místicos y "hermandades" del período anterior a la Reforma nació el pietismo.[16] El impulso de este movimiento nació del deseo de una santidad personal. Este movimiento fue una reacción contra una ortodoxia estéril y una objetividad relacionada a la fe que prevalecía en las iglesias luteranas. Los pietistas deseaban obtener una santidad individual, que no se había puesto como meta en sus iglesias.[17]

El pietismo en sí mismo no es el equivalente del perfeccionismo, pero resultó ser un semi-perfeccionismo. "Encarnó y perpetuó aquellas tendencias que hicieron el perfeccionismo posible y que entraron como una influencia principal en los movimientos de santidad ingleses y por ende en los americanos."[18] Wesley fue influenciado grandemente por los moravos, en quienes vio una santidad que lo atraía, sin embargo, vio otras cosas que tuvo que rechazar.[19] De este movimiento se puede trazar el origen del movimiento de santidad en Europa que se originó en el siglo XIX.

Este ha sido sólo un estudio somero del perfeccionismo en la historia del cristianismo hasta el tiempo de Wesley. En lugar de encontrarse en la corriente principal de la iglesia cristiana, se ha encontrado en los grupos secundarios. Esta no es una verdad que necesariamente se oponga a la validez del concepto. "El perfeccionismo intenso y vital", escribió Elmer Clark, "se encuentra principalmente entre sectas rebeldes, grupos herejes y fanáticos."[21] Esos grupos pequeños creían que se les había dado la misión de llamar a la iglesia a que regresara a una religión pura. El pietismo le dijo a la iglesia que los reformadores eran hombres de poca fe —no habían experimentado el poder santificador.[22] Wesley desafió a su generación con el mensaje de la santidad, y su doctrina "ejerció la influencia de más largos alcances que cualquier otro tipo de doctrina jamás hubiera presentado".[23]

B. La Contribucion de Wesley al Ideal

Después que Wesley cumplió 80 años de edad, escribió las siguientes reflexiones acerca de sus primeros años de vida:

> Desde mi infancia me enseñaron a amar y tener reverencia por las Escrituras, el oráculo de Dios; y, enseguida de las Escrituras a estimar a los primeros padres de la iglesia, los escritores de los tres primeros siglos. Enseguida de la iglesia primitiva, considero nuestra propia iglesia, la Iglesia de Inglaterra, como la iglesia nacional más escritural en el mundo. Yo, por consiguiente, no solamente acepté todas sus doctrinas, sino que guardé todas las instrucciones de la liturgia; con tanta exactitud como me ha sido posible, aun al riesgo de perder mi vida.[24]

En su hogar, Wesley aprendió a aspirar por lo más elevado en la vida cristiana. La disciplina era estricta, el ritual preciso, y las normas, los hábitos y la obediencia se guardaban meticulosamente. Casi todos los días se pasaba cierta parte del tiempo en la mañana y en la tarde cantando salmos y leyendo las Escrituras, y orando. La familia de los Wesley vivía aislada de las demás familias de la comunidad, así que vino a ser una iglesia en sí misma. El hogar de Wesley estableció en él ciertos ideales y prácticas de los cuales nunca se apartó.[25]

Los padres de Wesley, aunque descendían de antecesores disidentes, habían llegado a ser eclesiásticos de la alta iglesia.

De ellos, Wesley aprendió a tener en alta estimación a la Iglesia de Inglaterra, y cierto desdén por los disidentes. Aunque los eclesiásticos de la alta iglesia del tiempo de Wesley eran protestantes, les atraía también el nombre católico. Aunque rechazaban el papado romano, se consideraban unidos con la iglesia indivisible de los tres primeros siglos, lo mismo que con sus credos, ritos y prácticas.²⁶ La Inglaterra del siglo XVIII se encontraba en un punto muy bajo de su vida moral y espiritual. Pero en la Iglesia de Inglaterra había hombres que recalcaban la vida de santidad. Robert Nelson era uno de ellos. El entendía que la religión debía ser del corazón. Para él la perfección cristiana no era un perfecto cumplimiento externo de deberes, sino un cambio de mente que debía ocurrir, una renovación del corazón, y una purificación y santificación de los afectos internos.²⁷

Al leer el diario de Wesley aparece con toda claridad, especialmente en los primeros años del avivamiento, que la oposición con la que se enfrentó de parte de la Iglesia de Inglaterra fue causada por su predicación de la justificación por la fe, y no por su predicación de la perfección. Por supuesto que hubo persecución en Oxford, cuando un grupo de jóvenes que buscaban ardientemente la santidad formaron el *"club* santo"; y cierto también que, burlescamente les pusieron el apodo de "metodistas". Pero esta oposición vino de parte de jóvenes frívolos y despreocupados que no tenían ningún interés en las cosas espirituales. En 1738 y más tarde también, Wesley fue rechazado y se le prohibió predicar en los púlpitos de Inglaterra. Y en dicha ocasión la razón era que predicaba una "nueva doctrina", como algunos suponían, que era una oferta de salvación para todos por medio de una fe sencilla.²⁸

La realidad es que la Iglesia de Inglaterra se opuso muy poco a las enseñanzas de perfeccionismo de Wesley cuando las entendió. La oposición de sus enseñanzas vino de los calvinistas y moravos, quienes creían que Wesley era infiel a "Cristo nuestra justicia", por el énfasis que le daba a la santidad de corazón y vida. Cuando Wesley le explicó al pastor Gibson, el obispo de Londres, lo que él quería decir por perfección cristiana, el obispo dijo con la mayor seriedad: "Pero, señor Wesley, si esto es lo que usted quiere decir por perfección, ¿quién se opondrá?"²⁹

Había sido por medio de los canales de la Iglesia de Inglaterra que Wesley había aprendido su perfeccionismo, y de la Biblia.[30] En 1725, cuando Wesley tenía 22 años de edad, leyó *Reglas y ejercicios para vivir y morir santamente,* * libro escrito por el obispo Jeremy Taylor. El libro le impresionó profundamente, especialmente la idea de "pureza de intención". Inmediatamente Wesley decidió dedicar su vida a Dios porque había visto que no hay tal cosa como cristianos a medias. Más tarde, en 1726, Wesley leyó *El modelo cristiano** de Tomás de Kempis. Entonces él vio la religión interior bajo una luz más fuerte, como nunca antes, y sintió que debía entregar todo su corazón a Dios. Si uno quiere ascender a Dios, debe tener "un solo propósito" en todo lo que hace, y "un deseo" que controle toda su naturaleza. Uno o dos años más tarde alguien le entregó *La perfección cristiana** y *Serio llamamiento a una vida devota y santa**, las obras de William Law. "Estos me convencieron, más que nunca, de la imposibilidad absoluta de ser cristiano a medias." En 1729, Wesley empezó a estudiar su Biblia como la única norma de la verdad, y para afirmar sus conceptos de la perfección en términos escriturales. En 1733, cinco años antes de su conversión evangélica, predicó un sermón titulado: "La Circuncisión del Corazón", en el que presentó su punto de vista sobre la perfección. En 1777, Wesley declaró sostener tal posición, "sin adición o disminución significativa".[31]

En lo que hemos estudiado hasta ahora podemos ver que en Wesley se unen el misticismo y el monasticismo medioevales con el misticismo anglicano. El "ideal de la perfección cristiana viene teológica e históricamente de la corriente católica del pensamiento cristiano".[32] Maximin Piette, un católico franciscano, ve en Wesley esa "ansiosa búsqueda por la perfección cristiana que se encuentra en las órdenes religiosas de la Iglesia Católica", y un parecido a Santo Domingo, San Benedicto, San Francisco de Asís y San Ignacio de Loyola.[33] Wesley estaba especialmente siguiendo una tradición católica de la perfección cristiana, aunque él rechazó que su punto de vista fuese el sostenido por los romanistas.[34]

Hubo otras influencias aparte de la católica, que contribuyeron al pensamiento de Wesley. "Influencias católica y luterana, anglicana y morava se mezclaron en Wesley."[35] Ciertos auto-

---
*Traducción del título.

res devocionales, tanto separatistas como moravos, entraron en la vida de Wesley y contribuyeron a la formación de sus conceptos finales sobre la santidad. El papel que jugaron los moravos para que Wesley llegara a conocer a Lutero y la doctrina de la justificación por la fe es evidentemente claro. El viaje que hizo a Alemania para visitar a los moravos le dio un concepto claro de cómo se alcanza la santidad.[36] Su experiencia de conversión en mayo de 1738, y sus experiencias subsiguientes, convencieron a Wesley de que la justificación y la santificación se obtienen por la fe y en una forma instantánea. Wesley creyó que los reformadores tenían una posición clara en cuanto a la justificación, pero eran débiles en la santificación, y que su tarea consistía en diseminar la santidad escritural.[37]

Ahora, este hombre, Wesley, en quien convergen tantas corrientes protestantes y católicas, se volvió el líder del gran avivamiento wesleyano. Los efectos de este avivamiento se han sentido a través del mundo occidental cristiano, y con especialidad entre los países de habla inglesa. No solamente la Iglesia de Inglaterra y los metodistas sintieron el impacto de este movimiento, sino que también lo sintieron la mayoría de las iglesias separatistas. Ya sea que su doctrina de la perfección fuera siempre aceptada o no, la doctrina de la oferta que Dios hace de la salvación gratuita a todos los hombres vino a ser casi universal entre las denominaciones evangélicas. El metodismo hizo impacto tanto en América como en Inglaterra. En el Nuevo Mundo, gracias a su evangelismo que llegó hasta las últimas fronteras, y en medio del fervor del avivamiento en la primera mitad del siglo XIX, el perfeccionismo de Wesley echó raíces y floreció.[38]

La influencia de las enseñanzas de Wesley acerca de la perfección se dejó sentir fuera del metodismo entre los varios movimientos de santidad, tales como la vida más elevada, la vida victoriosa y los grupos Keswick.[39] En Norteamérica hay alrededor de 50 denominaciones que trazan su origen al metodismo, y la mayoría de éstas enseñan alguna fase de la santidad.[40] En el siglo XX hay numerosas iglesias de "santidad" que están relacionadas con la Asociación Nacional de Santidad, así como muchos individuos dentro de la Iglesia Metodista, y otras iglesias que se adhieren a la posición wesleyana de la santidad. Esta asociación y esas iglesias hacen de la perfección cristiana la razón de su existencia como grupos separados.[41]

¿Hace Wesley una contribución significativa a la doctrina de perfección? Muchos así lo creen, y este estudio investiga esa pregunta más a fondo. El valor de Wesley es que su contribución no fue de una orientación humanista o naturalista, como uno lo podría encontrar en Ritschl, Wernle, Clemen, Pfleiderer, o Windisch, aunque mucho tendrá algo de parecido.[42] Parece que su contribución más significativa fue en que él presentó esta experiencia como algo que se podía obtener ahora en esta vida, y que era de una naturaleza que todos los cristianos la podían alcanzar.[43] Y lo que es más significativo aún, al mismo tiempo que hizo esto, mantuvo en alto la "ética protestante de la gracia" que tan atinadamente sintetizó con la "ética católica de la santidad".[44]

George Cell ve que "al genio de Wesley le tocó la capacidad . . . de unir la fe de los primeros reformadores con los valiosos elementos del humanismo representados por Erasmo y Arminio en Holanda, y por Erasmo y los reformadores de Oxford cuyos sucesores fueron los grandes teólogos anglicanos". La capacidad para hacer esto tenía su base en "su profundo y claro pensamiento sintético", y una "sorprendente calidad mental". Esto es en contraste con los que creyeron que Wesley era un pensador "ecléctico superficial".[45] Cell cree que el conflicto causado durante el período de la Reforma, cuando ambos bandos "separaron lo que dentro de la naturaleza del cristianismo demandaba su unión", todavía se puede ver en el conflicto entre el wesleyanismo y el calvinismo. Pero estas dos ideas centrales del cristianismo —la justificación por la fe y la santidad— están "unidas otra vez en el wesleyanismo en una síntesis bien equilibrada".[46] Franz Hildebrant titubea en llamar "síntesis" a este logro de Wesley, porque para Wesley la fe y la santidad eran una unidad viviente. El ve a Wesley como el mediador de Lutero para esta generación.[47]

C. El Perfeccionismo y el Pensamiento Contemporaneo

Si no hubiera otra razón, el segmento de iglesias en América que dicen seguir las enseñanzas de Wesley, es motivo suficiente para hacer este estudio del perfeccionismo wesleyano. "Hay tal vez un millón de feligreses de ciertas denominaciones, socieda-

Introducción 21

des misioneras, y otros grupos cuya principal razón de existir se debe al énfasis que le dan a la exposición del mensaje wesleyano." La literatura de esos grupos es de tipo "tratado", y no de preparación a guisa de investigación exacta. "Pero ahora se expresa con frecuencia el deseo de una presentación que satisfaga los cánones de la erudición más exigente."[48]
Además de estos grupos de "santidad", hay muchos creyentes dentro del metodismo que tienen un interés profundo en estas enseñanzas específicas de Wesley. Algunos de ellos participan activamente en la Asociación Nacional de Santidad. En décadas recientes ha habido un interés creciente en hacer estudios de investigación acerca de Wesley. Entre los nombres sobresalientes recordamos a Sangster, Rose, Peter, Turner y Lindstrom, quienes en años recientes han hecho estudios sobre Wesley en el área de la perfección. Rose ve un interés creciente entre los metodistas en relación con esta doctrina y experiencia.[49] Hay también grupos que están fuera de la orientación wesleyana, que han abrazado enseñanzas similares a la posición wesleyana en cuanto a la perfección, aunque con pequeñas diferencias. Un entendimiento claro de Wesley podría ayudar a hacer a un lado estas diferencias.

La reacción total de los conceptos humanistas y optimistas del siglo XIX en cuanto a la perfectibilidad de la naturaleza humana, dirigida por el movimiento neo-ortodoxo, puede ser otra razón de la pertinencia contemporánea del perfeccionismo wesleyano. El regreso a la doctrina del pecado original y el punto de vista pesimista de la naturaleza humana, tomado como resultado de dos guerras mundiales, dejaron a algunos teólogos pensando que hay poca redención posible en esta vida. En sus primeros escritos, Karl Barth vio que el hombre podría reconciliarse en esta vida, pero negó cualquier cambio posible en el hombre mientras estuviera en este mundo.[51] Sin embargo, cuando se estudia a Barth a la luz total de su dogmática, él no presenta "un rechazo severo de la santificación". El en lo particular "desea prestar atención a la doctrina reformada de la depravación total del hombre".[52]

Desde una perspectiva contemporánea, G. C. Berkouwer cree que puede haber una doctrina de la santificación consistente con un punto de vista correcto del pecado y la gracia. Al considerar las dificultades con que él se enfrentó valerosa y francamente en su libro *Faith and Sanctification* (Fe y Santificación) en el que trató de encontrar una plataforma común para los conflictos de los teólogos reformados sobre el asunto, uno no puede sino quedar impresionado ante la necesidad de éstos de un concepto más claro del punto de vista de Wesley.[53] No se podrá estudiar este libro sin reconocer lo pertinente de este asunto para el tiempo presente.[54]

En la actualidad hay un interés que va en aumento en el campo de la teología bíblica. Al leer escritos contemporáneos de teología, uno se queda impresionado al ver el esfuerzo por usar las normas bíblicas correctivas. Puesto que Wesley edificó sus enseñanzas a tal grado sobre la base de las Escrituras, y considerando el desafío que les dio a otros a que le mostraran con las Escrituras en dónde él estuviera equivocado, sus enseñanzas sobre la perfección cobran nuevo y especial valor para todos los que están dedicados a la "teología de la Palabra". Si el ideal de Wesley es escritural, entonces debe ser entendido o corregido a la luz de la Palabra.

D. Problemas en los Estudios sobre Wesley

Un hombre cuya influencia ha tenido los alcances de Wesley, siempre causa muchos y diversos problemas para el investigador erudito. William Lecky declaró que Wesley "ha tenido la influencia más amplia y constructiva en la esfera de la religión práctica que cualquier otro hombre que haya vivido desde el siglo dieciséis".[55] John Bready, después de un estudio cuidadoso, se vio forzado a cambiar su punto de vista acerca de la herencia cultural del mundo moderno de habla inglesa. En lugar de la revolución francesa y su filosofía fue el avivamiento evangélico, que comenzó con Wesley, lo que alimentó el espíritu y los valores de carácter del mundo de habla inglesa.[56] Umphrey Lee cree que estas declaraciones de Lecky son un poco exageradas, lo cual indica que este problema no tiene una solución fácil.[57]

Wellman Warner en su libro *The Wesleyan Movement in the Industrial Revolution* (El Movimiento Wesleyano y la Revolución Industrial), trató la relación de Wesley a la revolución industrial. David Thompson escribió sobre Wesley en *John Wesley as a Social Reformer* (Juan Wesley como Reformador

Introducción 23

Social), y John Faulkner estudió a Wesley como un sociólogo y eclesiástico. Maldwyn Edwards hizo un estudio de Wesley sobre su influencia política y social, y John Prince escribió sobre *Wesley on Religious Education* (Wesley y la Educación Religiosa). Así que la bibliografía revela los muchos libros que se han escrito acerca de Wesley, especialmente sobre su vida y obra, y tratan de varios problemas desde un punto de vista histórico. La mayoría de las obras acerca de Wesley son sólo biografías o declaraciones de los hechos sobresalientes de su vida. Pocas obras se esfuerzan por darle forma a sus ideas.[58] Algunos de estos libros han sido escritos desde el punto de vista de la sicología religiosa, pero son muy escasos los que le han dado atención meticulosa a su posición teológica.[59] Nadie en particular debía poner en tela de duda la necesidad de estudiar más a Wesley, ya que "su personalidad y los resultados permanentes de su obra justifican mayores esfuerzos para evaluar mejor al hombre y su obra". Muy pocas personas se dan cuenta de la "naturaleza multifacética" de sus actividades. "Wesley fue un líder extraordinario de hombres y un genio religioso constructivo."[60]

Nadie puede negar que Wesley fue un capaz y preclaro pensador. Estaba dotado de una mente aguda y tenía una variedad de intereses. "Pero Wesley era un genio, y es frecuente que un genio no sea correctamente comprendido por los que están más allegados a él."[61] Robert Clark piensa que "Wesley era un pensador libre, sin embargo, su razonamiento es sumamente lógico y metódico; se desvelaba pensando sobre cualquier problema de religión o de la vida cuando se le hacía difícil comprenderlo".[62] El mismo Wesley se refería a los estudios que había hecho en lógica, y cómo le ayudaban en las controversias.[63] Wesley escribía constantemente, y Piette opina que escribió y publicó más que cualquier otro protestante.[64] Con una mente como la de Wesley, no hay duda que se originan ciertos problemas, lo que a su vez causa la necesidad de estudios de investigación.

Uno de los problemas en el estudio de Wesley ha sido su relación al protestantismo en dos aspectos, su relación a los reformadores, y su contribución al protestantismo moderno. Varios escritores recientes han tratado específicamente con este problema. Franz Hildebrant ve una relación muy cercana entre Lutero y Wesley, no tanto como una sucesión histórica, sino como una relación íntima de ideas. Cree que para que los luteranos modernos entiendan a Lutero, deben estudiar también a Wesley.[65] En los estudios que J. E. Rattenbury hizo de Wesley, él considera que Wesley se unió a la sucesión de reformadores como resultado de su contacto con los moravos y su experiencia de conversión.[66]

El católico y franciscano Maximin Piette traza el desarrollo del protestantismo, y muestra cómo Wesley contribuyó grandemente en la evolución del mismo. Piette cree que Wesley y el metodismo han ejercido una influencia profunda dentro de todo el protestantismo con la renovación de su fervor espiritual y la experiencia religiosa. G. C. Cell y Umphrey Lee han contribuido grandemente a la solución del problema del lugar de Wesley en el protestantismo. Cell sostiene que el cambio de Wesley en 1738 tuvo gran significado, y que su reforma fue un regreso a la "fe teocéntrica de los reformadores".[69] Lee, por el otro lado, pone en tela de duda la importancia de la conversión de Wesley, así como también lo hace Piette, y lo ven más como un profeta de la religión moderna, quien "combina la experiencia mística con la ética, así como los elementos racionales de la religión con los institucionales".[70]

En su libro *The Theology of John Wesley* (La Teología de Juan Wesley), William Cannon le da atención especial a la doctrina de la justificación. Cannon afirma que Wesley está de acuerdo con el calvinismo en lo que se refiere a su concepto del acto de la justificación; pero dice que en cuanto a la operación de la gracia, Calvino y Wesley difieren.[71] También los reformadores incluyeron más en la justificación, que para ellos era un concepto que lo incluía todo, que lo que hacía Wesley.[72] La relación de Wesley con los reformadores y el protestantismo en general es un problema que no se ha resuelto, pero se han hecho logros considerables en esta área.

Pero en el área de la teología wesleyana de la perfección, santificación o santidad, se ha hecho muy poca investigación. Recientemente se han hecho estudios de la perfección desde un punto de vista histórico. Ya se ha hecho mención al trabajo de Elmer Gaddis, quien hizo su investigación en 1929, el cual es un estudio general del perfeccionismo en América. Claude Thompson y Robert Clark han escrito historias de la perfección cristiana en el metodismo de América. En años recientes (1957), Timothy Smith escribió su obra *Revivalism and Social Reform*

(Avivamiento y Reforma Social) la cual, aunque no es un estudio de Wesley o de la perfección como tales, sí revela la tremenda influencia que dicha enseñanza tuvo en la reforma de la sociedad americana.[73] En el libro que John Peters publicó en 1957, con el título de *Christian Perfection and American Methodism*, el autor discute la doctrina wesleyana en su proceso de formación y en su forma final como la expresó Wesley. Después Peters traza su transplante, desarrollo y modificación en América durante el siglo XIX. El propósito de este libro es primordialmente histórico y no doctrinal.[74]

El estudio más comprensivo y sistemático de la doctrina de la santificación fue hecho por Harald Lindstrom, un teólogo sueco, cuyo trabajo fue publicado en 1946. Lindstrom escribió:

> Wesley raramente presentó la santificación en sus alcances completos. La idea es normalmente reducida. Algunas veces connota solamente la perfección cristiana, sin que se haya dado atención al desarrollo gradual de la santificación desde su principio en el nuevo nacimiento. En ocasiones, es verdad, se ha incluido esto último, pero entonces se aminora la entera santificación. Lo que es más, en ninguna de las dos alternativas se ha explicado con claridad el significado para la vista que Wesley tenía de la salvación total del principio de la entera santificación.[75]

El propósito de Lindstrom es proveer un "análisis de la función y significado de la salvación de acuerdo al concepto de Wesley de la salvación". El trata de ver la "santificación en su alcance completo, y en su relación adecuada al concepto de la salvación como un todo". Discute la conexión entre la justificación y la santificación, y la relación que cada una tiene con la salvación presente y con la final. También presenta un examen detallado del concepto del amor.[76]

No podemos dejar de mencionar la obra de William Sangster y George Turner. Sangster escribió en Inglaterra, *The Path to Perfection*, durante la segunda Guerra Mundial. En esa obra procura mostrar que el ideal de Wesley es escritural, y es una meta que se debe buscar, pero no somete todo el pensamiento de Wesley a un escrutinio cuidadoso. La obra de Turner es más completa en el sentido de que somete la doctrina de Wesley a la prueba de la Escritura, y concluye que es bíblica. Albert Knudson dice que "esta es una obra de mérito extraordinario".[77] Turner tiene un propósito triple: descubrir la enseñanza bíblica, averiguar el énfasis distintivo de Wesley, y evaluar la doctrina en cuanto a su validez en esta época utilitaria.[78]

Todavía hay algunos problemas, especialmente en relación con el concepto de Wesley sobre la perfección. Uno de estos problemas es la relación entre la santidad, que Wesley enseñó como algo que puede obtenerse en esta vida, y el concepto de pecaminosidad continua en el creyente, quien necesita la eficacia constante de la expiación de Cristo. Algunos escritores han expresado que Wesley tenía un concepto inadecuado del pecado, puesto que él enseñaba una perfección presente y posible. R. N. Flew no logra ser suficientemente claro en su crítica del concepto de Wesley del pecado al decir que Wesley solamente tenía una definición del pecado, y que miraba el pecado como una substancia.[79] Hasta Sangster cree que Wesley rechazó la idea del "pecado inconsciente".[80] Lee considera que el concepto que Wesley tenía del pecado lo desvió en su enseñanza de la perfección.[81] Todo esto apunta al hecho de que el concepto que Wesley tenía del pecado no se ha clarificado en su relación con la perfección.

Relacionado a este mismo problema, y a la vez diferente del mismo, es el entendimiento de cómo una persona que todavía está en esta vida puede ser perfecta. Hay una perfección hacia la cual uno crece continuamente. ¿Cómo, entonces, es posible llegar a ser perfecto y a la vez seguir creciendo? En medio del proceso de crecimiento de un cristiano, por medio del cual se asemeja más y más a Cristo, ¿cómo puede ser hecho perfecto por medio de la fe, y sin embargo seguir creciendo en ese amor perfecto? Si en esa experiencia de perfección el pecado es destruido, ¿cómo, entonces, puede el pecado volver jamás a ser un problema para el creyente? También, en conexión con la experiencia del amor perfecto, hay el problema de la seguridad. ¿Cómo puede uno saber cuánto ha sido perfeccionado?

Un problema mayor, que emana de los anteriores, es el relacionado con las imperfecciones de la existencia humana y la necesidad constante de confesar nuestra indignidad (o falta de mérito) delante de Dios. Este es el punto en el que Wesley ha sido criticado más severamente. Si uno es libre del pecado, y por lo tanto santo, ¿no se verá tentado a sentir orgullo? ¿No hay peligro de fariseísmo para el que enseña tal doctrina? Además, ¿acaso no debían confesarse los errores e imperfecciones del pecado en el creyente como pecaminosos? No solamente los calvinistas ven este problema en la perfección wesleyana,[82] sino también algunos metodistas críticos.[83] ¿Cómo puede uno obtener un grado de santidad en sí mismo, sin poner en peligro su relación de indignidad completa ante Dios para recibir la justificación?[84]

No podemos prometer en este estudio una respuesta a todas las preguntas que se puedan encontrar, y que serían satisfactorias ni siquiera para los seguidores más asiduos de Wesley. Pero hay problemas que se deben confrontar y discutir. La meta de este estudio es descubrir, tanto como sea posible, la respuesta de Wesley a estos problemas. Se cree que cuando se entienda con claridad el pensamiento de Wesley, muchas de estas objeciones desaparecerán.

El método que seguiremos será el siguiente: Primero, haremos un resumen del concepto wesleyano del pecado, y se recalcarán sus diferencias con los reformadores. Este procedimiento incluirá una discusión de la gracia con la fe y las obras. Estos temas se discutirán en el capítulo II. Segundo, se discutirán las varias etapas de la perfección tal como se relacionan al orden de la salvación. Entonces se relacionará la experiencia de la perfección presente tal como la proclamó Wesley a todas estas etapas, y se clarificará lo que él quiso decir con la "segunda bendición". En asociación con lo anterior se considerarán las ideas de seguridad, libertad del pecado, el testimonio y la ley del amor. Esta discusión se hará en los capítulos III y IV.

Estas primeras dos partes de la discusión prepararán el camino para la tercera, que tratará con las limitaciones humanas, y las imperfecciones del hombre en su existencia presente. Presentaremos lo que Wesley dice acerca de esto, y se dará atención a la manera en que él relaciona los errores y fracasos al amor perfecto. También examinaremos los defectos del cristiano que ha obtenido el amor perfecto a la luz de la condición indigna del hombre. Estos "pecados" de ignorancia que permanecen serán puestos a prueba contra la perfección que Wesley enseñó.

E. Fuentes de los Materiales

Wesley escribió constantemente, y afortunadamente para

nosotros, tenemos muchos de sus escritos. Muy temprano en su vida principió un diario, y lo preparó para su publicación en diferentes ocasiones en su vida. Este diario completo se puede obtener en la obra en ocho tomos intitulada *The Journal of the Rev. John Wesley,* editado por Nehemiah Curnock. Este diario también se encuentra en los primeros cuatro tomos de *The Works of John Wesley,* que fue la edición autorizada por la Conferencia Wesleyana de Londres, Inglaterra en 1872. De este juego de 14 tomos hemos sacado casi toda la documentación para este estudio.

El mismo Juan Wesley preparó para su publicación muchos de sus sermones, y éstos constituyen sus escritos teológicos de más significado. En los tomos V al VII de la edición autorizada hay 141 sermones. No todos éstos fueron autorizados por Wesley para su publicación. E. H. Sugden editó el juego de dos tomos de *Standard Sermons* por Juan Wesley, que se publicaron en 1921.

El resto de los tomos de la edición autorizada contiene escritos misceláneos, incluyendo cartas, tratados y escritos de otros autores que Wesley aprobó. Muchos de esos tratados y cartas contienen valioso material sobre el tema de la perfección. El libro *La perfección cristiana* es de interés especial. En 1931, John Telford editó el juego de ocho tomos de *The Letters of the Rev. John Wesley, A.M.* También es de valor *Explanatory Notes on the New Testament* preparado por John Wesley. Recientemente Burton y Chiles publicaron una edición de *A Compend of Wesley's Theology.* Este compendio es una organización sistemática de algunos de los escritos de Wesley bajo varios asuntos teológicos.

Durante el mismo período de Wesley, Juan Fletcher, el apologista más sobresaliente del metodismo y ministro de la Iglesia de Inglaterra, escribió su famosa obra, *Checks to Antinomianism (Frenos al Antinomianismo).* Wesley admiraba altamente a Fletcher por su carácter santo y por la "claridad y fuerza" de sus argumentos en sus escritos.[85] Estos *Checks* (u objeciones), junto con un tratado sobre la perfección cristiana como una de las objeciones, y otros escritos de Fletcher, se encuentran en *The Works of the Reverend John Fletcher,* que se publicaron en cuatro tomos en 1835.

Debemos tomar en cuenta a tres teólogos metodistas ingle-

Introducción 29

ses del siglo XIX. Adam Clarke era conocido por Wesley y escribió *Christian Theology,* la que fue publicada en 1835. Richard Watson, quien fue un íntimo estudiante de Wesley escribió *Theological Institutes* que publicó en 1828. W. B. Pope escribió el *Compendium of Christian Theology,* que se publicó en 1881. Todos estos escritores ingleses influyeron grandemente sobre el metodismo americano.

En este estudio daremos atención especial a los teólogos americanos, quienes ayudaron a moldear la interpretación wesleyana, en la forma como se conoce entre los partidarios de la santidad en América. Los nombres de los hombres más sobresalientes son: Thomas Ralston, Thomas Summers, Randolph Foster, Samuel Wakefield, Miner Raymond, Daniel Whedon y John Miley. Estos hombres junto con otros escritores como Daniel Steele y J. A. Wood ayudaron a formular una teología sistemática para el metodismo, y especialmente de la doctrina de la perfección cristiana. Muchos de sus escritos son considerados en la actualidad como "clásicos" por los que promueven la perfección cristiana en América.

Ya se han mencionado algunas de las obras eruditas más recientes sobre la teología wesleyana. De cuando en cuando haremos referencia a varios escritores que sostienen la posición tradicional de la santidad. Se hará referencia especial a la obra *Christian Theology** de Orton Wiley, que es la teología sistemática más reciente de acuerdo a la posición arminiano-wesleyana. Para otros materiales usados en este estudio de investigación, el lector podrá recurrir a la sección bibliográfica.

NOTAS BIBLIOGRAFICAS

1. *The Works of John Wesley,* edición autorizada publicada por la Conferencia Wesleyana, Londres, 1872 (14 tt; Grand Rapids: Zondervan Publishing House, 1958), VI, 1.
2. *Ibid.,* VIII, 300.
3. *Ibid.,* XII, 387
4. George A. Turner, *The More Excellent Way* (Winona Lake, Ind.: Light and Life Press, 1952), p. 38.
5. R. Newton Flew. *The Idea of Perfection in Christian Theology* (Londres: Oxford University Press, 1934), pp. 114-17.
6. *Works,* VII, 178.

*De la cual existe una condensación en castellano, *Introducción a la teología cristiana,* Casa Nazarena de Publicaciones.

7. Claude Holmes Thompson, "The Witness of American Methodism to the Historical Doctrine of Christian Perfection" (disertación doctoral inédita, Drew University, 1949), pp. 112-26.
8. Flew, *op. cit.*, p. 123.
9. *Ibid.*, p. 130.
10. *Ibid.*, pp. 193-94.
11. *Ibid.*, pp. 208-9.
12. *Ibid.*, p. 244.
13. *Ibid.*, pp. 158-59.
14. Wallace R. Haines, "A Survey of Holiness Literature", *Heart and Life Magazine*, XXX, Núm. 2 (1943), p. 12.
15. Rufus M. Jones, *Spiritual Reformers in the 16th and 17th Centuries* (Londres: MacMillan and Co., Ltd., 1914), p. 336.
16. Elmer Merrill Gaddis, "Christian Perfectionism in America" (disertación doctoral inédita, University of Chicago, 1929), p. 58.
17. Flew, *op. cit.*, pp. 275-76.
18. Gaddis, *op. cit.*, pp. 275-76.
19. *Works*, I, 114-40.
20. Benjamin B. Warfield, *Studies in Perfectionism* (2 tt.; Nueva York: Oxford University Press, 1931), I, 305-15.
21. Elmer T. Clark, *The Small Sects in America* (Nueva York: Abingdon-Cokesbury Press, 1949), p. 53.
22. Gerrit C. Berkouwer, *Faith and Sanctification* (Grand Rapids: Wm. B. Eerdmans Publishing Company, 1952), p. 55.
23. Clark, *op. cit.*, p. 55.
24. *Works*, XIII, 272.
25. Umphrey Lee, *John Wesley and Modern Religion* (Nashville: Cokesbury Press, 1936), pp. 39-57. Véase también Maximin Piette, *John Wesley in the Evolution of Protestantism* (Nueva York: Sheed and Ward, 1937), pp. 218-25.
26. Ernest J. Rattenbury, *The Conversion of the Wesleys* (Londres: The Epworth Press, 1938), pp. 48-49.
27. Lee, *op. cit.*, pp. 30-32.
28. *Works*, I, 93-95.
29. *Ibid.*, XII, 250.
30. Rattenbury, *op. cit.*, p. 51.
31. *Works*, XI, 366-69.
32. Lee, *op. cit.*, p. 178.
33. Piette, *op. cit.*, p. 480.
34. *Works*, XII, 239.
35. Rattenbury, *op. cit.*, p. 173.
36. *Works*, I, 114-40.
37. *Ibid.*, VI, 263.

38. John L. Peters, *Christian Perfection and American Methodism* (Nashville: Abingdon Press, 1957), pp. 67-132. Véase también Gaddis, *op. cit.*, pp. 164-202.
39. Warfield, *op. cit.*, II, 567.
40. Clark, *op. cit.*, p. 59.
41. Delbert R. Rose, *A Theology of Christian Experience* (Wilmore, Ky.: The Seminary Press, 1958), p. 54.
42. Warfield, *op. cit.*, I, 3-302.
43. Francis McConnell, *John Wesley* (Nueva York: The Abingdon Press, 1939), p. 192.

44. George Croft Cell, *The Rediscovery of John Wesley* (Nueva York: Henry Holt and Co., 1935), p. 347.
45. *Ibid.*, pp. 265-66.
46. *Ibid.*, pp. 341-42.
47. Franz Hildebrandt, *From Luther to Wesley* (Londres: Lutterworth Press, 1951), pp. 15, 80-81.
48. Turner, *op. cit.*, p. 15.
49. Rose, *op. cit.*, p. 78.
50. Hildebrandt, *op. cit.*, pp. 108-9.
51. Karl Barth, *The Christian Life* (Londres: Student Movement Press, 1930), pp. 25-30.
52. Berkouwer, *op. cit.*, pp. 75-76.
53. *Ibid.*, pp. 48-53.
54. *Ibid.*, pp. 9-12.
55. William E. H. Lecky, *A History of England in the Eighteenth Century* (Londres: D. Appleton and Co., 1879), p. 631.
56. John Wesley Bready, *England: Before and Alter Wesley* (Londres: Hodder and Stoughton, Ltd., 1938), p. 13.
57. Lee. *op. cit.*, p. 5.
58. William R. Cannon, *The Theology of John Wesley* (Nashville: Abingdon-Cokesbury Press, 1946), pp. 13-14.
59. Harald Lindstrom, *Wesley and Sanctification* (Londres: The Epworth Press, 1946), p. 1.
60. J. Ernest Rattenbury, *Wesley's Legacy to the World* (Nashville, Cokesbury Press, 1929), p. 9.
61. Lee, *op. cit.*, p. 5.
62. Robert Burton Clark, "The History of the Doctrine of Christian Perfection in the Methodist Episcopal Church in America up to 1845" (disertación doctoral inédita, Temple University, 1946), p. 13.
63. *Works*, X, 353.
64. Piette, *op. cit.*, p. 201.
65. Hildebrandt, *op. cit.*, p. 15.
66. Rattenbury, *The Conversion of the Wesleys*, *op. cit.*, p. 183.
67. Piette, *op. cit.*, p. 478.
68. Rattenbury, *The Conversion of the Wesleys*, *op. cit.*, p. 240.
69. Cell, *op. cit.*, p. 17.
70. Lee, *op. cit.*, pp. 83-109, 321.
71. Cannon, *op. cit.*, pp. 89-90.
72. *Ibid.*, pp. 244-45.
73. Timothy L. Smith, *Revivalism and Social Reform* (Nashville: Abingdon Press, 1957), pp. 114-47.
74. Peters, *op. cit.*, p. 11.
75. Lindstrom, *op. cit.*, p. 15.
76. *Ibid.*, p. 16.
77. Turner, *op. cit.*, p. 11, donde Albert Knudson escribe el prefacio.
78. *Ibid.*, pp. 13-14.
79. Flew, *op. cit.*, pp. 332-34.
80. W. E. Sangster, *The Path to Perfection* (Nashville: Abingdon-Cokesbury Press, 1943), p. 72.
81. Lee, *op. cit.*, pp. 185-87.
82. Warfield, *op. cit.*, I, 113-18.
83. McConnell, *op. cit.*, pp. 192-94.
84. Berkouwer, *op. cit.*, pp. 48-53.
85. *Works*, XI, 300, 364-65.

CAPÍTULO II
EL PECADO Y LA GRACIA

Antes de que se pueda discutir inteligentemente el concepto de Wesley sobre la perfección, uno necesita comprender primero la idea que él tenía del pecado y la gracia. Es imposible entender el concepto que Wesley tenía del pecado, sin relacionar sus definiciones a la comprensión que él tenía de la gracia. Parece que Wesley tenía dos conceptos del pecado —un concepto del pecado relacionado con el hombre después de la caída y separado de cualquier operación de la gracia de Dios, y el otro concepto relacionado con el hombre cuando la gracia opera en su vida. El primer concepto parece poner a Wesley en tono con Agustín y los reformadores, mientras que el segundo parece darle una posición parecida a la de Pelagio.

La doctrina del pecado de todo teólogo es fundamental, y se relaciona a todos los demás artículos de fe.[1] Como ya lo sugerimos, muchos de los críticos del concepto de la perfección de Wesley consideran defectuosa su definición del pecado. Ciertamente la definición de Wesley del pecado era diferente, como lo veremos, de la de los reformadores, tanto como lo era su concepto de la gracia. El que esas definiciones sean defectuosas o no depende del punto de vista personal, pero es importante saber esas definiciones. La doctrina de Wesley de la perfección permanecerá o caerá de acuerdo a la estructura de sus enseñanzas sobre el pecado y la gracia.

A. LA CORRUPCION TOTAL DEL HOMBRE

De acuerdo al concepto tradicional, Wesley creía que el hombre en su estado original era perfecto.[2] Adán cayó de aquel estado elevado y arrastró consigo a toda la raza humana. ¿Qué le sucedió a "la imagen de Dios" en el hombre cuando éste cayó? Wesley vio esta imagen como algo que contenía dos elementos. A uno lo llamó la imagen natural de Dios, y al otro la imagen moral. La imagen natural es el hombre en su ser espiritual dotado de entendimiento, libre albedrío, inmortalidad y dominio sobre todas las cosas creadas. Estos elementos en la imagen natural son el equipo del hombre como ser humano. Le son esenciales para ser un hombre.[3]

Pero Wesley le dio una importancia primordial a la imagen moral, la cual era el parecido moral que Adán tenía a Dios. Este parecido a Dios es la justicia o la santidad, y es "la disposición correcta o actitud mental, o un complejo de todas nuestras disposiciones", lo que se resume mejor en la idea del amor. Lo que es muy importante aquí es que Wesley consideraba la salvación como la restauración de la imagen moral de Dios en el hombre, y así entendía lo que Pablo escribe en Colosenses 3:8-12 y Efesios 4:22, 24. Dijo Wesley: "Estos textos, por lo tanto, se refieren claramente a la santidad personal e interna; y claramente prueban que esta es la parte más importante de esa 'imagen de Dios' en la que el hombre fue originalmente creado."[4]

Sin embargo, en la caída el hombre perdió su semejanza moral a Dios. "La vida de Dios se extinguió en su alma. La gloria se apartó de él. El hombre perdió toda la imagen moral de Dios —la justicia y la verdadera santidad."[5] Pero la imagen natural fue desfigurada, no destruida. El hombre sigue siendo hombre. Sería imposible que el hombre continuara existiendo sin la imagen natural, por lo menos en "parte".[6] Pero como lo veremos más tarde, hasta esto se habría perdido si Dios no hubiera mostrado su misericordia al permitir la continuación de la raza. Así que en este sentido, fuera de la gracia, la caída del hombre fue completa y todo se perdió.[7] Así que en la opinión y en el sistema de Wesley, no quedó ni siquiera una "reliquia" de la imagen de Dios en el hombre después de la caída, excepto a través de la gracia de Dios.[8]

Lo que fue cierto de Adán es ahora cierto de todos sus descendientes. Un cierto grado de la imagen natural de Dios se retuvo, pero no quedó nada de la imagen moral de Dios. De acuerdo a Juan Wesley, la naturaleza del hombre está totalmente corrupta. Por "naturaleza" él no se refiere o alude al hombre tal como existe bajo una dispensación de gracia, sino tal como es por sus raíces naturales, o por nacimiento.

Pero aquí está el *shibolet:* ¿Está el hombre por naturaleza lleno de toda clase de mal? ¿Está vacío de todo bien? ¿Está completamente caído? ¿Está su alma completamente corrupta? ¿O, es tal como dice el texto: "Todo designio de los pensamientos del corazón de ellos era de continuo solamente el mal"? Crea esto y hasta aquí será un cristiano. Niéguelo, y seguirá siendo solamente un pagano.[9]

Este hombre natural, el hombre tal como sería aparte de cualquier gracia, y por lo tanto lo único de sí mismo en lo que él podría encontrar mérito, está bajo el descontento de Dios, destituido de su favor, y es un hijo de ira. Tal hombre es malvado en su corazón y corrupto; está espiritualmente muerto y no tiene el poder en sí mismo para despertarse. Está lleno de defectos y está totalmente cautivo por Satanás.[10]

En Adán todos murieron, toda la humanidad, todos los hombres que descienden de Adán. El resultado natural de esto es que cualquiera que desciende de él, viene al mundo espiritualmente muerto, muerto a Dios, totalmente muerto en el pecado; totalmente carente de la vida de Dios, carente de la imagen de Dios, de toda esa justicia y santidad en que Adán fue creado. En lugar de esto, todo hombre nacido ahora en el mundo, lleva ahora la imagen del diablo en el orgullo y lo voluntarioso; la imagen de la bestia, en los apetitos y deseos sensuales.[11]

Wesley no pudo haber hablado en tonos más oscuros. Este es un cuadro de corrupción total, de una enfermedad que infecta a todos los hombres, y Wesley describe esta condición en contraste con la redención que se encuentra solamente en Cristo. El hombre es completamente impotente para hacer algo por sí mismo. Es imposible que él mismo pueda iniciar cualquier movimiento que lo acerque a Dios. A no haber sido por la gracia, el hombre se hubiera quedado desvalido, perdido, y para siempre separado de Dios.[12]

Tal vez este lenguaje suene muy extraño para los que asocian las enseñanzas de Wesley con el libre albedrío y el sinergismo. Para muchos metodistas de generaciones que vinieron después, estas fueron también palabras extrañas, y algunos creyeron y hasta declararon que Wesley había cambiado su punto de vista. Las definiciones de Wesley del pecado, como lo veremos, y de las buenas obras, implican que el hombre debe y puede hacer algo acerca de su salvación. En su intento de reconciliar el punto de vista de Wesley en cuanto a la capacidad del hombre con su comprensión de la corrupción total de éste, algunos han enseñado que Wesley cambió su manera de pensar al respecto algunos años más tarde en su vida. ¿Cómo habría podido Wesley creer que el hombre era culpable del pecado de Adán sin haber participado en ello? Sólo Adán es culpable por sus pecados, y no hay culpa aparte de la responsabilidad personal. Hasta la culpa en el sentido de estar sujetos o expuestos al castigo era considerada inconsistente con el punto de vista wesleyano.[13]

Pero no se ha demostrado que Wesley haya cambiado su manera de pensar.[14] Wesley sí creía en cierta clase de pecado y culpa racial. En cierto sentido todos los miembros de la raza participaron del primer pecado. Los hombres "se constituyeron pecadores por el pecado de Adán, al grado de estar sujetos al castigo decretado por su transgresión".[15] Wesley estaba de acuerdo en que hasta los infantes son pecadores, y en que sufren porque merecen sufrir. Dios no sería justo al permitir que sufrieran si no fueran culpables en un cierto sentido especial, ni Cristo sería su Redentor si no fueran pecadores.[16]

El razonamiento de Wesley sobre este punto ha dado origen a un problema de coherencia. Si el pecado se ha definido como una transgresión voluntaria de una ley conocida, como lo veremos más tarde en este capítulo, ¿cómo, entonces, puede uno ser culpable del pecado de Adán? Esta idea de ser culpable por poseer una naturaleza pecaminosa fue rechazada más tarde por tales teólogos metodistas norteamericanos como Whedon, Foster y Miley.[17] ¿Tienen la razón estos teólogos en pensar que Wesley debió haber cambiado su punto de vista para ser coherente? ¿Estamos nosotros en lo correcto en eliminar cierto sentido en el que los individuos participan en una culpa racial, o debió Wesley haberse adherido aquí a un concepto que tenga cierto significado, aunque no sea enunciado claramente?

Wesley no creía que cualquiera podría ser castigado a morir eternamente por pecado alguno que no fuera su propio hecho personal. En este sentido solamente Adán pudo haber muerto eternamente por su pecado original.[18] Así que es muy claro que Wesley creía en dos clases de pecados, por lo menos, y en dos clases de culpa. Una culpa se aplica a un hecho realizado por un representante con el cual nosotros participamos, y consecuentemente sufrimos cualquier resultado de dicha acción.[19] Este concepto de responsabilidades por las consecuencias del pecado, hasta por las que quedan en la persona santificada, se ve en la actitud que Wesley tomó hacia los errores y "pecados" de debilidades, y que era la actitud de que éstos también necesitan el mérito de la muerte de Cristo. Trataremos esta idea en detalle en otro capítulo.

Debemos sostener, entonces, que para Wesley la naturaleza humana de todos los hombres está totalmente corrupta, antes de recibir la gracia, y que esta corrupción completa deja al hombre desamparado por sí mismo. Wesley creía que esta corrupción del hombre era el resultado en cierto sentido de su propio pecado. Más que esto, los resultados naturales de esa corrupción son penales en cierto sentido, y por tal motivo necesitan los méritos expiatorios de Cristo. Solamente teniendo este fondo de completa depravación del hombre, se puede entender el verdadero cuadro del concepto que Wesley tenía de la perfección cristiana. La humanidad perdió todo en Adán; pero todo, y más, puede ser restaurado en Cristo.

B. "Sola Gratia"

Puesto que Wesley veía la corrupción de la naturaleza del hombre tan completa así, cualquier redención o recuperación tenía que venir de afuera del hombre mismo. Precisamente este razonamiento —que la salvación viene totalmente de Dios— forzó a Wesley a ver al hombre como un ser totalmente impotente. Sin embargo, por el otro lado, Wesley ha sido llamado sinergista y arminiano. Si la salvación es completamente por la gracia, ¿cómo es posible que el hombre tenga algo que ver con su salvación? Parecería a primera vista que la *sola gratia* y la predestinación incondicional se sostienen o caen juntas. Uno razonaría que Dios elegiría a los que escogiera para salvación y luego los transformaría con su gracia irresistible.

Pero Wesley no estaba de acuerdo con Calvino en el asunto

de la elección incondicional. El creía que por su propia decisión cada persona determina su destino final.[20] Además, el concepto de Wesley en cuanto a la parte del hombre formaba parte de su punto de vista de la perfección y justificación final, los cuales él vio como resultado de la gracia de Dios. Es importante para los que desean entender a Wesley, que conozcan a fondo su punto de vista de la gracia.

> Todas las bendiciones que Dios ha derramado sobre el hombre, son por su pura gracia, liberalidad o favor; su favor gratuito e inmerecido; favor totalmente inmerecido; el hombre no tenía derecho a la más insignificante misericordia divina. Fue la gracia gratuita que "formó al hombre del polvo de la tierra..." La misma gracia gratuita continúa hasta nosotros, en este día, en la vida, cuando respiramos y en todas las demás cosas. Porque no hay nada de lo que seamos, o tengamos o hagamos que pueda merecer lo más insignificante de la mano de Dios. "Jehová... porque también hiciste en nosotros todas nuestras obras." Estas, por lo tanto, son solamente más ejemplos de misericordia gratuita: y, cualquier justicia que se pueda encontrar en el hombre, también este es un don de Dios.[21]

Así que la gracia es la espina dorsal de todo lo bueno que hay en el hombre. Ningún hombre puede hacer algo bueno sin esta gracia. Es absolutamente necesaria antes que se pueda originar cualquier impulso hacia la vida.[22] Sin embargo no es una gracia irresistible, cuando menos en la mayoría de los casos. La salvación de una persona no depende de la irresistibilidad de la gracia. Mas Wesley vio la gracia obrar en ciertas ocasiones en una forma irresistible por un momento, pero no en una forma continua como tal.[23]

¿Cuál es la naturaleza de esta gracia? Obra con frecuencia en una forma misteriosa que sólo Dios conoce. Nosotros no siempre podemos explicar por qué Dios obra en el momento y en la manera en que lo hace.[24] Esta gracia divina no es sólo el favor de Dios, pero es un poder, el poder del Espíritu Santo obrando en la vida. Puede venir en algunas ocasiones como un torrente, o simplemente como un impulso tierno y suave que nos guía, pero siempre viene acompañado de un sentimiento de indignidad en la parte del creyente.[25] "Nosotros hablamos de esta gracia, (queriendo decir 'porque Dios es el que en vosotros produce así el querer como el hacer, por su buena voluntad')", que es perceptible al corazón. De acuerdo a Wesley, uno puede saber que esta gracia está obrando dentro de sí mismo,[26] aunque también obra otras veces en una forma imperceptible.[27] Esta gracia es para ayudarnos a vivir la vida cristiana.[28]

Al hombre caído Wesley lo vio viviendo, ya no bajo un pacto de buenas obras, sino bajo un pacto de gracia. Esto no quiere decir que la ley de las obras ha sido abolida, ya que seremos juzgados de acuerdo a nuestras obras, pero que desde el "preciso momento en que la promesa original fue hecha" el pacto de gracia ha estado en operación.[29] Por esta razón la "gracia o amor de Dios, de donde viene nuestra salvación, es GRATUITO EN TODO, y GRATUITO PARA TODOS".

> Primero: es GRATUITO PARA TODOS a quienes es dado. No depende de ningún poder o mérito en el hombre; no, no en ningún grado, ya sea en todo o en parte... No depende en el buen carácter, o en los buenos deseos, o en los propósitos o en las buenas intenciones del hombre que recibe la gracia; porque todos éstos fluyen de la gracia gratuita de Dios... De cualquier cosa buena que haya en el hombre, o que sea hecha por el hombre, podemos afirmar que Dios es el autor y hacedor. Así que su gracia es gratuita en todo; en otras palabras, en ningún sentido depende en algún poder o mérito del hombre, sino en Dios solamente, quien gratuitamente dio a su Hijo, y con "El nos dio gratuitamente todas las cosas".[30]

Wesley también creía que esta gracia es gratuita para todos. No se le niega a nadie. Los que predican "el decreto de la predestinación" están equivocados. Si ellos están en lo correcto, toda predicación es vana. Tal doctrina minaría la predicación de la santidad y destruiría el consuelo de la religión. Tendería a destruir el celo por las buenas obras y derrocaría toda la revelación de Dios.[31] Wesley podía amar a los calvinistas, pero no amaba su doctrina de la predestinación.

La gracia para Wesley principiaba con la gracia preveniente. Esta es la gracia corriente y universal dada a todos los hombres. No es lo mismo que Calvino enseñaba, quien decía que la gracia universal tenía el propósito de restringir las operaciones del mal y limitar la furia incontrolable del hombre.[32] Para Wesley esta gracia tenía otros propósitos.

> El conceder que todas las almas de los hombres están muertas en pecado por *naturaleza* no excusa a nadie, puesto

que no hay ningún hombre que esté en un estado meramente natural; no hay hombre en tal estado, a menos que haya apagado el Espíritu, en el que esté totalmente carente de la gracia de Dios. No vive un hombre que esté enteramente destituido de lo que se conoce vulgarmente como la *conciencia natural*. Pero esto no es natural: es más propiamente llamada la gracia *preventiva*. Todo hombre tiene una medida más grande o más pequeña de esta gracia, la cual no esperó hasta el llamado del hombre. Tarde o temprano, cada uno tiene buenos deseos; aunque la mayoría de los hombres los ahogan antes de que puedan echar raíces profundas, o puedan dar fruto considerable. Todos los hombres tienen una porción de esa luz, un tenue rayo, que, tarde o temprano, más o menos, ilumina a todo hombre que viene a este mundo. Y cada uno, a menos que sea uno de los que forman el pequeño grupo de aquellos cuya conciencia ha sido cauterizada, se sienten descontentos cuando actúan contra la luz de su conciencia. Así que ningún hombre peca porque no tenga gracia, sino porque no aprovecha la gracia que tiene.[33]

Para Wesley, la mera existencia de la raza dependía de la gracia de Dios. Si la pena del pecado de Adán hubiera caído sin misericordia, Adán habría muerto y la raza humana hubiera perecido con él.[34] Así que uno puede concluir que de acuerdo al punto de vista de Wesley en cuanto a la vida física misma y todas las bendiciones que dicha vida trae, son el resultado directo de la gracia dada a la raza humana. También cualquier culpa que sea concomitante con la descendencia del pecado de Adán es mitigada por medio de su gracia. "A través de los méritos de Cristo, todos los hombres son libres de la culpa del pecado que Adán cometió."[35] Nadie perecerá eternamente sólo por el pecado de Adán.[36]

Aún más, es bien claro que esta gracia está "en" cada hombre, no en el sentido de que (la gracia) haya nacido en él sino que le fue "infundida". A los paganos se les ha dado, en cierta medida, un conocimiento de las cosas de Dios, y una conciencia que les da testimonio de lo que es recto y lo que no es. "La primerísima tendencia hacia el bien viene de arriba, así como el poder de ejecutarlo." Es Dios quien "infunde todo buen deseo", y quien lo acompaña y sigue: Toda esta buena tarea principia con la gracia "preventiva" e incluye el "primer deseo del hombre de agradar a Dios; se ven los primeros destellos concernientes a su voluntad y la primera y pasajera convicción de haber pecado contra Él". Todos éstos implican el principio de la salvación que es "liberación de un corazón insensible y ciego". En cierto sentido aquí está el principio de la santidad, aun antes de la justificación y la regeneración.[37]

El hombre natural puede ser compasivo y benévolo; tal vez sea cortés, amable y haga buenas obras; que dé de comer al hambriento, vista al desnudo y quizá hasta asista a la iglesia y aun así, no ser cristiano. Ese hombre tiene la gracia preveniente, pero no se encuentra bajo la gracia salvadora porque no ha creído en Cristo.[38] Tal persona "sofoca" la gracia de Dios que le podría conducir al arrepentimiento, al mismo tiempo que aparentemente hace uso de esta gracia para hacerse una mejor persona ante los hombres. Pero a menos que reconozca que todas esas cualidades vienen de Dios, por su fe en Cristo, tales obras no pueden ser buenas.

Así pues, en cada hombre se encuentra eso que es común en todos los hombres. Esto se caracteriza como los "residuos de la imagen de Dios", un "principio inmaterial, una naturaleza espiritual, un grado de libertad" y "una conciencia natural". Todos los hombres tienen cuando menos "algún deseo de agradar a Dios", aunque no sean cristianos verdaderos.[40] "Existe algo en el hombre además de los atributos de su propia naturaleza. Está dotado con una chispa divina. Dios trabaja en él... en el sentido de que mora por medio de su presencia continua en él." Es un "don sobrenatural de Dios al hombre, por encima de todos sus dones naturales". Es la "luz verdadera" que alumbra a todos los hombres en el mundo.

Así que no es posible para ningún hombre, cristiano o pecador, afirmar correctamente que sus buenas obras son por sus propios méritos. Si se le hubiese dejado solo, no hubiese hecho nada. Por eso toda buena obra es por gracia, y la salvación del hombre desde sus más remotos principios hasta su gozo eterno, es todo por la gracia. Cualquier habilidad que el hombre tenga para cooperar con la gracia de Dios, es por la gracia. El cuadro que Wesley presenta del hombre natural es una abstracción. El mismo admitió que "no existe un hombre que esté en un estado meramente natural".[44]

Gracias a su comprensión de la gracia, Wesley pudo adoptar una filosofía de la salvación que enfatizaba la parte que el hombre debe desempeñar, y al mismo tiempo mantener la *sola gratia*. Por naturaleza todos los hombres son totalmente corruptos e incapaces; pero por la gracia todos los hombres son restaurados a una condición en la que pueden ser salvos. El hombre natural y el hombre que está bajo la gracia deben caminar mano a mano. Este fue para Wesley, "el medio de escape del dilema teológico y psicológico que la doctrina del pecado original presenta para todos los que la adoptan... En este mundo, el hombre existe como un ser natural, más la gracia preveniente".[45] La salvación principia, pues, con la gracia de Dios dada a todos, y el hombre así capacitado por la gracia, debe ahora obrar su propia salvación en cooperación con esta gracia, o perderse para siempre. Entonces, para Wesley, todo lo que el hombre haga por acercarse a Dios antes de tener fe, es por la gracia, y toda la fe y las buenas obras son por gracia también, y todos los esfuerzos para alcanzar su propia salvación, son por gracia, y el hombre habría estado impotente y perdido sin esta gracia. Así que, sin aceptar una elección incondicional, Wesley todavía podía afirmar: "todo por la gracia."

C. La Expiacion en Cristo

Es muy notorio ver vez tras vez, en el pensamiento de Wesley, que la expiación y la gracia de Dios estaban estrechamente relacionadas. Algunas veces, Wesley ve la expiación como algo provisto por la gracia y otras veces considera la gracia como el resultado de la expiación de Cristo. En ninguna parte dio Wesley ningún tratamiento sistemático de la expiación, ni tampoco se publicó ningún sermón suyo específicamente sobre ese tema, pero sus ideas sobre ello aparecían frecuentemente en sus escritos. Aunque no hay razón para creer que él pensó cuidadosa y completamente su doctrina de la expiación,[46] sin embargo sus ideas en relación con el pecado, la gracia, la justificación y la santificación, lo llevan a uno a creer que un concepto wesleyano de la expiación, es cuando menos un poco diferente del punto de vista tradicional.

Wesley afirmaba ser arminiano, y lo demostró de diferentes maneras. Estaba familiarizado con los escritos de Arminio,[47] y además menciona también a Grotius. No se sabe si Wesley conocía la teoría gubernamental de la expiación, pero John

Miley pensó que esta teoría es la única explicación satisfactoria de los conceptos de Wesley.[48] Para entender el concepto de la perfección de Wesley, es necesario conocer mejor el punto de vista de Wesley en cuanto a la expiación.

Wesley recalcó que en diversas ocasiones él había postulado las siguientes palabras de las homilías de la iglesia: "Estas cosas deben ir, imprescindiblemente, juntas en nuestra justificación: Por parte de Dios, está su grande misericordia y su gracia; por parte de Cristo, la satisfacción de la justicia de Dios; y de nuestra parte, la fe en los méritos de Cristo." Además, agregó lo siguiente: "Nuestra justificación viene gratuita y solamente de la misericordia de Dios. Puesto que el mundo entero no estaba en condiciones de pagar ni una sola parte por nuestro rescate, le plugo a Dios, sin merecerlo nosotros, preparar para nosotros el cuerpo y la sangre de Cristo, para que nuestro rescate quedara pagado, y su justicia satisfecha."[49]

En términos tradicionales, Wesley vio la muerte de Cristo como un pago de nuestra deuda hacia Dios, y como una satisfacción a la justicia divina. Consideró que el· sacrificio de Cristo como hombre era una ofrenda a Dios en nombre de hombres pecadores. Así como Adán con su pecado fue el representante del hombre, así Cristo representó a los hombres en la reconciliación.[50] Wesley sí usó el concepto de que Cristo fue castigado por nosotros, pero muy pocas veces.[51] Por lo general él se refería a la muerte de Cristo como una obediencia pasiva, o "los sufrimientos de Cristo". La muerte de Cristo fue una satisfacción objetiva de la justicia de Dios y fue la propiciación por los pecados del hombre. Pero decir que Wesley creía que con la muerte de Cristo se pagó la deuda por las transgresiones del hombre, porque la deuda tenía que ser pagada, es decir demasiado.

Wesley consideró la expiación de Cristo tanto objetiva como subjetiva. Objetiva porque fue una obra completa, y subjetiva porque esta obra no estaba aún terminada. La obra terminada de Cristo fue una satisfacción de la justicia, pero únicamente en el sentido de provisión. Ahora era posible para todos los hombres ser salvos.[52] Si Wesley hubiese creído que en realidad Cristo verdaderamente cargó la culpa del hombre, entonces se hubiese visto forzado lógicamente a sostener que todos los hombre serían salvos, o de otra manera, que Cristo murió solamente por los electos —pero él no creía ni una cosa ni la otra, puesto que la culpa no podía ser pagada dos veces— por Cristo y por el incrédulo.[53] Para Wesley era necesario creer que la muerte de Cristo era una satisfacción para Dios de tal manera que el perdón podía ser justamente otorgado por medio de la fe, y la culpabilidad remitida. "Así que por amor de su muy amado Hijo Jesucristo, y de lo que ha hecho y sufrido por nosotros, ahora Dios garantiza, pero con una sola condición (condición que El mismo nos ayuda a llevar a cabo), ambas cosas: remitir el castigo debido a nuestro pecado, restaurarnos a su favor, y restaurar nuestras almas muertas a la vida espiritual."[54] Si la culpa quedó pagada en la cruz, ¿cómo es posible que por la fe ahora sea remitida?

Wesley insistía en una expiación universal. Cristo murió por todos los hombres. "Obtuvo para todos una posibilidad de la salvación." No hay sentido alguno en que la muerte de Cristo sea diferente para el creyente que se salvará, de lo que es para el incrédulo que se perderá.[55] Es en este punto donde Wesley difiere ampliamente de la posición de la Reforma.[56] Para Wesley no existe una expiación limitada. ¿Qué fue entonces lo que Cristo alcanzó con su muerte en la cruz? Satisfizo la justicia de Dios de tal manera que el perdón de los pecados se puede ofrecer a todo el mundo. En realidad la gracia se extiende a todos los hombres así que todo lo que se perdió por causa de Adán, se recupere otra vez por medio de Cristo. Nadie puede ser enviado al infierno por causa del pecado de Adán. A todos los hombres se les ha dado un buen sentido de la vida.[57] Miley hace el siguiente resumen de los beneficios incondicionales de la expiación de acuerdo a la idea que Wesley tenía: eran la "vida presente", la "ayuda generosa para todos", "la capacidad probatoria" y la "salvación de los niños". Estos beneficios son para todos los hombres, sean finalmente salvos o no. La salvación del infante ocurrirá solamente en caso de que muera como infante.[58]

Wesley vio otro elemento en la expiación de Cristo en una forma diferente a como lo veían los calvinistas. Wesley definió la justicia "imputada" solamente en el sentido de que por amor a Cristo el creyente es perdonado. Para él, no había sentido alguno en que la justicia de Cristo se reconociera como nuestra. El no separó la obediencia activa y pasiva de Cristo; más bien creía que Cristo fue obediente hasta la muerte, y este hecho es el fundamento de nuestro perdón. Cristo obedeció perfectamente la ley, pero esta obediencia fue su preparación para su obe-

El Pecado y la Gracia

diencia hasta la muerte. Esta justicia de Cristo es "imputada" cuando uno cree. Así que la fe, y la justicia propia de Cristo son inseparables. "El cree en la justicia de Cristo." Esta justicia es el objeto de la fe pero no llega a ser la justicia del creyente. En éste, es su fe la que se cuenta como justicia. Pero "esta fe es imputada como justicia", porque está puesta en la justicia de Cristo, y uno es perdonado por causa de lo que Cristo hizo por nosotros.[59]

Wesley quería protegerse de cualquier idea de que Cristo guardó la ley por nosotros en cualquier sentido de que ello excusaría al creyente de ser obediente. Por eso él rechazó la "justicia activa", en el sentido usado por los calvinistas, que decían que Cristo cumplió con las demandas de la ley por nosotros.[60] Además Wesley dijo que si la obediencia de Cristo está en nosotros, entonces nosotros le obedecemos perfectamente. En ese caso, no tenemos más necesidad de perdón que la que Cristo tuvo.[61] Sería igualmente veraz decir que si Cristo pagó nuestra culpa, no podría haber perdón, porque el perdón implica la remisión de la culpa. En efecto, Wesley tuvo que rechazar tanto la idea de castigo alguno en los sufrimientos de Cristo, excepto por cuanto son consecuencias del pecado, como cualquier obediencia de parte de Cristo que pudiera contarse como la obediencia del cristiano. Wesley quería recalcar que todos son todavía responsables de ser obedientes a la ley de Dios.

Para Wesley, la expiación no era sólo el fundamento para el perdón, sino era también la base para la santidad. El perdón es el primer "propósito" de la muerte de Cristo, pero el segundo "propósito" es "extinguir nuestro propio infierno dentro de nosotros".[62] "Es sólo por los méritos de Cristo que todos los creyentes se salvan: es decir, son justificados, salvados de la culpa; santificados, salvados de la naturaleza del pecado; y glorificados, llevados al cielo."[63]

> ¿Será El la fuente de una justicia imputada, y procurará lo mejor para sus seguidores? Tampoco esto es suficiente. Aunque al hombre se le permitiera ser justo, y estar exento de todo castigo, empero si él todavía estuviera realmente esclavizado con las corrupciones de la naturaleza, como también dotado con estos privilegios de la redención, difícilmente podría estar cómodo; y cualquier favor que recibiera de Dios en esta vida, o en la venidera, sin ninguna comunicación de

Sí mismo, no sería ni el remedio para un espíritu caído, ni la felicidad de uno que se ha reconciliado con Dios. ¿No debe ser, entonces, nuestro Redentor... el que "bautiza con el Espíritu Santo", la Fuente y el Restaurador de aquello a la humanidad por lo cual los seres humanos son restaurados a su primer estado, y disfrutar de Dios?[64]

Aquí Wesley colocó la renovación del hombre, o la santificación completamente en la obra redentora de Cristo por medio de la cual es buena provisión para ambas, la reconciliación y la santificación. Por medio de "la obediencia y muerte de Cristo" todos los creyentes "son reconciliados con Dios" y son "hechos partícipes de la naturaleza divina".[65] Estas bendiciones de la propiciación son provistas, objetivamente en la muerte de Cristo y vienen cuando se han satisfecho las condiciones. Esta idea de victoria y liberación para el creyente se lleva a cabo en el "oficio de Cristo" como Rey.[66] Pero se lleva a cabo solamente en aquellos que creen y obedecen.[67] ¿Pero cómo puede el hombre cumplir tales condiciones para su salvación? Es importante observar la manera en que Wesley contestó esta pregunta.

D. Gracia Capacitadora

Ya hemos visto que, de acuedo a Wesley el hombre natural es incompetente de hacer cosa alguna por su propia salvación. No puede hacer ningún intento de ir hacia Dios, hasta que Dios tome la iniciativa. Pero Dios es quien motiva al hombre, y eso quiere decir a todos los hombres, hacia Él mismo. Dios, a través de Cristo y por el Espíritu Santo les da a todos los hombres la gracia previniente, incondicionalmente. Cristo murió por todos, para que fuera posible que todos vivieran. Pero, ¿por qué no todos son salvos? A Wesley se le presentó un dilema —el hombre no se puede salvar a sí mismo, y sin embargo, él es quien determina si se salva o se pierde. Para algunos es fácil determinar, al interpretar a Wesley, que éste se inclina por el lado de la Reforma, o sea, que el hombre no puede hacer nada. Otros se inclinan al extremo opuesto, diciendo que Wesley enseñó la voluntad propia natural, y que por ende fue pelagiano.

Cell, en su reacción a la afirmación de que el avivamiento wesleyano resultó de la "teología de la liberación"* de Wesley,

---
**libertarian theology.*

colocó a éste de lleno en el campo del concepto luterano-calvinista de la salvación. En la doctrina de la gracia, "él no se quedó ni un ápice atrás de los primeros reformadores, pero tampoco se apartó ni un milímetro de la doctrina reformadora original de la salvación".[68] Wesley no se desvió "ni de la convicción de Lutero y Calvino en su doctrina de que el poder del hombre para cooperar con la voluntad divina es en sí, momento a momento el regalo puro de Dios". Cell declara que Wesley "mantuvo valientemente al principio, al fin y siempre con los primeros reformadores que Dios es el único agente en nuestra experiencia de redención".[69] El estaba consciente de ser "más estrictamente monergístico en su *ética pura de gracia,* que algunos de los últimos calvinistas".[70] De acuerdo con Cell, Wesley sí hizo de la fe una condición para la salvación, pero lo mismo habían hecho los reformadores. En lugar de que la reacción de Wesley fuera en contra de los calvinistas, fue en contra de la "teología de la liberación" que había entonces en Inglaterra.[71] En la reforma wesleyana la doctrina de la salvación por la fe era una "completa renovación de la tesis luterana-calvinista de que en cuanto a la salvación Dios lo es todo y el hombre, nada".[72]

Chiles, en un artículo publicado en 1958, en la revista *Religion in Life* (La Religión en la Vida), pone el mismo énfasis que Cell: "La doctrina de Wesley de la gracia es substancialmente la misma de Pablo, de San Agustín y de los reformadores." "La transición de la gracia gratuita al libre albedrío es uno de lo cambios fundamentales en el metodismo americano desde el tiempo de Juan Wesley."[73] El cree que esta transición ocurrió, en su mayor parte, en el siglo XIX, bajo Whedon y Miley. La activa elección gratuita del hombre se hizo una doctrina filosófica de responsabilidad moral. Ya para el tiempo de Albert Knudson, el libre albedrío había sido hecho parte de la naturaleza del hombre. Chiles sostiene que de acuerdo a Wesley, el hombre no está del todo capacitado para ponerse bajo la voluntad de Dios, ni siquiera con su gracia preveniente, sino que sólo puede "paralizar" sus propios esfuerzos pecaminosos. "El hombre es únicamente libre para someterse a la gracia adicional de Dios por la inactivación de la voluntad a través de la desesperación." Todo lo demás en la salvación depende de la acción de Dios. El hombre no tiene libertad para hacer el bien. Esta posición dista mucho de la de Knudson.[74]

Leland Scott, en una tesis reciente, llega casi a la misma conclusión. Dice que Nathan Bangs fue el primero en usar las palabras "habilidad por gracia". Fue durante el conflicto con el calvinismo del siglo XIX en América que este cambio hacia el hombre como agente libre fue hecho.[75] Whedon fue el escritor más hábil que lidió con este problema, y en él se estableció la posición del "libre albedrío" y llegó a ser representante de la tendencia metodista.[76] Es significativo notar que Whedon difería de la posición de Wesley sobre la perfección.[77]

Por otra parte, es posible interpretar a Wesley casi en términos pelagianos. Algunos ven muy poca diferencia entre la habilidad natural y una doctrina de la gracia preveniente. Para los calvinistas siempre ha sido difícil captar esta idea de Wesley.[78] Para la mayoría de la gente del día de hoy, el hombre natural es el hombre según se ve, pero para Wesley esto sería el hombre natural, más la gracia. Wesley nunca llamó "habilidad natural" a una habilidad presente que el hombre tuviese de escoger el bien, mientras que muchos escritores modernos sí la llaman así.[79] Así que es fácil que se pierda de vista la insistencia de Wesley en la gracia gratuita.[80]

Como quiera que esto sea, no existe ninguna excusa para hacer de Wesley un pelagiano. Como ya se vio, esto es lo que hizo Warfield.[81] Según Niebuhr, Wesley tenía una doctrina pelagiana de pecado.[82] Aun Turner, que pertenece a la tradición wesleyana y no calvinista, dice que la posición de Wesley es "semi-pelagiana", y afirma que él "era pelagiano al insistir en la libertad humana y la naturaleza volitiva del pecado".[83] Si todo esto fuera verdad, ¡sería en vano buscar en qué forma está Wesley de acuerdo con los reformadores!

La realidad es que, ningún extremo es verdadero. Wesley no estaba completamente con los reformadores ni en la gracia ni en la salvación, pero tampoco estaba a favor de los pelagianos en su libre albedrío. Pope llamó al arminianismo de Wesley la "forma más pura y mejor". Aunque algunas veces se le llama "semi-pelagiano", no debería ser así. Puesto que Wesley creía que toda "la cooperación con la gracia es por la gracia", él estaba libre de cualquier forma de pelagianismo.[84] Spalding escribe: "Los pelagianos creían que todos los hombres fueron creados por Dios en la misma condición que Adán antes de la caída. No existe ninguna diferencia esencial entre Adán y todos los hombres."[85] La doctrina pelagiana no es una "doctrina de pecado original, sino una negación de éste en todas sus formas".[86] Es evidente, pues, que la idea de Wesley no puede ser colocada en esta categoría.

¿No es posible que "la gracia gratuita" y la "libertad de escoger" puedan armonizar? ¿Acaso será necesario acudir, ya sea al extremo de los reformadores, o al extremo pelagiano? ¿Habrá un punto medio? ¿Se podrá hacer una síntesis de las dos ideas? Uno comprende que este es un problema serio y lo que Wesley dijo sin duda nos ayudará. Y es importante saber lo que él dijo para entender su énfasis sobre la santificación.

Uno puede encontrar bastantes pruebas para la creencia de Wesley en la total corrupción y la incapacidad del hombre a causa de su caída, como ya se ha explicado antes. Wesley creía que Adán, antes de la caída, era libre para escoger entre el bien o el mal. Pero, "desde la caída, ningún hijo de hombre tiene poder natural alguno para escoger nada que sea verdaderamente bueno".[87] Hablando del hombre que trata de liberarse del pecado, Wesley escribió:

> Aunque lucha con todas sus fuerzas, no puede vencer: el pecado es más poderoso que él. Quisiera escapar; pero está tan bien atado a la prisión, que no puede salir. Determina no pecar, pero continúa haciéndolo. Ve la trampa y la aborrece, pero corre hacia ella. ¡Tanto así le vale la razón de la que tanto se ufana; sólo para aumentar su culpa, e incrementar su miseria! Tal es la libertad de su voluntad; libre sólo para hacer el mal; libre sólo para "beber de la iniquidad como agua"; para alejarse más y más del Dios vivo, y pecar más "¡sin importarle el Espíritu de gracia!"[88]

Ciertamente el hombre no puede regresar a Dios por sí mismo. Está indefenso, en las garras del pecado. El primer intento tiene que venir de Dios. Esto ya se ha demostrado en la discusión de la gracia preveniente. El hombre depende totalmente de la gracia de Dios.

Es especialmente interesante el hecho de que algo ocurre cuando llega la gracia. "Cada hombre tiene una medida de libre albedrío, que se le restaura por la gracia."[89] Con este libre albedrío viene un "poder" para trabajar juntamente con Dios. Dios no es el "único que opera en nuestra salvación, de tal modo que se excluya completamente el trabajo que el hombre tiene que hacer". Después que Dios empieza la obra en nosotros, entonces nosotros tenemos poder para trabajar.[90] Esta es una libertad restaurada, el poder para escoger entre el bien y el mal.[91] Cierto que este poder también lo recibimos por gracia, pero no obstante, tenemos el poder.

Wesley dio a entender por libertad "un poder activo, de determinación propia, que no escoge las cosas porque son placenteras, sino que se complace en ellas porque las escoge". Dios tiene este poder y el hombre participa de este principio.[92] Esta libertad es una propiedad del alma y es un poder de determinación propia. Wesley la llamó una "libertad de contrariedad", la cual es un poder para actuar de una manera o de la contraria. Wesley escribe:

> Y aunque no tengo un poder absoluto sobre mi propia mente, debido a la corrupción de mi propia naturaleza, sin embargo, por medio de la gracia de Dios que me asiste, tengo un poder para escoger y hacer el bien, así como el mal, soy libre para escoger a quién serviré; y si escojo la mejor parte, continuaré en ella hasta la muerte.

Esta salvación en Cristo es ofrecida a todos, y en verdad salva a "todos los que consienten en ella", y no obliga a nadie porque destruiría la naturaleza de los hombres.[94]

La gracia de Dios para el hombre es para ser usada;[95] este hecho indica una parte específica para el hombre. Puesto que el hombre puede "resistir" esta gracia que se le ofrece, es evidente que la predestinación es condicional.[96] El hombre no podría ser un objeto propio de la justicia de Dios si él estuviera incapacitado para escoger el bien o el mal.[97] Es la misma presencia de la gracia la que hace a un hombre culpable de sus maldades, porque "ningún hombre peca porque no tenga la gracia, sino porque no usa la gracia que tiene".[98] Así que concluímos que, cuando se usa la gracia, el hombre no necesita pecar. Este hecho era básico en Wesley. Empero todo es por gracia.

Con esta gracia que le es dada, el hombre puede cooperar con Dios. Wesley asienta la verdad de que "sin mí nada podéis hacer", juntamente con las palabras "todo lo puedo en Cristo que me fortalece". Después proclama: "¡Aquí se disuelve el enigma! La luz aparece y las tinieblas huyen." Dios ha unido estas dos; que no las separe el hombre.[99] Wesley describió la

El Pecado y la Gracia

reacción del hombre hacia este poder en él de la siguiente manera:

> Así que, a partir de aquí... podemos inferir la necesidad absoluta de esta reacción del alma (o como se llame) para que la vida divina pueda continuar en ese lugar. Pues claramente se entiende que Dios no continúa obrando sobre el alma, a menos que ésta obre nuevamente hacia Dios. Ciertamente El nos previene con las bendiciones de su benignidad. Primero nos ama y se manifiesta a Sí mismo a nosotros. Mientras que todavía nos encontramos alejados de El, nos llama a Sí mismo y brilla sobre nuestros corazones. Pero, si nosotros no amamos al que nos amó primero, si no escuchamos su voz, si quitamos nuestra mirada de El y no atendemos a la luz que derrama sobre nosotros, su Espíritu no contenderá para siempre: gradualmente se alejará de nosotros y nos dejará en las tinieblas de nuestros propios corazones. No continuará dirigiéndose hacia nuestra alma, a menos que ésta se dirija hacia El otra vez; a menos que nuestro amor, nuestra oración y nuestro agradecimiento regresen a El, un sacrificio del cual El quedará complacido.[100]

¿Puede uno entonces aseverar que Wesley pensaba igual que los reformadores en cuanto a la gracia? Lutero dijo, hablando acerca de la esclavitud de la voluntad: La voluntad está esclavizada al Espíritu o al pecado. Cuando está esclavizada al pecado, siempre desea lo malo. Cuando está esclavizada al Espíritu, siempre desea lo bueno. La voluntad no puede desear de otra manera diferente cuando se encuentra esclavizada. Sin embargo, él le llama a esto una clase de deseo "voluntario" el cual no es compulsión.

> Así que la voluntad humana es, como si en realidad fuera, una bestia que se encuentra en medio del bien y del mal. Si Dios se sienta sobre ella, obedece a Dios... Si Satanás se sienta sobre ella, obedece a Satanás. No está en el poder de nuestra voluntad escoger a qué jinete se encaminará ni tampoco a cuál jinete buscará; pero los jinetes mismos luchan para ver quién se posesionará de la voluntad.[101]

La misma idea la repitió Calvino en sus *Institutos,* tal como primero había dado San Agustín.[102] Calvino estuvo de acuerdo con Lutero de que el hombre no puede escoger a quién servir.

Es la elección de Dios lo que hace esta diferencia entre los hombres. No tenemos miedo de conceder lo que San Pablo enérgicamente afirma: que todos, sin excepción, son depravados y adictos a la pecaminosidad; pero juntamente con él agregamos que la misericordia de Dios no permite que todos permanezcan en la depravación. Por eso, puesto que naturalmente todos luchamos bajo la misma enfermedad, sólo se recuperan aquellos a quienes el Señor ha placido aplicar su mano sanadora. Los demás, a quienes El muy justamente hace a un lado, se pudren en su corrupción hasta que son completamente consumidos.[103]

Para ser justos tanto con Wesley como con los primeros reformadores, hay que decir que no estaban de acuerdo en cuanto a la gracia libre o el libre albedrío, y a pesar de que la diferencia entre ellos era mínima, sin embargo, en la operación de la gracia, Calvino y Wesley distaban mucho uno del otro.[104] Puesto que el hombre tiene la habilidad de sofocar la gracia de Dios y exterminarla dentro de sí mismo, según Wesley enseñó, tenemos el derecho de asignarle al hombre el papel positivo de colaborador con Dios. Cuando el hombre puede llegar a ser el factor decisivo terminante en su propia salvación, (su parte) ya no es pasividad sino actividad.[105] Este concepto refuerza la responsabilidad personal del hombre y lo hace responsable por su propia condenación. Este punto de vista condicional de elección fácilmente conduce a tendencias sinergistas.[106]

¿Qué tan activa es esta "habilidad de gracia" en el hombre? ¿O es solamente "inactivación de la voluntad por medio de la desesperación"? Aquí tenemos algunas frases que Wesley usó en sus sermones: "desea y busca" ninguna otra cosa más que a Dios, "pide", "busca", "llama", "insiste", "no te des por vencido" y "cree en Cristo". El escribió: "Aviva la chispa de gracia que se encuentra en ti y El te dará más gracia", "Dios obra, por eso tú *puedes* obrar: ... Dios obra, por eso tú debes obrar." Dios "no nos salvará, a menos que 'nos salvemos nosotros mismos'... 'pelea la buena batalla de la fe'... 'agoniza para entrar'... 'neguémonos a nosotros mismos'... y lucha por todos los medios posibles para 'hacer nuestro llamado y nuestra elección segura'."[108]

Emil Brunner, de la tradición neorreformada, veía el esfuerzo moral del hombre como su peor enemigo, y, puesto que es el esfuerzo del hombre, es egoísta. Unicamente lo conducirá a "un atroz saldo adverso o 'deuda' que no se pueda pagar". El estado peor del hombre es ese en el cual tiene completa confianza en sí mismo.[109] Pero Wesley no vio este esfuerzo como algo que el hombre mismo lleva a cabo puesto que, en su concepto, todas las buenas obras del hombre son por gracia. Es precisamente en este punto que el concepto de Wesley de la gracia debe ser visto. Este esfuerzo, esta habilidad de gracia recibida misericordiosamente, es por gracia y no es del hombre natural. Es lo que resulta cuando Dios obra en el hombre conforme éste cede a la gracia de Dios. Esta actividad depende completamente de la actividad continua de Dios en el alma. Sin embargo, el hombre debe reconocer las obras como que son de Dios y no debe tener ninguna confianza en la carne.

¿Es entonces esto sinergismo o monergismo? Posiblemente la mejor respuesta sea que es ambos. Inicialmente es monergismo —Dios obra, y después es un sinergismo nacido del monergismo— el hombre está capacitado para obrar. Tal vez John Miley estaba siéndole fiel a Wesley cuando escribió:

> Este escogimiento primordial del bien no es la realización de una nueva vida espiritual regenerada, pero es sólo, y puede solamente ser, la elección de lo que se quería alcanzar. Es enteramente obvio que el escogimiento de tal fin y el alcanzarlo son hechos diferentes. Una nueva vida espiritual en regeneración, si se escoge como un fin, aún así tiene su propia manera de desarrollarse, y en sí misma necesita ser completamente del Espíritu divino. La esfera del *sinergismo* descansa antes de todo esto (en un momento), cuando gracias a la ayuda de la gracia y de los poderes correctos de nuestra agencia espiritual, podemos escoger el bien; mientras que la del divino *monergismo* está especialmente en la obra de la regeneración moral. Aquí la doctrina del más rígido monergista es la realidad de la verdad; mientras que el sinergismo dentro de su propia esfera es igualmente cierto.[110]

Una pregunta final es si el sinergismo de Wesley venía únicamente de Arminio y de los anglicanos, o, ¿podría también proceder de los reformadores? Aquí hay cuando menos una pequeña posibilidad. Clyde Manschreck sostiene que Melanchton no pudo encontrar el determinismo en la Biblia. El creía que en algún sentido el hombre es un activo concurrente en su conversión. Melanchton escribió en su obra, *Loci communes*: "El evangelio es el poder de Dios para salvación no para el que se opone, sino para el que consiente y cree." Manschreck cree que Lutero nunca acusó a Melanchton de haberse apartado de sus propias enseñanzas verdaderas, y que Lutero dejó atrás su manera antigua de pensar, como se la había expresado a Erasmo. Melanchton "trazó deliberadamente un camino entre Pelagio y San Agustín porque él no creía que ninguno de los dos había permanecido fiel a la Escritura o a la experiencia". El fue "mal entendido y ridiculizado", pero "su doctrina era evangélica y bíblica, y habría de sobresalir, eventualmente, en las iglesias evangélicas, aún en el wesleyanismo".[111]

Así que, para Wesley, a pesar de que el hombre está totalmente corrupto e incapacitado en sí mismo para hacer algún esfuerzo hacia Dios y hacia la salvación, está dotado por medio de la gracia para tener una parte en su propia salvación. Dios es el que redime y cambia, pero el hombre cambiado puede actuar —lo que es más, *necesita* actuar— para que el acto redentor de Dios pueda ejecutarse dentro de él. Este concepto de la "habilidad de gracia" influyó sobre las definiciones del pecado, de la fe y de las buenas obras.

E. Pecados Voluntarios

Una enseñanza clara y constante de Wesley y de los wesleyanos ha sido que el creyente no peca. Esta declaración es muy perturbadora para cualquiera que haya sido enseñado que es necesario pecar diariamente, mientras que para los wesleyanos esta última aserción de que el creyente continúa en pecado, es igualmente perturbadora. Es muy posible que la diferencia se encuentre en la definición de pecado.

Si los reformadores hicieron alguna diferencia entre el pecado como un hecho y el pecado como un estado, esa diferencia no tenía la misma importancia como la tuvo para Wesley. Una investigación breve de muchos escritos sobre la doctrina del pecado inmediatamente revela este hecho. Cuando Lutero escribió que los justos "son pecadores, por cuanto no cumplen la ley, y todavía tienen deseos pecaminosos", él no hizo distinción entre la "acción de pecar" del creyente ahora, y lo que era antes de la justificación. El habló de los pecados como algo que empezaba a sanar pero no sugiere alguna área, en relación con ellos, en la cual estén completamente sanados.[112] El cristiano "está siempre en pecado y siempre está siendo justificado. Siempre es pecador, pero también siempre está arrepentido y por eso siempre es justo".[113] Lutero definió al cristiano, no como uno que no tiene pecado, sino como uno "a quien Dios no le imputa su pecado".[114] Puesto que la palabra "imputar" quiere decir "reconocer" o "cuenta", Lutero estaba diciendo que Dios no reconoce a uno como un pecador, o como que tiene pecado, cuando en realidad él es todavía un pecador y tiene pecado. La respuesta de Wesley a esta declaración hubiera sido que Dios nunca acepta a una persona como que es algo que El realmente no hace de ella.[115] Dios ya no ve al creyente como un pecador porque ya no es un pecador. Esta enseñanza de Wesley se discutirá más adelante en forma detallada.

Calvino no distinguió entre el pecado que es necesario del que es voluntario, ya que el pecado necesario es justamente reconocido como culpa tanto como el pecado voluntario. Delante de Dios no hay ninguna diferencia.[116] Así sucede con los teólogos reformados contemporáneos. Emil Brunner sigue el mismo concepto cuando escribe: "El creyente es siempre el que no cree, el pecador. *Simul justus, simul peccator.*" El no establece ninguna diferencia entre los pecados del pecador antes y después de que cree. El pecar es de la misma naturaleza.[117] Puesto que Reinhold Niebuhr considera que el pecado es "inevitable" en la existencia humana, su concepto no se puede comparar con el de Wesley. Wesley consideraba los pecados sobre los cuales el hombre no tenía poder como "llamados así impropiamente". Pero Wesley vio un hecho más acerca del pecado sobre el cual uno puede ejercitar control por medio de la gracia, y por el cual él es personalmente responsable.

Benjamín Warfield le llamó a este concepto del cristiano pecador el "evangelio del pecador miserable".

> Aunque somos bendecidos con toda bendición espiritual en los cielos en Cristo, todavía somos en nosotros mismos "pecadores miserables": "Miserables pecadores" todavía, que no merecen ninguna otra cosa sino el castigo eterno. Esa es la actitud que los reformadores tomaron, y esa es la actitud que el mundo protestante ha aprendido de ellos y que ha aplicado a la relación que los creyentes tienen con Cristo.[118]

Esto es en el creyente "una pecaminosidad continua de hecho y por hechos". Wesley posiblemente habría estado de acuerdo de que en el creyente continúa una condición pecaminosa, como veremos, pero decir que un creyente es pecador en hechos no sería escritural para Wesley.

¿Reconoce la teología reformada, en sentido alguno, que una persona deja de pecar cuando cree? Karl Barth es muy preciso sobre este aspecto cuando escribe:

> Tal y como soy en mi presente situación, en mis circunstancias presentes, y en el camino por el cual he transitado y sobre el cual todavía tengo que transitar, Dios me reconoce y me considera tal como soy, verdaderamente muy lejos como en efecto me encuentro de El. No como un segundo Dios sino como un hombre que ha pecado, que está pecando y que pecará, y que no se puede reconocer a sí mismo sino como un perdido...[119]

Parece que aquí podemos concluir que, desde el punto de vista reformado, todos los hechos de un pecador son pecado porque proceden de un corazón pecaminoso, y puesto que el creyente todavía es pecador en su naturaleza, todos sus hechos están manchados con el pecado, por lo tanto, él peca. Parece que no hay ningún sentido en el cual se diga que uno deja de pecar cuando cree.[120] Lo que más se acerca a tal concepto se encuentra en Charles Hay, que aseveró que Lutero hizo tal diferencia. El llamó a cierta clase de pecados, "pecados de ignorancia" los cuales se cometen repentinamente y no destruyen la fe. La otra clase son los pecados voluntarios y conocidos, que tienen un propósito malo, que hacen lo malo delante de Dios, tales como el adulterio. En este segundo caso el Espíritu Santo se aleja del creyente, y el que tal hace está bajo la ira de Dios.[121] Esto parecería indicar que Lutero estaba pensando en una distinción a la establecida por Wesley, pero sus ideas todavía no eran claras sobre esto.

Hay algunos que han concluido que, porque Wesley habló acerca de pecados voluntarios como los únicos que son pecados "propiamente llamados", él no tenía doctrina de la pecaminosidad del hombre. La falsedad de esta conclusión se ha visto en las páginas precedentes. Lindstrom puede ver la pecaminosidad inherente de la naturaleza del hombre como la parte más prominente que Wesley tenía del concepto del pecado.[122] Wesley no minimizó lo horrendo de la naturaleza del pecado del hombre para establecer su concepto del pecado voluntario. Todo lo contrario, él aseveró que el hombre por naturaleza es "terrenal, sensual, diabólico". Wesley escribió: "El hombre no puede pensar por sí mismo un buen pensamiento; pues es todo pecado, un mero montón de impiedad, y peca cada vez que aspira; cuyas transgresiones actuales... sobrepasan a los cabellos de su cabeza."[123] Un estudio cuidadoso del sermón de Wesley sobre "El Espíritu de Esclavitud y Adopción" muestra claramente cómo el pecado ata al hombre que "peca voluntariamente", mientras se encuentra en este estado.[124] El comparó las vidas de los hombres pecadores con las ramas que brotan de una raíz pecaminosa y con el fruto de la rama pecaminosa. ¿Qué otra cosa se puede esperar de tal fuente?[125]

No es necesario hablar más sobre este punto. Wesley sí enseñó que hay una naturaleza pecaminosa en el hombre y que esta pecaminosidad hace al hombre ciego y sordo a los valores espirituales. También enseñó, como veremos, que esta naturaleza pecaminosa permanece en el creyente y resulta en "pecados del corazón". Si esto era todo lo que los reformadores querían decir al afirmar que el creyente era un "pecador miserable", entonces Wesley estaba de acuerdo. Pero él hubiera enseñado que los reformadores querían decir algo más porque no habían razonado con claridad lo que sucedía al pecado y a la práctica de pecar en la justificación. El "pecado en los creyentes" no es lo mismo que los pecados del inconverso. Los "pecados" del inconverso cesan.

Una manera de abordar este problema es regresar otra vez al concepto que Wesley tenía de la culpa. Se notará que Wesley sostenía que la culpa del pecado de Adán era personal para éste, mientras que sus descendientes eran culpables en el sentido de que estaban sujetos o en peligro del castigo.[126] Y sin embargo, estos hijos de Adán sufrían porque merecían sufrir. Pero también la muerte de Cristo libró a todos los hombres de la culpa del pecado de Adán. Pero Wesley no sostenía que un hombre era libre de la culpa de su propio pecado a menos que creyera. Aparentemente Wesley concebía dos clases de culpabilidad —una que es personal para un agente libre, y una que es representativa, o racial. Wesley no le dio a esta clase de culpa una definición precisa con términos tales como "racial" o "colectiva", pero enseñaba una clase de culpa diferente de la culpa personal. Sin embargo, el uso que él hacía del término culpa en este segundo sentido, como heredado de Adán es muy diferente, del uso calvinista. No puede resultar en muerte eterna hasta que un agente libre la acepte y se la apropie.[127] Cuando hace esto, la culpa se vuelve personal.

No sólo vemos esta segunda clase de culpa, la que resulta de la naturaleza heredada, cuando Wesley discute la culpa en los niños y la cancelación de la culpa por la gracia preveniente, pero también la vemos en la discusión de Wesley del arrepentimiento en los creyentes. "Una convicción de su *culpabilidad* es otra rama de ese arrepentimiento que pertenece a los hijos de Dios. Pero ésta ha de ser cautelosamente entendida, y en un sentido peculiar." Ellos no pueden recibir condenación por ello, pero debido a su pecaminosidad, no pueden "soportar la *justicia estricta* de Dios". Ellos serían condenados por este "pecado en los creyentes", y todavía son *"dignos de muerte"*, pero la sangre de Cristo hace expiación por ellos.[128] Así que Wesley sí aseveró la existencia de una culpa, una clase peculiar que se adhiere a los creyentes debido al pecado que permanece en ellos, pero no los condena. Hablando de errores, aun aquellos que brotan de un perfecto amor, Wesley dijo que ellos no pueden "soportar el rigor de la justicia de Dios", pero necesitan "la sangre expiatoria".[129] Esta misma culpa "peculiar" se adhiere aun al santificado en sus "pecados" de ignorancia.

Pero Wesley cree que los hombres serán castigados únicamente por sus propios pecados personales. Hablando de los castigos en este mundo y en el venidero, él escribió: "Yo no declaro que todos los hombres están sujetos a los castigos del mundo y del venidero, por el solo pecado de Adán; pero sí lo están por sus propios pecados externos e internos los que, por su propia falta, brotan de la infección de su naturaleza."[130] Notemos aquí que los hombres pueden ser castigados únicamente por esos pecados que nacen de una naturaleza infectada "por su propia falta". Aquí hay culpa, o condenación, pero proviene de la agencia personal. Estos pecados son una rebelión abierta.

> El pecador voluntario no es ignorante ni se sorprende, pero a sabiendas lucha en contra del mandato expreso de Dios, y de la viva, completa y presente convicción de su mente y de su conciencia; así que esto es la norma misma de la iniquidad.[131]

Es este "pecador voluntario" el que es perdonado —este pecador que ha cedido a su pecado. La culpa que se adhiere a

El Pecado y la Gracia

este pecador es la culpa de sus propios actos, de su propia rebelión, de sus propias malas decisiones. El perdón es "remisión de los pecados pasados". No es un perdón por una condición o estado que es heredado, sino por iniquidades que han sido cometidas. "Son solamente los pecadores los que tienen ocasión para el perdón"; es el "pecador el que es perdonado". Dios salva de la culpa del pecado a los que están perdidos.[132] Cuando se le preguntó a Wesley si esta definición de pecado —"una transgresión voluntaria de una ley conocida"— era apropiada, respondió: "Creo que lo es al referirse a toda esa clase de pecado que se nos imparte para nuestra condenación. Y es una definición que ha escapado la censura de la iglesia por cuando menos 1500 años."[133] Es entonces este pecado voluntario el que es perdonado porque sólo este pecado puede acarrear la condenación de Dios.

Este pecado voluntario, personal, es el pecado que "por medio de la gracia poderosa podemos evitar".[134] "Por medio de la gracia de Dios podemos expulsar todas las transgresiones: Por eso, si no lo hacemos, se nos pedirá cuenta de ellas." El hombre se inclina hacia la maldad por causa del pecado de Adán, pero por medio de "la gracia podemos conquistar esta inclinación; o podemos escoger ir en pos de ella, y al hacerlo, cometer un pecado actual".[135] El hombre, entonces, alcanza una edad en la que tiene que dar cuenta por sus pecados, y si falla al no usar la gracia de Dios, está sujeto a la condenación. El hombre es responsable. No es como las bestias, que no se pueden ayudar a sí mismas. El puede escoger y tiene voluntad. No puede haber vicio sino "cuando tal persona conoce, ama y escoge lo que es malo".[136] Todo esto quiere decir, de acuerdo con Wesley, que el pecado en un niño, o en un creyente, no es lo que lo hace a uno ser pecador en el verdadero sentido de la palabra. Es más bien la acción de tornarse hacia el pecado y escogerlo como suyo. El hombre no peca porque no tenga la gracia, sino porque no usa la gracia que tiene.[137] El pecado genuino es el rechazo que el hombre hace de la gracia que se le ofrece y en aferramiento voluntario a esas inclinaciones heredadas. Esto es lo único que puede acarrear condenación, y esta es la clase de pecado que no se encuentra en el creyente.

Posiblemente ahora esté más claro lo que Wesley quiso dar a entender cuando dijo que el creyente no peca. El no quiso decir que el creyente estaba libre de una naturaleza pecaminosa, ni tampoco que no cometía "pecados" de ignorancia. El significado de las palabras de Wesley es simplemente que el pecado no reina en el creyente, y que uno, a sabiendas y voluntariamente, depende de la gracia y rehúsa la maldad. No hay una sumisión fácil y franca a la naturaleza humana. El creyente no cede a las inclinaciones del mal.

Wesley describió cómo un creyente puede reincidir y volver al pecado voluntario, condenable. "El que es nacido de Dios no peca" (1 Juan 3:9).

> Mientras que él crea en Dios por medio de Cristo, y le ame, y derrame su alma delante de El, no puede voluntariamente transgredir ningún mandamiento de Dios, ni de palabra ni por la acción haciendo aquello que sabe que Dios le ha prohibido: Mientras que esa semilla que permanece en él, esa fe agradecida que ama y ora, lo constriña a refrenarse de todo aquello que él sabe que es abominación ante los ojos de Dios.[138]

¿Cuál es el proceso que el creyente sigue hacia el pecado? Aquí están los pasos:

> (1) La divina semilla de la fe, amorosa, que conquista, permanece en aquel que es nacido de Dios. "Se conserva a sí mismo", por medio de la gracia de Dios, y "no puede pecar". (2) Se presenta la tentación; ya sea del mundo, de la carne o del diablo, eso no importa. (3) El Espíritu de Dios le advierte que el pecado se acerca y le impele a que vele en oración. (4) Cede un poco, hasta cierto grado, a la tentación, que ahora se presenta ante él placentera. (5) El Espíritu Santo es contristado; la fe del creyente se debilita; y su amor hacia Dios se enfría. (6) El Espíritu lo reprende más severamente y le dice: "Este es el camino, andad por él." (7) Se aleja de la voz suplicante de Dios, y le pone atención a la voz del tentador, la cual ahora es agradable. (8) Principia el deseo pecaminoso y se desparrama sobre su alma, hasta que la fe y el amor se desvanecen: entonces ya está capacitado para cometer el pecado externo, el poder del Señor ya se ha alejado de él.[139]

Para aquel que acepta la enseñanza de la posibilidad de perder la fe después de haber creído, probablemente no haya una mejor descripción de cómo sucede que ésta de Wesley. Es muy claro que Wesley reconocía la dificultad del problema. El nunca mantuvo que es fácil saber cuándo se ha cometido el pecado. El vio un grado en el cual uno cede al pecado interno

El Pecado y la Gracia

mientras que es todavía un creyente. Pero el cometer un pecado voluntario, en toda la extensión de la palabra, no puede ocurrir sino hasta que la fe y el amor se han alejado del creyente. Esto le ayuda a uno a ver que lo que Wesley llamaba transgresión voluntaria nunca puede llegar a cometerse donde existe la fe salvadora. Este es un concepto religioso más que especulativo que encaja bien con las instrucciones de Pablo y Juan de que los cristianos no pecan. Wesley quería hacer más clara esta definición y por eso concluyó diciendo que el creyente no peca voluntariamente, como peca el incrédulo.

Pero Wesley no siguió su razonamiento hasta sus conclusiones finales ni vio todas las implicaciones de su concepto del pecado voluntario. El se dio cuenta de que la línea divisoria entre el pecado del inconverso, y la acción del creyente al ceder parcialmente al pecado, no es una línea perfectamente clara. En su sermón sobre el "Espíritu de Esclavitud y de Adopción", él dijo que el hijo del diablo, que está todavía adormecido, "peca voluntariamente", el que ya despertó "peca involuntariamente", y el hijo de Dios "no peca". Estas tres clases de hombres son clasificadas como el hombre natural, el hombre bajo la ley y el hombre bajo la gracia. El hombre bajo la ley, tal como se enseña en Romanos 7, lucha contra el pecado, pero el pecado le vence. Este hombre peca involuntariamente.[140] Pero Wesley tenía esperanza para él. No era todavía un creyente pero pronto lo sería. ¿Es su pecado digno de condenación? Wesley vacilaba sobre esto y más tarde pensó que el estado legal podía ser el de uno que tenía fe como la de un sirviente, si no fe como la de un hijo.[141] Así que parece que hay un lugar (o etapa) entre el pecador inconverso y el creyente que no peca, donde los "siervos" pueden estar cometiendo pecado involuntariamente. Pero para Wesley esta no es la experiencia del creyente que tiene victoria sobre el pecado, porque él no peca de ninguna manera en este sentido.

Flew critica a Wesley en su definición del pecado voluntario, sobre la base de que "nuestros peores pecados son muy a menudo aquellos de los cuales estamos inconscientes".[142] Wesley pudo haber estado de acuerdo aquí con Flew sobre esto si la discusión fuera completamente sobre las cualidades de varios pecados internos como el orgullo, el egoísmo, etc. Pero Wesley no podía decir que estos pecados eran los "peores", en el sentido de culpa, si se trata de un caso en que la persona es un creyente, o que está luchando en contra de todo pecado. El único pecado que puede acarrear muerte eterna es un pecado personal que involucra el rechazamiento de la gracia. Es el pecado voluntario lo que transmite la culpa personal y sólo esto puede hacerlo a uno estar en peligro de la muerte eterna. Seguramente esto sería el "peor" pecado para el individuo.

Flew cree que este "sentido limitado" en el significado de pecado ni siquiera es deseable. Pero Wesley nunca pudo librarse a sí mismo del hecho de que el hombre es responsable ante Dios. Wesley reconocía que en el inconverso existía la práctica inconsciente del pecado tanto como en el creyente.[143] Sin embargo, el que un hombre peque inconscientemente debido a su naturaleza caída no podría por ese solo hecho condenar al hombre ante Dios. El hombre sólo despierta cuando llega la luz y revela su pecado, y es el rechazo de esa luz lo que sella el destino del hombre.[144] Este concepto especializado del pecado no significaba para Wesley que el ciego pecador que "peca voluntariamente" y "anda en las tinieblas" es justificado delante de Dios aun cuando se encuentra inconsciente.[145] Tampoco Wesley justificó al fariseo que oraba que pensó que estaba libre del pecado y confiaba en su propia justicia.[146] Lo que Wesley enfatizó era que nadie se perdería eternamente excepto por los pecados que podía evitar por medio de la gracia. Y esta clase de pecado no comete el creyente mientras que tenga la fe.

Estos pecados "inconscientes" y pecados de ignorancia se discutirán más ampliamente en el capítulo VI. Es importante ver aquí que Wesley definió los pecados voluntarios como el uso más propio de la palabra. El no estaba de acuerdo con Tennant, que hizo de este sentido el único significado de "pecado", pero sí sentía que era significativo, especialmente para el creyente.[147] ¿Cómo pueden los pecados del no creyente que se rebela en contra de Dios y confía en sí mismo ser de la misma clase que los pecados del creyente que ama y confía en su Cristo? Es precisamente aquí que Wesley vio un cambio real y definido del pecador al creyente, y en este sentido el creyente no peca. Esta definición necesita más luz y no debiera ser ignorada u olvidada. El no creyente peca de alguna manera voluntaria la cual no existe en el cristiano. Pero el creyente sí tiene pecado, según veremos en seguida.

F. El Pecado en los Creyentes

Ya se ha escrito lo suficiente en estas páginas para demostrar que Wesley enseñaba tanto la total corrupción de la naturaleza del hombre como la gracia preveniente, la cual principia una curación parcial. En el próximo capítulo se demostrará lo que actualmente ocurre cuando una persona es justificada y regenerada. En esta sección se discutirá la naturaleza del pecado que permanece en el justificado. Es de suma importancia aclarar lo que Wesley enseñó sobre este asunto, porque esta es la clase de pecado que, según él aseveró, es limpiada en la experiencia de la entera santificación. Ya se ha aclarado que este pecado en los creyentes no es pecar voluntariamente, cosa que sólo se encuentra en el inconverso o en el creyente que ha perdido la fe.

Por alguna razón Sangster cree que Wesley nunca trató de definir la palabra "pecaminosidad", sino sólo "un pecado" que era una transgresión voluntaria.[148] Pero más tarde, él dice que Wesley pensaba en el pecado como si fuera una cosa, como un cáncer o una muela picada, que tiene que ser removida.[149] Pero Wesley sí definió la pecaminosidad. Un estudio breve de su sermón "El Pecado en los Creyentes" debe disipar cualquier duda acerca de esto. Aquí Wesley afirmó claramente la condición pecadora del hombre. Pero aun la pecaminosidad no es una "cosa" o "sustancia", porque si así fuera sería material, o sustancia del alma, y Wesley no creía en ninguna de esas posibilidades. El definió este pecado interno de la siguiente manera:

> Por pecado, yo entiendo aquí pecado interno; cualquier temperamento pecaminoso, cualquier pasión o afecto; como el orgullo, la voluntad propia, el amor al mundo en cualquiera de sus grados; como la lascivia, el enojo, la petulancia; cualquier disposición contraria a la mente que tuvo Cristo.

A esta condición se le llama "naturaleza carnal, maligna", que se opone al Espíritu y que es un "principio", o causa. Así que hay dos principios en el creyente —la carne y el Espíritu.[150]

Cuando Wesley escribió "El Pecado en los Creyentes", él estaba teniendo dificultades con los moravos. Ellos enseñaban que uno era justificado y completamente santificado, al mismo tiempo y que no permanecía ningún pecado en el creyente. Wesley estaba seguro de que él estaba en completo acuerdo con la enseñanza de la iglesia general sobre este asunto. Nadie, excepto Zinzendorf, enseñó que uno es santificado completamente al ser justificado. Todos los demás se aferraron al concepto de que el pecado continúa en el creyente.[151]

Wesley llamó al pecado que permanecía en el creyente por su nombre, pecado. Decir que Wesley sustuvo sólo una definición del pecado no es correcto. El hizo distinción entre la culpa, el poder y la realidad del pecado. Cuando uno verdaderamente cree, la culpa desaparece, el poder del pecado es roto, pero el "ser" del pecado permanece. Esta "carne no tiene poder sobre nosotros", pero todavía existe.[152]

Foster le llamó una "raíz de la cual el pecado tiende a crecer". Es una condición que debe ser remediada.

> Concedemos que esta naturaleza depravada es pecaminosa en estos dos sentidos: primero, desde el principio tiene la tendencia de inclinarse hacia el pecado, tiende a seguir acciones las cuales en un ser responsable serían pecados; segundo, cuando es tolerada, y aceptada y es seguida por un ser responsable, es pecado o él llega a ser pecador por tal naturaleza depravada.[153]

Miley tomó una posición similar cuando dijo que esta condición puede ser llamada pecado, pero no tiene falta o culpa.[154]

En cuanto a Romanos 7, Wesley no podía creer que esa era la condición de un creyente que había nacido de nuevo.[155] De acuerdo a Wesley, el hombre del cual habla el capítulo está bajo la ley, está consciente de su condición pecaminosa, pero todavía no ha venido a la fe justificadora. Esta posición es contraria a la de los reformadores, que sostenían que Romanos 7 habla de los creyentes.[156] La exégesis que uno haga de este pasaje dependerá de su orientación teológica, pero el concepto de Wesley muestra donde él difería de los reformadores. Uno puede decir que la naturaleza pecaminosa del hombre, tanto para los reformadores como para Wesley, es la naturaleza corrupta heredada de Adán. Pero para Wesley esta naturaleza no es pecado en el sentido propio mientras que para los reformadores es todavía pecado en el sentido propio. Una comparación del Concilio de Trento con las confesiones de Augsburgo y Westminster, ayuda a conocer la posición de Wesley:

> El Concilio de Trento declaró (traducción de Sugden): "Permanecen en el bautizado la concupiscencia o el combus-

tible del pecado. Esta concupiscencia, a la cual algunas veces el Apóstol llama pecado, el Sínodo Sagrado declara que la Iglesia Católica nunca ha entendido que se le llame pecado porque sea verdadera y propiamente pecado en el regenerado, sino porque emana del pecado y se inclina hacia él."

La confesión de Westminster (IV, 5) por el contrario, asevera: "Esta corrupción de la naturaleza durante esta vida permanece en aquellos que son regenerados; y aunque hayan sido perdonadas y disciplinadas por medio de Cristo, todavía tanto ella (la corrupción) como sus inclinaciones, son verdadera y propiamente pecado." La confesión de Augsburgo dice lo siguiente de la corrupción de la naturaleza humana: "No es abolida de ninguna manera o quitada por medio del bautismo, pues que el pecado siempre fluye de esta fuente lastimosa, tal como fluye el agua de la fuente."[157]

Por todo esto aparece que Wesley se encontraba en algún punto del centro. Juntamente con el Concilio de Trento, Wesley sostuvo que esta maldad en los creyentes no era propiamente un pecado, y al mismo tiempo, con los teólogos de Westminster afirmó que era una corrupción de la naturaleza.

¿Quiere acaso esto decir que Wesley vio una victoria mayor en la regeneración que la que vieron los reformadores? Es muy probable que sí, en lo que concierne al quebrantamiento del poder de esta corrupción. En cuanto a la Reforma, Wesley escribió lo siguiente:

> ¿Y cuál es la condición de las Iglesias Reformadas? Es cierto que fueron reformadas en sus opiniones, al igual que en su manera de adorar. ¿Pero no es esto todo? ¿Fuero sus vidas y su manera de vivir reformadas? No del todo. Ciertamente muchos de los reformadores mismos se quejaron de que "la Reforma no llegó muy lejos". Pero, ¿qué querían ellos decir?... Ustedes debieron vehementemente haber insistido en un cambio completo de la *conducta* y las *vidas* de los hombres; en que se demostrara que tenían "la mente que hubo en Cristo", al andar "como El anduvo".[158]

Es probable que Wesley haya estado parcialmente equivocado al hacer esta declaración, pero muchos estarán de acuerdo con él de que los reformadores descuidaron el "Sed santos".[159] Wesley temía que el evangelio se viese robado de su poder si Romanos 7 se aceptaba como la descripción de la imagen de la vida del creyente normal. El creía que este pecado, o naturaleza pecaminosa permanece en el creyente pero no lo gobierna.

Berkouwer cita lo que Barth dijo: "No se trata de que tengamos un sujeto (el pecador) que ahora sea cancelado por el complemento (la justicia)"; y añade que Lutero declara que "la carne y el espíritu, el pecador y el justo, el muerto y el que es libre de la muerte, el culpable y el inocente", y "sin embargo, ambas características están presentes en la misma intensidad y grado, y ambas al mismo tiempo".[160] Es evidente por estas declaraciones y otras, que el concepto de Wesley del pecado en el creyente era diferente del de los reformadores y de los teólogos contemporáneos de la tradición reformada. Wesley no creía ni podía creer que esta raíz del pecado en el creyente estuviera produciendo fruto. Su actividad había cesado; se encontraba atada; ya no reinaba más.

¿Cuál era la naturaleza de este pecado en el creyente? "La carne se rebela en contra del Espíritu y el Espíritu en contra de la carne; y éstos son contrarios el uno del otro." Esto significaba para Wesley que la carne, la naturaleza pecaminosa, se opone al Espíritu, aun en los creyentes. El describió la lucha de la siguiente manera:

> Estos tienen la tendencia continua a reincidir; tienen una inclinación natural hacia la maldad; una tendencia a alejarse de Dios y de adherirse a las cosas materiales. Son sensibles constantemente al pecado que permanece en su corazón, al orgullo, al libre albedrío, a la incredulidad; y al pecado que se aferra a todo lo que dicen o hacen, aun a sus mejores acciones y a sus deberes más sacros.[161]

Así que en el creyente el pecado tiene una clase de actividad, pero es una clase "atada". Uno la siente, está consciente de ella, pero obtiene victoria sobre ella. El anda "conforme al Espíritu y no conforme a la carne". "*El tener pecado* no le causa perder el favor de Dios; *el ceder al pecado sí lo pierde.*"[162] Así que el creyente no cede a esta naturaleza pecaminosa.

Sin embargo, después que Wesley había dicho que este pecado que permanece en los creyentes no reina sobre ellos, ni los condena, ni tiene el consentimiento de la voluntad, lo puede describir en términos fuertes. Los creyentes tienen dentro de sí mismos las "semillas del orgullo y de la vanidad, del enojo, de la lascivia y de los deseos pecaminosos, sí, tienen pecados de toda clase". Este es un "asunto de experiencia diaria" con ellos. Los "niños en Cristo" de Corinto eran creyentes en un "grado bajo" porque "mucho del pecado permanecía en ellos, y tenían una mente carnal, ¡que no se sujeta a la ley de Dios!" Ellos "sienten la carne, la naturaleza pecaminosa en ellos", pero "no ceden a ella", ni le daban lugar al diablo, sino que "mantienen una guerra continua con todo el pecado", para que "Dios se complazca en su obediencia sincera, aunque imperfecta". Entonces Wesley insistió más en relación con el creyente:

> Aunque ellos están convencidos continuamente del pecado que se aferra a todo lo que hacen; aunque están conscientes de no cumplir la ley perfecta, ya sea con sus pensamientos o palabras, u obras; aunque ellos saben que no aman al Señor su Dios con todo su corazón, mente, alma y fuerzas; aunque ellos sienten, más o menos, que tienen algo de orgullo, de libre albedrío, mezclado con (el desempeño de) sus mejores deberes; aunque aun en sus tratos más íntimos con Dios, ... continuamente se avergüenzan de sus pensamientos vacilantes, o de sus sentimientos inertes y torpes; aun así no hay condenación para ellos todavía, ni de Dios ni de sus propios corazones.[163]

Wesley insistía en que los corazones de los creyentes necesitaban ser expuestos. Deberían "ser humillados", "ser rebajados hasta el polvo", que se vieran a sí mismos como "nada y vanidad", mientras que todavía confiaban en su Cristo.[164] Los creyentes pueden ser engañados, e imaginarse que están libres del pecado mientras que su maldad permanece en ellos. Por eso necesitan ser convencidos del "orgullo", de la "voluntad egoísta" y de otros pecados. Sin la "luz clara de Dios", uno no puede sencillamente concebir (que tiene) "una propensión hacia el orgullo, la voluntad egoísta, el enojo, la venganza, amor al mundo, sí y a toda la maldad; una raíz de amargura que, si el freno fuese quitado por un solo momento, inmediatamente brotaría de nuevo", y "tal profundidad de corrupción" como habita en el corazón.[165] El creyente puede ser engañado en cuanto a todo esto por un momento pero pronto es traído a la realidad de su maldad.[166] Aquí es aparente que Wesley reconoció que podía haber pecado "inconsciente"; o sea, que la persona podía tener orgullo y no estar consciente de ello. Sangster está equivocado al decir que Wesley rechazó la idea del "pecado inconsciente".[167] Ciertamente esta clase de pecado no condenará al creyente, pero también es cierto que dicho pecado está presente en él. Uno de los énfasis constantes de Wesley era que uno debería tener un despertamiento completo que le permitiera ver su pecaminosidad.

En realidad, el cuadro que Wesley presentó del corazón carnal en el creyente no difiere mucho del que presentaron Lutero, Calvino y otros en la tradición reformada. Tal vez esto sorprenda a los que saben que Wesley enseñó que ningún creyente peca voluntariamente, y que él puede ser limpiado de toda pecaminosidad del corazón en esta vida. Pero el creer esto, de acuerdo a los reformadores, hubiera requerido tener un concepto inadecuado del pecado. ¿Cómo es, entonces, que Wesley pudo ver el pecado en los creyentes en la manera en que lo vio, y sin embargo enseñar una libertad completa del pecado como una posibilidad presente?

Contestaremos esta pregunta más detalladamente después, pero nos ayudará este contexto a sugerir unas cuantas razones. La creencia de Wesley en lo volitivo de los pecados cometidos y su creencia de que este consentimiento al pecado cesaba en el momento de la justificación resultó en el concepto de que un cambio más drástico ocurrió al principio de la vida cristiana del creyente. La naturaleza del pecado recibe un golpe mortal en la regeneración del cual no se puede recobrar mientras el creyente progrese en la fe. El poder de la pecaminosidad se ha ausentado aunque permanece su corrupción.

Entonces, Wesley fue más lejos al no asociar la pecaminosidad, o la naturaleza pecaminosa, ni como una parte del cuerpo ni como algo intrínseco a la naturaleza humana. Esta maldad es esto que puede ser quitado sin destruir ni el cuerpo ni la naturaleza humana básica. Es una enfermedad cuya ausencia hará la existencia humana más rica. Lutero asoció al pecado juntamente con el cuerpo de tal manera que no hay modo de librarse de él hasta que el "cuerpo vuelva al polvo y se levante un cuerpo nuevo".[168] Warfield enseñó que hay una "erradicación" de la vieja naturaleza que se completa en la muerte.[169] Esta última aseveración es algo muy generalmente aceptado en la teología reformada y deja la impresión de que ser librado de la vieja naturaleza significaría ser librado de la existencia terrenal. Wesley no hizo tal asociación.

Otra diferencia muy esencial es que en el pensamiento reformado todas las imperfecciones que fluyen de un cuerpo y de una mente deficientes, están muy lejos de ser absolutas y por lo tanto son pecaminosas. Todas las imperfecciones, puesto que están muy lejos de una obediencia perfecta, consecuentemente son pecados.[170] La definición de Wesley tanto de los pecados voluntarios como de la pecaminosidad en el creyente permite imperfecciones que provienen de un cuerpo y de una mente dañados. Los errores y las debilidades no son ni pecados por los que haya que dar cuenta, ni son el fruto de una naturaleza de pecado. Más bien fluyen de una naturaleza inocente que ha sufrido con la caída del hombre. Esta naturaleza caída es pecaminosa solamente en el sentido de sufrir la consecuencia del pecado.

Estas son diferencias que muchos han considerado válidas. Y cuando menos son dignas de una cuidadosa consideración. Y tales consideraciones se deben hacer si uno va a entender el concepto de la perfección de Wesley. Muchas veces es difícil entender la terminología de otra persona, y el entenderla equivocadamente causa muchas controversias. Pero cualesquiera que hayan sido los términos que Wesley usó, es importante luchar hasta saber las metas que él tenía.

G. "Sola Fide"

Antes de terminar con este capítulo sobre el pecado y la gracia, es necesario tener alguna idea de cómo Wesley miraba las condiciones bajo las cuales la gracia opera. Puesto que la gracia es gratuita y se ofrece a todos los hombres, ¿qué hacen algunos hombres que les trae a ellos las obras de la gracia que otros hombres rehúsan? ¿Se apegó Wesley a "sólo por fe" y no por medio de las obras, o modificó él este concepto? En esta sección, consideraremos el concepto de Wesley de la fe.

Wesley heredó la doctrina de la justificación por las obras tanto de sus padres como de la Iglesia de Inglaterra. Su idea que desde un principio tuvo de la fe era generalmente de ésta como el asentimiento a la verdad, y su concepto de la salvación era que las obras ayudaban a lograr que el creyente fuese aceptado por Dios. Desde 1725 hasta 1738, Wesley se dio a la tarea de salvar su propia alma. La razón que dio para ir a Georgia en 1735 fue "salvar su propia alma".[171] Después de haber estado en Georgia por dos años, escribió: "Fui a América a convertir a los indios, pero ¡ay! ¿quién me convertirá a mí? ¿Quién o qué es el que me librará de este corazón pecaminoso incrédulo?"[172]

Aunque Wesley era hijo fiel de la Iglesia de Inglaterra y conocía sus postulados, los cuales habían sido sumamente influenciados por la teología de la Reforma, antes de 1738, todavía era esencialmente ignorante de la doctrina de la justificación por la fe solamente.[173] Durante su viaje y regreso a América, y aun durante su estancia en Georgia, Wesley se relacionó con los moravos. A su regreso a Inglaterra, conoció a Pedro Böhler, el moravo que finalmente lo convenció de que no tenía fe. Fue durante una reunión en una sociedad de moravos donde Wesley escuchó el comentario de Lutero y se persuadió a poner su confianza únicamente en Cristo Jesús para el perdón de sus pecados.[174] Por primera vez Wesley creyó en esta doctrina de la justificación solamente por la fe, puesto que ahora él había experimentado esa fe. Nunca se apartó ni de la doctrina ni de la experiencia.

El ya citado biógrafo de Wesley, Umphrey Lee, se hubiera inclinado a creer que las primeras experiencias de Wesley no fueron tan oscuras como él las presentaba,[175] pero, haya sido así o no, esta *sola fide* era para él una nueva doctrina en 1738. El aprendió esta "nueva doctrina" de Lutero y por medio de los moravos. Wesley pudo haber oído estas palabras, o similares, esa noche memorable de mayo de 1738:

> La fe, sin embargo, es una obra divina en nosotros. Nos transforma y nos hace nacer de nuevo en Dios; mata al viejo Adán y hace a los hombres enteramente diferentes de corazón, y espíritu, de mente y poderes, y trae consigo el Espíritu Santo... La fe es una confianza viva, atrevida, en la gracia de Dios, tan segura y tan cierta que el hombre apostaría su vida por ella mil veces. Esta confianza en la gracia de Dios y en el conocimiento de ella hace a los hombres alegres, intrépidos y felices al tratar con Dios y con todas sus criaturas; y esta es la obra del Espíritu Santo en la fe... Ore a Dios que la fe obre en usted; o de lo contrario usted permanecerá sin fe, no importa lo que crea o haga.[176]

Franz Hildebrandt sostiene que Wesley y Lutero se confrontaron de lleno en su proclama de "El Señor Es Nuestra Justificación" como el *articulus stantis et cadentis ecclesiae.**[177] Algunos

---
*artículo de fe del que depende que la iglesia se levante o caiga.

El Pecado y la Gracia

creen que tal vez la fe sea para Lutero lo que el amor es para Wesley.[178] Si esto es cierto, habrá algunas variaciones en la *sola fide*, aunque Wesley creyó nunca haberse desviado de los reformadores en su justificación por la fe. Sobre esta doctrina ellos habían dicho la verdad.[179]

Para Wesley la fe era una condición para la salvación, y por fe él quería decir que "era necesaria para recibir el perdón o la salvación". El no dijo que era una "causa meritoria o que lograra algo".[180] ¿Por qué hizo Dios de la fe la única condición para la salvación? Hay solamente una respuesta, dijo Wesley: *"Esconder el orgullo del hombre."*

> Fue entonces un caso de sabiduría digno de Dios, indicar tal condición de reconciliación para él y toda su posteridad para poder en efecto humillarlos, poder rebajarlos hasta el polvo de la tierra. Y tal es la fe. Es peculiarmente adecuada para este fin: Porque todo aquel que viene a Dios por medio de esta fe, debe fijar su ojo sólo en su propia iniquidad, en su culpa e incapacidad, sin tan siquiera pensar que hay algún supuesto bien en él mismo, de alguna virtud o justicia. El debe venir a Dios como un *mero pecador*... sin alegar nada de sí mismo más que su propio pecado y miseria. Así es, y solamente es así, cuando su *boca es cerrada,* y él comparece totalmente *culpable ante* Dios, que él puede *mirar a Jesús,* como la completa y la única *Propiciación por sus pecados.*[181]

No sólo es la fe una condición necesaria para la salvación, sino también es un don de Dios. Este hecho puede parecer sorprendente puesto que Wesley vio al hombre actuar al creer, pero él insistía a menudo en que la fe es un don. Hablando acerca de la fe, Wesley escribió que "es el don, sí, y el don gratuito de Dios". Uno necesita de la paciencia mientras espera esta fe.[182] Una persona puede creer que Dios puede y desea hacer su obra en su corazón, pero la fe verdadera, como un don de Dios, va más allá que esto y uno debe esperarla. Wesley exhortó a la gente a continuar creyendo y obedeciendo, y Dios dará la fe.[183] Esta "fe santa es el don de Dios; y El nunca es confinado por el tiempo. El puede tan fácilmente dar esta fe en un momento, como en mil años".[184] Ya sea que esta fe haya sido la fe inicial para el perdón o la completa fe para la santificación, era el don gratuito de Dios. Está bien claro aquí que esta fe no es únicamente una doctrina que debe ser predicada o aceptada, sino que debe ser experimentada.[185]

Wesley definió la fe en formas generales tales como la fe del materialista, del deísta, del pagano, del judío, del católico romano, o de los protestantes. Pero esta fe no puede salvar.

Pero ¿cuál es la fe que propiamente puede salvar; la cual produce una salvación eterna a todos los que la guardan hasta el fin? Es una convicción divina tal de Dios, y de las cosas de Dios que, aun en un estado infante, capacita a todo aquel que la posee para "temer a Dios y obrar justicia". Y el Apóstol declara que quienquiera, en cualquier nación, que cree así, es "aceptado por El". En realidad, él está en ese mismo momento en un estado de aceptación. Pero al presente es sólo un *siervo* de Dios, no propiamente un hijo. Mientras tanto, que quede esto bien claro, "la ira de Dios" ya no "permanece en él".[186]

Aquí Wesley describió la fe de un siervo, que es la clase de fe que él tuvo antes de 1738, y es la misma fe del hombre de Romanos 7. Esta narración fue hecha 50 años después de Aldersgate, y Wesley había revisado algunas de sus opiniones. Ahora él creía que hay un principio de la fe antes de la seguridad de la aceptación. Uno puede ser un siervo aceptado, que obedece a Dios debido al termor, y así tener fe en un "estado infante".[187]

Wesley luchó por mucho tiempo sobre este punto. Parecía que él esperaba una fe como Böhler la describió: una fe que debería ser completa. El sintió la fe la noche del 24 de mayo de 1738. Pero esta fe vacilaba, a veces era fuerte, a veces, débil. Al principio declaró que antes de 1738 no había sido cristiano. Más tarde revisó su juicio sobre ello. El llegó a creer que uno podía tener fe, aunque fuera débil parecida a la de un siervo, pero que aún así era fe que salvaba de la ira y de la culpa.[188]

Así que en Wesley no existen diferentes clases de fe salvadora, sino varias etapas de la fe. Está la fe del siervo, después la del hijo. Esta fe se describe como una "disposición", que Dios ha efectuado en su corazón; "una seguridad y una confianza en Dios de que, a través de los méritos de Cristo, sus pecados le son perdonados, y él es reconciliado al favor de Dios".[189]

> La fe cristiana es entonces, no sólo un asentimiento a todo el evangelio de Cristo, sino también una completa dependencia en la sangre de Cristo; una confianza en los méritos de su vida, muerte y resurrección; un reposo sobre El como nuestra expiación y nuestra vida, *como dándose por nosotros, y vivien-*

do en nosotros; y, en consecuencia, de esto, un acercamiento a
El, un asirnos a El como nuestra "sabiduría, justificación,
santificación y redención", o, en una palabra, nuestra salvación.[190]

Pero aun la fe de un hijo es a menudo débil y no es completa, tal como Wesley aprendió. Esta fe es solamente una etapa más allá de la del siervo y puede llegar a ser más grande.[191] Existen "grados en la fe", y una fe débil puede ser una fe verdadera.[192] A los creyentes se les exhorta a que crezcan de fe en fe, o están en peligro de reincidir. Es posible que la fe, una vez que se ha recibido, se pierda. Sin embargo, puede volver a obtenerse.[193]

Esta fe que se da al hombre pecador, aun en las etapas del principio, produce fruto. Trae perdón, absolución y el Espíritu Santo. Trae paz, gozo, amor y poder sobre el pecado. Trae seguridad de que Dios nos acepta, y todo el fruto del Espíritu. En otras palabras esta fe trae salvación.[194] Es un "sentido" por el cual caminamos en el mundo espiritual y venimos a conocer las cosas espirituales. Y mientras más fuerte sea nuestra fe, más podemos ver y experimentar en la vida.[195]

Para Wesley, esta fe no era el fin en sí, sino un medio para un fin. El fin que se procura es el amor, mientras que la fe es el medio para ese fin.[196] Por esta razón Wesley no hizo que la fe comprendiera el todo de la religión, sino que, dijo él, es la manera ordenada por Dios hacia el todo. El todo de la religión, para Wesley, es el amor. Cuando principia la fe, aun en su primera etapa, este amor principia. Conforme la fe crece, el amor crece también. Cuando la fe es perfecta, es entonces cuando reina el puro amor. Por eso fue posible para Wesley hablar de la fe justificadora y la fe santificadora. El no estaba pensando en dos clases de fe, ni siquiera en dos actos diferentes, sino que estaba pensando en el principio y el final de la fe. Cuando uno cree primero, es justificado; cuando uno crece y alcanza un punto donde puede creer, él cree en la santidad y es santificado totalmente. La fe es la única condición para la justificación; es la única condición para la entera santificación. Pero estas no son dos clases de fe, sino dos etapas de la misma fe.[197] Sin embargo, en cada etapa, ¡esta fe es un don de Dios!

¿Ha hecho Wesley una injusticia a la doctrina de la *sola fide*? Es enteramente evidente que para él, el todo de la salvación depende solamente de la fe como la inmediata condición, y que esta fe es de Dios. El temor más grande de Berkouwer en la discusión de la santificación es que le haga injusticia a la *sola fide*.[198] El reconoce que Wesley afirmó que había aceptado la doctrina de "sólo por fe" pero teme que le hizo injusticia a la doctrina. La razón que da es que Wesley tenía tendencias sinergísticas y era un adherente estricto a la ética moral. Ya se ha demostrado que las tendencias sinergísticas de Wesley caben dentro de una estructura monergística donde todo es por gracia. Así que puesto que la fe viene de la gracia, y cualquier acto de parte del hombre de creer, también es por gracia, ni la *sola gratia* ni la *sola fide* se hacen a un lado. Si Wesley era o no un adherente estricto a la ética moral se discutirá en la siguiente sección. Berkouwer afirma que para Wesley la "*sola fide* viene a ser un punto de salida y quiebra su unión con la santificación".[199] Pero ya se ha demostrado que Wesley se apegaba solamente a la fe y esta no es una fe diferente, como la condición para el todo de la salvación. No existe ninguna conexión rota. Si la *sola fide* quiere decir que el hombre no hace nada al creer y que Dios cree por él, entonces Wesley no podría sostener la doctrina. Pero Berkouwer no parece decir eso. Si él quiere decir que la justificación y la santificación se incluyen en la *sola fide*, entonces Wesley está de acuerdo.

H. Buenas Obras

Uno de los más grandes problemas con que se enfrenta el protestante en su doctrina de la *sola gratia* y la *sola fide*, es qué decir acerca de las buenas obras. Si la justificación es solamente por la fe, exclusiva de las obras, entonces el peligro del antinomianismo está siempre presente. Cualquiera que trate de dar un énfasis especial a las buenas obras en relación con la vida cristiana es acusado de nomismo,* legalismo o moralismo. ¿Existe algún punto intermedio entre el antinomianismo y el nomismo? ¿Puede uno insistir en las buenas obras sin ser legalista, o en la fe solamente sin ser antinomiano? La respuesta a esta pregunta no es fácil, pero la mayoría de los teólogos han tratado de contestarla.

---

*estricta adherencia a la religión o a la ley moral en la conducta humana.

El Pecado y la Gracia

La perfección, o la santificación, está íntimamente relacionada a este mismo problema. El ser santificado quiere decir ser libre del orgullo y el egoísmo con el resultado de que las obras llevadas a cabo vienen a ser santas y justas. El temor tremendo de parte de los escritores reformados es que tales buenas obras serían una base para el orgullo y la estimación propia, y por ende destruirían la confianza completa en Cristo. Esta parte del problema se tratará en el capítulo IV. En esta sección estudiaremos la relación de las buenas obras al problema general del pecado y de la gracia. ¿Es posible hablar de las buenas obras juntamente con la *sola fide* y la *sola gratia*? ¿Hay alguna manera de que las buenas obras sean esenciales para la fe, o una parte necesaria de la fe? ¿Son las obras en algún sentido una condición ya sea para la fe o para la salvación?

Cuando uno lee alguna reflexión tentativa sobre la santificación, o la perfección, o la obra del Espíritu Santo, hecha por escritores contemporáneos, se da inmediata cuenta de que este problema de la relación de las buenas obras con la fe no fue resuelto por los reformadores ni es todavía resuelto por sus sucesores. Berkouwer discute ampliamente la batalla en este punto y dice: "Estas preguntas han presentado a los teólogos modernos un desafío, para confrontar el cual han tenido que echar mano de todos sus recursos." La pregunta verdadera es sobre *simul jusus, simul peccator*, pero involucra buenas obras y santificación. "Los culpables son Kuyper y Bavinck, en contra de Kohlbrugge, Bohl y Barth." Brunner también entra en el debate.[200] Berkouwer ve una aparente "ceñuda negación o desconocimiento de la santificación" en Barth y una negligencia de los "lazos entre la santificación y la Solafide" en otros.[201]

Cherbonnier afirma que Agustín insistía en las buenas obras, pero que ellas no encajan en su sistema. Además, también afirma que este asunto es la vergüenza más grande de la Reforma. La lógica de los reformadores "corta el nervio de las buenas obras". Cherbonnier dice que Lutero insistía en las buenas obras, pero que esta insistencia no lo absolvió de la responsabilidad por la implicación lógica de sus doctrinas —que es que los pecadores son honestos puesto que desempeñan su parte tal como son, y los que tratan de ser buenos son hipócritas.

Está por demás decir que Lutero no tenía ni la menor intención de jugar con tales nociones paganas. El punto es que ellas representan el resultado final de una cadena de razonamientos que se habían iniciado por dos de sus doctrinas fundamentales, la separación entre la fe y las obras, y la definición del pecado original. Cualquier cosa menos que repudiar éstas, no hay escape consistente del antinomianismo.[202]

Wesley se enfrentó a esta misma lógica al lidiar con los moravos. Estos acusaron a Wesley de rechazar la *sola fide* porque él insistía en los medios de gracia. Wesley vio en ellos una forma quieta de misticismo que conduce directamente al antinomianismo. [203] Al mismo tiempo, leyó el *Comentario a los Gálatas* de Lutero, y dio la siguiente respuesta:

> Estaba muy avergonzado. ¡Cuánto llegué a estimar este libro, solamente porque escuché buenos comentarios acerca de él por otras personas; o, a lo sumo, porque yo había leído algunas partes excelentes de él que alguien había citado! Pero, ¿qué puedo decir ahora que juzgo por mí mismo? ¿Ahora que veo por mis propios ojos? Porque, en realidad, el autor no sólo no aclara ninguna dificultad considerable; es muy limitado en sus aclaraciones en muchos pasajes, y polvoso y confuso casi en todos; está teñido hondamente con el misticismo por todas partes, y por ende está, muy a menudo, peligrosamente equivocado. Por ejemplo, sólo en uno o dos puntos: —¡Cómo puede él... desacreditar la razón, lo que está bien y lo que no, como un enemigo irreconciliable del evangelio de Cristo!... Otra cosa, cómo habla él blasfememente de las buenas obras y de la ley de Dios; uniendo constantemente la ley con el pecado, con la muerte, con el infierno, o con el diablo; y enseñando que Cristo nos libra de todas ellas de igual manera... Aquí (yo comprendo) está la verdadera fuente del gran error de los moravos. Ellos siguen a Lutero, para bien o para mal. De ahí su frase de, "no hay obras, no hay ley, no hay mandamientos".[204]

Wesley no logró ver que Lutero dio énfasis a las buenas obras. El miró a Lutero como un hombre "altamente favorecido por Dios, y un instrumento bendecido", entonces escribió: "¡Pero, ah, qué lástima que él no tuviera algún amigo fiel! Nadie que, en medio de los peligros, le hubiera exhortado clara y concienzudamente, por su áspero e intratable espíritu, y su celo amargo de sus opiniones que tanto obstruyeron la obra de Dios."[205] Aparentemente a Wesley le hubiera gustado haber tenido a Lutero en una de sus clases y, aplicando la amonestación de Santiago, de "confesaos vuestras faltas los unos a los otros", haber quitado algo de la "paja" de la vida de Lutero. Aunque Wesley vio a Lutero como un exponente competente de la justificación solamente por la fe, también lo vio como el más ignorante y confundido en su doctrina de la santificación.[206] Niebuhr resume el conflicto de Wesley con los moravos como una "miniatura de la controversia total entre el Renacimiento y la Reforma".

    Uno sostiene, y con mucha razón, los imperativos morales del evangelio y equivocadamente se imagina que pueden ser completamente realizados; el otro acertadamente comprende los límites de la existencia histórica pero es equivocadamente tentado a un antinomianismo, que les permite a los hombres "continuar en el pecado para que la gracia abunde".[207]

    Claro que Lutero se opuso al antinomianismo, y en algunos de sus folletos "se deshizo de los antinomianistas y de los quietistas místicos con frases más violentas de las que se encontraban en el vocabulario gentil de Wesley".[208] Pero Lutero enseñó buenas obras solamente "en tiempo y lugar, es decir, cuando la pregunta tenía que ver con las obras, y no afectaba el artículo de la justificación".[209] Evidentemente él no podía discutir las buenas obras en conexión con la *sola fide*, y esta separación es peligrosa.[210] Cuando Lutero podía alejarse de este "artículo" en su discusión, él hablaba de buenas obras casi en los mismos términos que Wesley.[211]

    En el regreso de la neo-ortodoxia a algunos de los principios de la teología reformada hay una tendencia otra vez a devaluar las buenas obras. Barth sostiene que cambiar del reconocimiento de lo que Dios ha hecho en Cristo, por nosotros y en nosotros por medio del Espíritu, a la exhortación de que nosotros hagamos algo, nos coloca en un "gran peligro". Se abre un "abismo". Todavía soy tal como soy, "sujeto a la tierra". Ser otra cosa de lo que soy, sería el "fin de la jornada", mientras que todavía estoy en la jornada.[212] Barth va más allá y dice que hay una actividad en nuestra parte, pero no es de Dios sino nuestra. Es agradable a Dios solamente porque ella (la actividad), testifica de que le hemos oído.[213] En realidad, no es nada diferente de lo que era antes de que nosotros oyéramos. Brunner niega que exista algún esfuerzo moral por parte del hombre para hacerse a sí mismo mejor de lo que es aceptable a Dios.[214] Esta negación de la neo-ortodoxia del esfuerzo moral del hombre es criticada por Gerrit Berkouwer, desde el punto de vista de la teología reformada. El sostiene que Brunner, para poder evitar el antinomianismo, después de que divorcia al creyente de las palabras de los mandamientos, "Amarás... no cometerás... etc.", tiene que "espiar alrededor para encontrar un camino de regreso". La atmósfera "más allá de la ley" se enrarece para él, y por eso empieza a hablar de "una ley sin legalidad". De acuerdo con Berkouwer, la distinción de Brunner entre la ley y el mandamiento, y entre la ley y el amor, es insostenible.[215]

Según se ha sugerido ya, Berkouwer teme que el punto de vista de Wesley conduce al nomismo. El considera que Wesley quería "ver la santificación en formas concretas", y que "él se vio atribulado por el problema de la necesidad de las buenas obras y la distinción entre el mérito y la condición. En conexión con esto, él ofreció una oposición muy aguda a las doctrinas reformadas de la elección, la gracia irresistible y la perseverancia de los santos". [216] Berkouwer puede ver aquí que la verdadera diferencia con Wesley está en el punto de la elección, la gracia y la perseverancia. Una vez más debemos decir que si la *sola gratia* y la *sola fide* son válidas únicamente en conexión con la elección incondicional y la gracia irresistible, entonces ambas están "descartadas" para Wesley. En la manera en la que estos reformadores entendieron estos términos, hay la posibilidad de que Wesley "falló en hacerles justicia". Pero tal como Wesley entendía la gracia y la fe, según él las veía en las Escrituras, las cuales él tenía entendido que los reformadores intentaban seguir a cualquier costo, él hizo justicia a "sólo por la fe".

Si el nomismo, el legalismo y el moralismo quieren decir que uno debe guardar la ley, obedecer a Dios, y que se esforzará hasta el límite de su habilidad para hacerlo, entonces Wesley es culpable de esos nombres. Pero si esos términos significan que al guardar la ley y obedecerla, uno depende de ellos para ser aceptado por Dios, entonces Wesley no es culpable. Estos términos por lo general son tomados en este último sentido, y se entienden como que llevan la idea de mérito para el hacedor, y una habilidad natural para obrar. Wesley rechazó todo esto por completo, como ya se ha demostrado. Acusar a Wesley de nomismo es mal entender su doctrina de la gracia.

¿Creía entonces Wesley en una salvación por medio de las

obras, así como por medio de la fe? Definitivamente, creía que las obras son esenciales para la salvación. Para contestar la pregunta: ¿es necesario el arrepentimiento para la justificación?, Wesley escribió:

> Sin lugar a dudas Dios nos ordena ambas cosas: arrepentirnos y hacer frutos dignos de arrepentimiento, los cuales, si voluntariamente descuidamos, no podemos razonablemente esperar ser justificados en forma alguna: por eso, tanto el arrepentimiento como los frutos dignos del arrepentimiento son en algún sentido, necesarios para la justificación. Pero no son necesarios en el *mismo sentido* con la fe, ni tampoco en el *mismo grado*. No en el *mismo grado;* porque esos frutos son únicamente necesarios *condicionalmente;* si hay tiempo y oportunidad para ellos. De otra manera el hombre puede ser justificado sin ellos, como lo fue el ladrón en la cruz;... pero no puede ser justificado sin la fe; esto es imposible. Igualmente, dejad que un hombre tenga mucho arrepentimiento, o muchos de los frutos dignos de arrepentimiento, sin embargo, nada de esto lo beneficia; no es justificado hasta que crea. Pero el momento que cree, con o sin esos frutos, y aun con más o menos arrepentimiento, es justificado. No en el *mismo sentido;* porque el arrepentimiento y sus frutos son solamente necesarios *remotamente;* necesarios para la fe; mientras que la fe es necesaria para la justificación, *inmediata* y *directamente.* De allí, pues, que la fe es la única condición, la cual es necesaria, *inmediata* y *próximamente,* para la justificación. [217]

Al tratar otro asunto Wesley dijo que el "arrepentimiento absolutamente debe preceder a la fe", y con esto quiso decir "convicción de pecado, la cual produce verdaderos deseos y propósitos sinceros de enmendarse". Pero Wesley no aceptó que éstos eran todavía buenas obras porque no nacen de la fe. [218] Estas obras de arrepentimiento, según ya se ha enseñado, son un resultado de la gracia preveniente, y por lo tanto, fluyen de la gracia y no de habilidad natural alguna del hombre. La disposición del hombre a escoger que seguirá la gracia lo conduce al arrepentimiento y a la fe. Es una cooperación con la gracia que es hecha posible por la gracia misma. Así que estas obras antes de la fe, son por la gracia, y deben preceder a la fe. Sin embargo, estas obras no son suficientes, aunque sí son necesarias, para justificar al hombre. A la persona se le debe dar la fe como una condición "inmediata".

Es interesante notar que Wesley hizo de la fe, aunque es

un don de Dios, una *condición* para la justificación. La persona debe creer. Si no cree, aunque se haya arrepentido, no puede ser salva. Este acto del hombre, aunque es un don de Dios, es una forma de obrar. No es una obra de mérito, sino una obra de Dios por medio de la cual una persona confía en Cristo. Cuando Wesley oyó por primera vez de la justificación por medio de la fe, y la experimentó, la predicó por toda Inglaterra. Hubo oposición a esta clase de predicación, pero él y sus compañeros siguieron adelante, sabiendo que serían perseguidos.

Mientras que se encontraban entregados a tal predicación, se levantó una tormenta de una fuente inesperada. Algunos de sus más íntimos amigos declararon que Wesley y los suyos estaban predicando la salvación por medio de las obras. "Esto no lo pudimos entender en ninguna manera; nosotros nos preguntábamos qué querían decir." Wesley y sus seguidores aborrecían la salvación por medio de las obras, y declaraban que predicaban la salvación por la fe. Pero la oposición continuó. Wesley consideró que los que se oponían a él y a sus compañeros eran personas demasiado buenas como para que actuaran impelidas por una mala voluntad. El escribió: "Nuestra sorpresa, por lo tanto, permanecía; ¿cómo podían ellos imputarnos una doctrina que nuestra alma aborrecía, y a la cual constantemente nos oponíamos, y que refutábamos con todas nuestras fuerzas?"

> Me encontraba perplejo cuando un pensamiento cruzó mi mente, como un meteoro, el cual resolvió el asunto inmediatamente. "Esta es la clave: aquellos que sostienen que 'todos están absolutamente predestinados para salvación o para condenación', no ven ningún punto medio entre la salvación por medio de las obras y la salvación por un decreto absoluto." La conclusión de esto es que cualquiera que niega la salvación por medio de decretos absolutos, al hacerlo (de acuerdo a su entendimiento) asevera la salvación por las obras.
> Y en esto yo creo que ellos efectivamente tienen razón. Tan opuesto como yo estaba una vez a ese razonamiento, después de haberlo considerado, digo que no hay, y no puede haber, ningún punto medio. O la salvación es por un decreto absoluto, o es (en un sentido escritural) por las obras. [219]

Wesley fue más allá al declarar que tampoco la salvación puede ser por la fe, porque el "decreto incondicional excluye la fe así como las obras". Así que él sintió y con mucha razón, que la *sola*

El Pecado y la Gracia

fide permanece, porque es una fe que obra por medio del amor. [220] ¿Por qué no dijo Wesley, como decían los católicos, que la salvación era por la fe y por las obras? El no lo dijo, porque él sostuvo que la *fe sola* era la condición inmediata y final, puesto que la salvación descansaba totalmente en los méritos de Cristo, y no en ninguna de las obras. Esta clase de fe quitaba toda posibilidad de que el creyente se gloriara, excepto en Cristo.

Wesley creía intensamente en los medios de gracia. El se oponía al método de los moravos de esperar quietamente sin hacer nada hasta que llegara la fe. Wesley organizó sus bandas, o reuniones de sociedad, con el propósito de buscar a Dios. Mientras que uno esperaba a que llegara la fe, debería orar, leer las Escrituras, ayunar, participar de la Cena del Señor y desempeñar diversas tareas cristianas. Nada de lo anterior era visto como algún mérito acumulado; todo ello preparaba el camino para que la gracia obrara. Wesley estaba de acuerdo en que Whitefield había hecho un buen trabajo en América, pero dicho trabajo se estaba disolviendo porque no había disciplina ni sociedades.[221] La obra de la gracia no podía prosperar en las vidas de los creyentes sin el uso de todos los medios de gracia disponibles, y la obediencia a los mandamientos de Dios.

En su enseñanza acerca de la santificación, Wesley declaró que la fe era la única condición para alcanzarla. Uno no era perfeccionado por medio de las obras.[222] Sin embargo, uno no podía esperar que obtendría esta completa santificación sin una fervorosa obediencia, una vida disciplinada, una negación a sí mismo, y haciendo todo lo que pudiera. Había inclusive un arrepentimiento para la santificación.[223] Wesley considera esta santificación necesaria para la salvación final en el sentido de hacerlo a uno idóneo para el cielo.[224] "Sin la cual [la santidad] nadie verá al Señor." Sin embargo, en todos sus esfuerzos por obtener una vida santa Wesley nunca la vio como méritos. La fe es solamente en Cristo para la persona más santa. Las buenas obras y la santidad están siempre atadas a la *sola fide*. Para Wesley no había separación entre la fe y las obras.

En realidad la diferencia esencial que Wesley tuvo con los reformadores en relación con el pecado y la gracia fue el rechazo que Wesley hizo de la elección incondicional. Puesto que este rechazo deja en el hombre una obra de gracia que puede ser obstruida o asistida por la actividad del hombre, actividad que en sí misma es por la gracia, la puerta queda completamente abierta para que la fe crezca, para que se obtenga más gracia, y para que el creyente obtenga el más alto nivel en la gracia. En otras palabras, las posibilidades de la gracia son ilimitadas para el creyente que aspira a lo más alto. El poder que le es dado al hombre para cooperar con esta gracia no tiene límites dentro de las promesas de Dios. Se puede esperar que Wesley explore estas posibilidades hasta el límite del alcance humano. Pero él lo hace como un hombre que sabe que no es nada, excepto por la gracia de Dios.

Notas Bibliograficas

1. James C. Spalding, "Recent Restatements of the Doctrines of the Fall and Original Sin" (tesis doctoral, Columbia University, University Microfilms, Ann Arbor, 1950), p. 2.
2. Leo G. Cox, "John Wesley's Concept of Sin" (tesis para maestría inédita, State University of Iowa, 1957). Véase el relato detallado de Wesley sobre la doctrina del pecado. Solamente el material pertinente a la perfección será tratado aquí.
3. *Works,* VI, 269-70, 352-353.
4. *Ibid.,* IX, 341. Véase también VI, 242-43.
5. *Ibid.,* VI, 272.
6. *Ibid.,* p. 223.
7. *Ibid.,* IX, 283. Véase R. S. Foster, *Studies in Theology* (Nueva York: Eaton and Mains, 1899). VI, 123.
8. David Cairns, *The Image of God in Man* (Nueva York: Philosophical Library, 1953), pp. 125-26, 131-37.
9. *Works,* VI, 63.
10. *Ibid.,* IX, 270-71.
11. *Ibid.,* VI, 68.
12. *Ibid.,* IX, 285-86.
13. John Miley, *Systematic Theology* (2 tt.; Nueva York: The Methodist Book Concern, 1892), I, 521-33.
14. Cox, *op. cit.,* pp. 167-69.
15. *Works,* IX, 256.
16. *Ibid.,* pp. 318-428.
17. Cox, *op. cit.,* pp. 170-72. Véase Foster, *op. cit.,* II, 180, 238.
18. *Works,* IX, 315.
19. *Ibid.,* IX, 393-94.
20. *Ibid.,* X, 222-24.
21. *Ibid.,* V, 7.
22. *Ibid.,* VI, 511-12.
23. *Ibid.,* I, 427.
24. *Ibid.,* VI, 347.
25. *Ibid.,* X, 204.

26. *Ibid.*, XIV, 356.
27. *Ibid.*, IX, 103.
28. *Ibid.*, XII, 323.
29. *Ibid.*, VIII, 289.
30. *Ibid.*, VII, 373-74.
31. *Ibid.*, pp. 373-86.
32. Cannon, *op. cit.*, p. 90.
33. *Works*, VI, 512.
34. Foster, *op. cit.*, VI, 123. Véase también Miley, *op. cit.*, II, 432.
35. *Works*, VIII, 277.
36. *Ibid.*, IX, 315.
37. *Ibid.*, VI, 509.
38. *Ibid.*, V, 110.
39. *Ibid.*, pp. 59-60.
40. *Ibid.*, VII, 345.
41. Cannon, *op. cit.*, p. 100.
42. *Works*, VII, 187-88.
43. Lee, *op. cit.*, p. 124. Véase también John W. Prince, *Wesley on Religious Education* (Nueva York: Methodist Book Concern, 1926), p. 34.
44. *Works*, VI, 512.
45. Lee, *op. cit.*, pp. 125-26.
46. Cannon, *op. cit.*, p. 208.
47. *Works*, X, 358-60.
48. Miley, *op. cit.*, II, 165-69.
49. *Works*, V, 239.
50. *Ibid.*, pp. 55-56.
51. *Ibid.*, p. 62.
52. *Ibid.*, X, 318-22.
53. Charles Hodge, *Systematic Theology* (2 tt.; Grand Rapids: Wm. B. Eerdmans Publishing Co., 1952), II, 472.
54. *Works*, V, 240.
55. *Ibid.*, X, 318-22.
56. Hodge, *op. cit.*, II, 548.
57. *Works*, VIII, 277.
58. Miley, *op. cit.*, II, 241-48.
59. *Works*, V, 236-40.
60. Hodge, *op. cit.*, II, 493-94.
61. *Works*, X, 325-26
62. *Ibid.*, IX, 489.
63. *Ibid.*, VII, 313.
64. *Ibid.*, p. 512.
65. *Ibid.*, VIII, 277-78.
66. Lindstrom, *op. cit.*, pp. 71-72.
67. Miley, *op. cit.*, II, 248-53.
68. Cell, *op. cit.*, p. 245.
69. *Ibid.*, pp. 251-52.
70. *Ibid.*, 256.
71. *Ibid.*, pp. 263-65.
72. *Ibid.*, p. 271.

73. Robert E. Chiles, "Methodist Apostasy: From Free Grace to Free Will", *Religion in Life*, XXVII, núm. 3 (1958), 438-39.
74. *Ibid.*, p. 448.

75. Leland Scott, "Methodist Theology in America in the Nineteenth Century" (disertación doctoral inédita, Yale University, 1954), pp. 48-52.
76. *Ibid.*, pp. 193-225.
77. Peters, *op. cit.*, p. 151.
78. *Ibid.*, p. 225.
79. Prince, *op. cit.*, p. 19.
80. Lee, *op. cit.*, p. 125.
81. Warfield, *op. cit.*, II, 608.
82. Reinhold Niebuhr, *The Nature and Destiny of Man* (Nueva York: Charles Scribner's Sons, 1943), II, 175.
83. Turner, *op. cit.*, p. 129.
84. Pope, *op. cit.*, II, 78-80.
85. Spalding, *op. cit.*, p. 22. Habla aquí de Adolph von Harnack, *Lehrbuch der Dogmengeschichte* (Funfte Auflage, Tubingen: J. E. B. Mohn, 1932), III, 195 ss.
86. Pope, *op. cit.*, II, 86.
87. *Works*, X, 350.
88. *Ibid.*, V, 104.
89. *Ibid.*, X, 392.
90. *Ibid.*, p. 231.
91. *Ibid.*, p. 468.
92. *Ibid.*, XII, 4-5.
93. *Ibid.*, VII, 228-29.
94. *Ibid.*, X, 235.
95. *Ibid.*, XIII, 96.
96. *Ibid.*, X, 360.
97. *Ibid.*, p. 234.
98. *Ibid.*, VI, 512.
99. *Ibid.*, X, 478.
100. *Ibid.*, V, 233.
101. Martin Luther, *A Compend of Luther's Theology*, ed. Hugh T. Kerr (Filadelfia: The Westminister Press, 1943), p. 90.
102. John Calvin, *A Compend of the Institutes of the Christian Religion by John Calvin*, ed. Hugh T. Kerr (Filadelfia: Presbyterian Board of Christian Education, 1939), p. 51.
103. *Ibid.*, p. 53.
104. Cannon, *op. cit.*, p. 93.
105. *Ibid.*, p. 115.
106. Lindstrom, *op. cit.*, p. 50.
107. *Works*, V, 405-13.
108. *Ibid.*, VI, 511-13.
109. Emil Brunner, *The Divine Imperative* (Nueva York: The Macmillan Company, 1942), pp. 57, 68-71.
110. Miley, *op. cit.*, II, 305.
111. Clyde Manschreck, *Melanchton, The Quiet Reformer* (Nueva York: Abingdon Press, 1958), pp. 293-302.
112. Martin Luther, *Commentary on the Epistle to the Romans* (Grand Rapids: Zondervan Publishing House, 1954), p. 99.
113. *Ibid.*, p. 152.
114. Martin Luther, *Commentary on St. Paul's Epistle to the Galatians* (Grand Rapids: Wm. B. Eerdmans Publishing Company, 1930), p. 114.
115. *Works*, V, 57.
116. Calvin, *Compend, op. cit.*, p. 53.

117. Brunner, *op. cit.*, pp. 30, 199.
118. Warfield, *op. cit.*, I, 113-14.
119. Barth, *op. cit.*, pp. 12-13. Véase el relato detallado de la posición luterana y reformada como está analizado por Berkouwer, *op. cit.*, pp. 71-75.
120. Hodge, *op. cit.*, II, 190. Véase también Abraham Kuyper, *The Work of the Holy Spirit* (Grand Rapids: Wm. B. Eerdmans Publishing Co., 1946), pp. 263-67.
121. Charles Hay, *The Theology of Luther* (Filadelfia: Lutheran Publication Society, 1897), II, 465-67.
122. Lindstrom, *op. cit.*, p. 44.
123. *Works*, V, 72.
124. *Ibid.*, pp. 98-111.
125. *Ibid.*, pp. 81-82.
126. Véase las secciones sobre *"sola gratia"* y *"La expiación en Cristo"* en este capítulo.
127. Foster, *op. cit.*, p. 183. Véase también *Works*, VI, 512; VII, 228.
128. *Works*, V, 163-164.
130. *Ibid.*, IX, 286.
131. *Ibid.*, VII, 490.
132. *Ibid.*, V, 58.
133. *Ibid.*, XII, 239.
134. *Ibid.*, IX, 312.
135. *Ibid.*, p. 275.
136. *Ibid.*, VI, 270.
137. *Ibid.*, p. 512.
138. *Ibid.*, V, 227-28.
139. *Ibid.*, p. 231.
140. *Ibid.*, pp. 106-8.
141. *Ibid.*, VII, 235-36. Véase Lee, *op. cit.*, p. 97.
142. Flew, *op. cit.*, p. 333.
143. *Works*, V, 99.
144. *Ibid.*, VII, 490. XII, 239.
145. *Ibid.*, V, 108-9.
146. *Ibid.*, pp. 318-27.
147. F. R. Tennant, *The Concept of Sin* (Cambridge: University Press, 1912), pp. 104-5.
148. Sangster, *op. cit.*, p. 76.
149. *Ibid.*, p. 113.
150. *Works*, V, 146.
151. *Ibid.*, p. 149.
152. *Ibid.*, p. 153.
153. Foster, *op. cit.*, VI, 239.
154. Miley, *op. cit.*, I, 511.
155. *Works*, I, 222.
156. Berkouwer, *op. cit.*, pp. 56-60.
157. Edward Sugden, ed., *Standard Sermons by John Wesley* (Londres: Epworth Press, 1921), I, 262-63.
158. *Works*, VI, 263.
159. Cell, *op. cit.*, pp. 361-62. Flew, *op. cit.*, pp. 256-57. Rattenbury, *Conversion*, *op. cit.*, p. 199.
160. Berkouwer, *op. cit.*, p. 74.
161. *Works*, V, 148.
162. *Ibid.*, p. 155.

163. *Ibid.*, p. 92.
164. *Ibid.*, p. 96.
165. *Ibid.*, p. 161.
166. *Ibid.*, VI, 45, 84-85, 413.
167. Sangster, *op. cit.*, pp. 72, 76.
168. Luther, *Romans, op. cit.*, p. 84. Véase E. LaB. Cherbonnier, *Hardness of Heart* (Garden City: Doubleday and Company, Inc., 1955), pp. 89-90.
169. Warfield, *op. cit.*, II, 582-83.
170. Hodge, *op. cit.*, III, 245-50.
171. *Works*, I, 17.
172. *Ibid.*, p. 74.
173. Rattenbury, *Conversion, op. cit.*, p. 71.
174. *Works*, I, 103.
175. Lee, *op. cit.*, pp. 77-78.
176. Martin Luther, *Works of Martin Luther*, 6tt. (Filadelfia: A. J. Holman Co., 1932), VI, 451-52.
177. Hildebrandt, *op. cit.*, pp. 23-25.
178. *Ibid.*, p. 24. Véase Linstrom, *op. cit.*, p. 16.
179. *Works*, VII, 204.
180. *Ibid.*, X, 279.
181. *Ibid.*, V, 63-64.
182. *Ibid.*, XII, 342.
183. *Ibid.*, pp. 359-60, 387.
184. *Ibid.*, p. 477.
185. Rattenbury, *Conversion, op. cit.*, p. 71.
186. *Works*, VII, 198-99.
187. *Ibid.*, pp. 235-36.
188. *Ibid.*, I, 77, 100-101. Véase Lee, *op. cit.*, pp. 90-100.
189. *Works*, V, 213.
190. *Ibid.*, p. 9.
191. *Ibid.*, I, 106, 117.
192. *Ibid.*, pp. 257-276.
193. *Ibid.*, p. 117; VI, 526-27; XIII, 62.
194. *Ibid.*, V, 85-86; VIII, 276-77.
195. *Ibid.*, VII, 261; X, 73.
196. *Ibid.*, XII, 78-79.
197. *Ibid.*, VI, 49-54; VII, 236-38. En esta última referencia Wesley aclara que la fe de un niño es estorbada por dudas y temores, pero, cuando su fe es fortalecida, entonces uno puede experimentar la entera santificación.
198. Berkouwer, *op. cit.*, p. 17.
199. *Ibid.*, p. 52.
200. *Ibid.*, pp. 73-75.
201. *Ibid.*, pp. 76-78.
202. Cherbonnier, *op. cit.*, pp. 95-97.
203. *Works*, I, 333-34.
204. *Ibid.*, pp. 315-16.
205. *Ibid.*, II, 142.
206. *Ibid.*, VII, 204.
207. Niebuhr, *op. cit.*, II, 175.
208. Gordon Rupp, *The Righteousness of God* (Nueva York: Philosophical Library, Inc., 1953), p. 46.
209. Luther, *Galatians, op. cit.*, p. 117.
210. Berkouwer, *op. cit.*, p. 27.

211. Hay, *op. cit.*, II, 438-58.
212. Barth, *op. cit.*, pp. 17-20.
213. *Ibid.*, pp. 47-49.
214. Brunner, *op. cit*, pp. 70-71.
215. Berkouwer, *op. cit.*, pp. 168-73.
216. *Ibid.*, pp. 51-52.
217. *Works*, VI, 48.
218. *Ibid.*, VIII, 47, 428-29; V, 213-14.
219. *Ibid.*, XI, 493-94.
220. *Ibid.*, p. 494.
221. *Ibid.*, VII, 411.
222. *Ibid.*, VI, 49.
223. *Ibid.*, p. 50.
224. Cannon, *op. cit.*, p. 146.

CAPÍTULO III
ETAPAS EN LA PERFECCIÓN

Decir que el término perfección tiene solamente un significado, sería rechazar no únicamente a Wesley, sino también las Escrituras. Mucha de la oposición a la perfección wesleyana se ha creado por aquellos que le atribuyeron un cierto significado a ese término, y después lo usaron, con ese significado especializado, en contra de los puntos de vista de Wesley. Este tuvo que decirles frecuentemente a sus críticos que la perfección no significaba para él lo mismo que para ellos. El constantemente desafiaba a sus oponentes a que mostraran, mediante la Biblia, que él estaba equivocado. Escribió:

> Si, por lo tanto, vosotros podéis señalarme algunos pasajes en ese sermón (mío) que son contrarios a la Escritura, o que no están respaldados por ella, y demostrar que no tienen el apoyo bíblico, yo estaré tan completamente dispuesto a oponerme a ellos, como antes estaba dispuesto a defenderlos. Yo busco la verdad, la verdad clara, bíblica, y no me interesan ni la alabanza ni la crítica de los hombres.[1]

Wesley no apreciaba particularmente el término *perfección*. Solía decir que lo usaba muy poco, pero que sus oponentes se lo arrojaban constantemente pidiéndole una explicación. El favoreció el uso de este término porque pensó que era escritural; por ejemplo, escribió: "Siempre estoy dispuesto a recibir más luz... Por lo tanto, quienquiera que me dé más luz en relación con la perfección cristiana, me hará un favor singular."[2] El estaba convencido de que era la doctrina de Pablo, de Santiago, de Pedro y de Juan. El rechazaba que la doctrina fuese exclusivamente suya. "Es su doctrina, peculiarmente, enfáticamente de El; es la doctrina de Cristo Jesús." Wesley sentía que ningún cristiano hablaría en contra de ella cuando entendiera su significado verdadero y escritural.[3]

Vez tras vez Wesley trató de definir la perfección cristiana. Usando términos bíblicos, escribió que es "amar a Dios con todo nuestro corazón". Es "un corazón y una vida, dedicados enteramente a Dios"; es "recuperar la imagen total de Dios". La perfección es "tener el mismo sentir que hubo en Cristo Jesús" y "andar como Cristo anduvo". El preguntó: "¿Usted se opone a esto?" y, "¿Desea usted menos?" "Si alguno quiere decir algo más o algo menos por perfección, a mí no me interesa."[4] Si la perfección era presentada demasiado alto, conduciría a los hombres a temores innecesarios; si era colocada demasiado bajo, los conduciría al infierno.[5] Wesley trabajó arduamente para fijar el significado de la perfección como lo hacen las Escrituras.

La crítica de Sangster de los términos de Wesley puede ser atractiva para algunos, pero no logra tocar el verdadero problema en la mente de Wesley.

> La palabra "perfección" es un término extraordinariamente difícil, y así lo encontraron Wesley y Fletcher. Esa fue la razón de que ambos teólogos hicieron distinciones, a base de mucho trabajo, entre los términos perfección del paraíso, perfección mediadora y perfección cristiana, y por eso es que los escritores subsecuentes, teniendo cierta afinidad con esas enseñanzas, han distinguido los términos perfección relativa y perfección absoluta, la perfección de la etapa y la perfección del fin. Aunque parezca bastante raro y triste, el uso de la palabra cristiano como adjetivo de la palabra perfección no le ha dado brillantez al substantivo, sino que lo ha manchado. Esto era inevitable. Un término inmensurable debe brillar con resplandor solitario. El esfuerzo mal dirigido para darle brillo es peor que tratar de hermosear el lirio, y tiene precisamente el efecto opuesto del que se desea. Cuando Wesley unió un nombre sublime, "cristiano", con un término sublime, "perfección", produjo un título que no era sublime. En las mentes críticas de aquellos que lo siguieron muy de cerca, y también en su propia interpretación franca, la perfección cristiana fue descrita como algo menos que la perfección, y al hacerlo se expuso a las burlas, tal como ya hemos visto: era posible ser un cristiano perfecto sin ser un hombre perfecto.
>
> El término "perfección", para lo que Wesley quería significar, debe caer en desuso. Lo que es más, parece obvio que él mismo quería olvidarlo. Es un misterio que él haya usado tanto un nombre que no le gustaba, y cuyo uso ocasionaba tantos problemas y malentendidos. El lo usó, no hay duda de

ello, por la misma razón por la que él usó el nombre "metodista": Porque otros también lo usaron y porque era la manera más rápida de ser reconocido.⁶

Pero, para contestarle a Sangster, se debe recordar que Wesley usó el término perfección mucho antes de que encontrara oposición por usarlo. Además, Wesley aseveró que él usaba la palabra porque se encontraba en la Biblia. Decir que Wesley debería haber dejado de usar dicho término sería decir que Pablo también debía haberlo hecho. El usó la palabra "cristiano" con la palabra "perfección" para distinguirla de otras perfecciones que tienen muy poco que ver con el cristiano, como perfección divina, angélica o adámica.

En su descripción de la perfección paulina, Flew se acerca mucho más a lo que Wesley significaba con esa palabra.

1. En primer lugar, él distinguía entre la perfección absoluta, la cual estaba reservada para el futuro (1 Co. 13:10; Fil. 3:12-14), y una perfección relativa que él consideraba asequible para él mismo y para sus convertidos. Más aún, esa perfección relativa era la meta del trabajo apostólico (Col. 1:28; 3:14; 4:12; 1 Co. 2:6; Ef. 4:12-13).

2. La perfección absoluta, el destino final de los creyentes es descrita como la visión de Dios, cara a cara. Es contrastada con la visión oscura que los cristianos tienen hoy día (1 Co. 13:12). Podemos identificar este destino final con el "premio del supremo llamamiento de Dios en Cristo Jesús" y la resurrección de los muertos, la cual Pablo esperaba obtener (Fil. 3:14 y 11).

Tal descripción de la perfección absoluta debería librarnos del error en el cual muchos eruditos de la Biblia han caído, al concluir que la admisión de San Pablo de que no había alcanzado la meta final equivale a admitir que el curso completo de la vida cristiana en este mundo debe estar marcado por el pecado.

3. La perfección relativa asequible en esta vida es un progreso hacia la meta del destino final. Es muy tentador interpretar a Pablo, como muchos lo hacen, al decir que la esencia de la perfección relativa es la lucha por obtener la perfección absoluta, y detenernos en ese punto. Pero tal descripción sería inadecuada. Hay un don positivo de Dios para el alma del creyente. El cristiano anda en el Espíritu, y por eso puede cumplir la ley de Cristo (Gá. 6:2).⁷

Puesto que para Wesley, la perfección se puede alcanzar en esta vida, y puesto que así interpretó él la enseñanza paulina,

Wesley armonizó su definición a este concepto. La perfección cristiana no nos exime de la ignorancia, de los errores, de las debilidades o de las tentaciones.[8] Pero tampoco es la perfección de los ángeles, ni la de Adán. Es el "amor de Dios y del hombre", "la mente que hubo en Cristo", "el fruto del Espíritu", "la imagen de Dios". Es una santidad universal, una completa dedicación de uno mismo a Dios, y una libertad del pecado.[9]

Para Wesley la perfección y la santidad eran lo mismo. Ser perfecto era ser santo. La religión era santidad y la religión era salvación. La salvación era santidad de corazón y de vida. Además, el ser santificado es ser santo; así que en realidad, en la mente de Wesley, la perfección, la santidad, la salvación, la religión y la santificación eran más o menos lo mismo. Wesley les dio a estos términos un contenido religioso más que teológico. En algunas ocasiones Wesley le dio un significado más preciso a estos términos, pero, generalmente hablando, no hizo ninguna distinción entre ellos.[10]

Wesley enseñó que hay varias etapas en la vida del cristiano. Algunos cristianos son niños, otros son hombres jóvenes, y algunos son padres. Los únicos cristianos perfectos son estos últimos, aunque en cierto sentido, hay perfección en todas las etapas.[11] El habló de la libertad del pecado como una perfección tanto en el sentido del pecado voluntario, como del pecado original.[12] Wesley escribió sobre el nuevo nacimiento, el cual es el principio de santidad o perfección, y dijo que tenía una etapa alta y otra baja.[13] Wesley podía hablar del perdón de los pecados como la salvación iniciada, de la santidad como la salvación continuada, y del cielo como la salvación terminada.[14]

Para el que piensa de la perfección solamente en un sentido absoluto, el punto de vista de Wesley de grados en la perfección pudiera parecer débil. Sin embargo, no es difícil pensar en grados de santidad. Uno puede ser santo y llegar a ser más santo. Puesto que para Wesley el ser perfecto era ser santo, "ciertamente la perfección admite grados". El concedía que hubiera una "perfección de clases" y una "perfección de grados". Dijo que no sabía de algún escritor moderno o antiguo que no estuviera de acuerdo con esta diferencia.[15] Le escribió a la señorita Furly para decirle que ella había saboreado la salvación al ser justificada. Desde la justificación, ella había experimentado la salvación misma, sólo que en un grado bajo. Todavía debería esperar un cambio tanto instantáneo como gradual.¹⁶ Todos éstos eran grados de salvación, y por lo tanto grados en la perfección.

Aun a los que habían alcanzado ese estado de perfección en el que el pecado es destruido y el corazón es hecho perfecto en el amor, todavía les faltaba alcanzar una meta más elevada. Al mejor y más santo de los santos todavía le faltaban muchas cosas. Todavía había lugar para crecer durante toda la vida y aún en la eternidad. Había una perfección que aun el más santo no había alcanzado todavía.¹⁷

Pero Wesley no podía permitir que esta perfección final fuere la única clase. El sentía que en algunas ocasiones su hermano Carlos fijaba una meta tan alta que nadie podía alcanzarla. El hacer tal cosa desanimaba a los buscadores de dicha perfección.¹⁸ Juan Wesley quería colocar a la perfección al alcance de todos, tal como él entendió que las Escrituras lo hacían. Pero aun dentro del alcance de los hombres había una perfección con etapas. Principiaba, continuaba, alcanzaba un clímax llamado entera santificación, o perfecto amor, y después de este clímax, uno podía crecer en la perfección.

Wesley buscó la perfección desde 1725. Lo habían persuadido a creer que cuando fuera justificado por medio de la fe, alcanzaría esta perfección. Sobre el particular él se desanimó en 1738.¹⁹ Así que continuó su búsqueda de la perfección cristiana. El constreñía a otros a buscar el mismo camino juntamente con él. Más tarde él vio que la fe tiene grados, que la salvación era por etapas, y que en ninguna etapa la perfección era absoluta. El vio dos etapas o niveles esenciales de experiencia. Uno era la etapa inicial de la justificación y la regeneración. Más tarde se podría alcanzar la otra etapa la cual el llamó la experiencia de la entera santificación, o la perfección cristiana. Esta segunda experiencia no era la meta final para el cristiano. Había un crecimiento después de la segunda crisis. El siguiente capítulo tratará específicamente con esta segunda crisis, o perfección cristiana. En este capítulo se hará otra investigación acerca de estas varias etapas en la perfección.

A. Justificacion

Antes de 1738, Wesley buscó la santidad, la salvación y la

perfección. Decir que no había encontrado ninguna parte de éstas antes de su experiencia de Aldersgate sería erróneo y contrario a sus propias correcciones que hizo más tarde. El suponía, antes de esta fecha, que sus esfuerzos hacia la perfección, y su obtención parcial de ella, eran las bases de su justificación. El no dudó de ser aceptado por Dios sino hasta después de su encuentro con los moravos.[20] Fue con ellos que él llegó a creer que uno es justificado por la fe, y puesto que él no tenía una fe completa, dudó que fuera justificado. El buscó esta fe y declaró haberla recibido en mayo de 1738. Sin embargo, no le trajo todo lo que al principio pensó que le traería.[21] Pero sí recibió algo que antes no conocía.

Hay los que concluyen que Wesley verdaderamente obtuvo la perfección cristiana mediante su experiencia en Aldersgate.[22] Como ya mencionamos antes, Wesley corrigió sus diarios indicando que antes de 1738, él tenía la fe como la de un siervo. Pero ¿fue él justificado de acuerdo a sus propios principios? Su propio testimonio fue que, antes de 1738, había estado "bajo la ley". Wesley sentía la ira de Dios sobre él, y con frecuencia cedía al pecado. Luchaba contra el pecado pero muchas veces éste lo esclavizaba. Esta lucha no cesó sino hasta que fue justificado por medio de la fe. Su propia madre no disfrutó de esta justificación sino hasta después que Wesley la recibió.[23] Sin embargo, madre e hijo habían vivido vidas piadosas y rectas, muchos años antes de estas experiencias de renovación.

No es fácil dar una expresión teológica precisa a todas las fases de la experiencia religiosa. La fe que Wesley profesó el 24 de mayo de 1738, fue una fe perfeccionada para alcanzar el perdón, por lo tanto era la fe de un hijo. Con esta clase de fe vino la seguridad del perdón y un rompimiento con el pecado voluntario. Esta fe había principiado antes pero era débil e incierta. ¿Era fe de justificación? En un sentido, sí, según mencionamos antes en este estudio. Pero Wesley nunca se siente con libertad para llamarla por el nombre clásico de justificación por la fe.

¿Empezó la perfección actualmente antes de esta justificación por la fe? Wesley tenía la seguridad antes de 1738 de que Dios lo escuchaba y de que se le daba luz y verdad.[24] El sabía lo que era tener un grado de paz.[25] Lo que a él le faltaba era debido a la ignorancia, y esto no le hubiera traído la muerte eterna si hubiese muerto entonces.[26] El era un buscador de la salvación, pero esta salvación era la santidad perfecta, o la perfección, la cual, según él, no tenía. Wesley no era salvo cuando estuvo en Georgia, no porque Dios lo rechazara, sino porque no estaba preparado para el cielo —es decir, no era perfecto. Sin embargo, esta salvación había principiado, porque la salvación principia "desde el primer destello de la gracia en el alma".

Wesley escribió al hablar más sobre esta salvación en el alma:

> Si tomamos esta salvación en su extensión final, incluirá todo lo que se lleva a cabo en el alma por lo que frecuentemente se conoce como la conciencia natural, pero más propiamente, la gracia preveniente —todas las maneras en que el Padre atrae a los humanos a Sí mismo; los deseos de buscar a Dios, los que, si cedemos a ellos, aumentan más y más; toda esa luz con la que el Hijo de Dios "alumbra a todo aquel que viene a este mundo", enseñándole a cada hombre a "hacer justicia, amar misericordia, y andar con humildad con Dios"; todas las convicciones que su Espíritu, de tiempo en tiempo, obra en cada hijo del hombre...[27]

Al leer esta declaración uno diría que para Wesley la salvación principia con la gracia preveniente. Hay un sentido en el cual la santidad o la perfección principia con esta primera obra de Dios en los corazones de todos los hombres. No siempre llega a tener fruto porque algunos hombres sofocan esta gracia.

Esta gracia preveniente, cuando se cede a ella, llega a ser una "gracia convincente". Esta convicción es el primer paso verdadero hacia la salvación.[28] Conduce al arrepentimiento que, como ya se ha mostrado, es una condición de la fe justificadora. Sin embargo, la gracia, el arrepentimiento y la convicción son una parte de esta primera etapa de la salvación y son necesarias antes de la verdadera justificación.

Para Wesley la justificación significaba el perdón presente de los pecados y el ser aceptado por Dios. Es una remisión por los pecados pasados. Uno es justificado cuando tiene verdadera fe y no antes. Esta fe verdadera nace de la gracia, de la convicción, y del arrepentimiento que la preceden.[29] El fundamento para el perdón no es ninguna obra que el hombre haga, sino Cristo Jesús nuestro Señor. La justicia de Cristo es imputada a los creyentes solamente en el sentido de que sólo por sus méritos ellos son perdonados. Esta justificación se basa totalmente en "lo que Cristo ha hecho y sufrido por ellos".[30]

La clara noción escritural de la justificación es el perdón, el perdón de los pecados. Es el acto de Dios el Padre, por el cual, por causa de la propiciación hecha por la sangre de su Hijo, El "muestra su justicia (o misericordia) por la remisión de pecados que son pasados".... A quien es justificado o perdonado, Dios "no imputará pecado" a su condenación. El no lo condenará por esa cuenta, ni en este mundo ni en el venidero. Sus pecados, todos sus pecados pasados, de pensamiento, palabra y obra, son cubiertos, son borrados, nunca más serán recordados o mencionados en contra de él, tal como si nunca se hubieran cometido.[31]

La fe por medio de la cual uno es justificado es un don de Dios.[32] Debido a la naturaleza de esta fe uno no puede tenerla sin saberlo.[33] Evidentemente esta fe puede estar presente antes de la justificación en una forma débil y como de siervo. Pero cuando llega a ser fe verdadera, la fe de un hijo, uno es justificado gratuitamente. La gracia preveniente lo conduce a uno sólo hasta cierto punto, pero es ahí donde la fe justificadora debe obrar antes de que la salvación apropiada pueda llegar.[34]

En realidad para Wesley no había justificación sin un cambio interno. Este cambio interno en efecto principia antes de la justificación, en el sentido ya mencionado. Pero en el momento que la fe obra, uno no es únicamente justificado, sino que también un gran cambio interno sucede. Este cambio no es la justificación, ni tampoco es un requisito para la justificación, pero es una obra de Dios terminada concomitantemente con la justificación. La justificación y la santificación no son lo mismo.

¿Qué es la *justificación?*... Y es evidente, por lo que ya se ha observado, que no es el ser hecho realmente justo y recto. Esta es la *santificación;* la cual definitivamente es, en cierto grado, el fruto inmediato de la justificación, pero, sin embargo, es un don distinto de Dios, y de una naturaleza completamente diferente. La primera implica lo que Dios hace *por* nosotros por medio de su Hijo; la segunda, lo que El obra *en* nosotros por medio de su Espíritu.[35]

Pero aunque estas dos obras son diferentes, Dios no justifica a nadie a quien no santifica. Dios no es engañado en aquellos a quienes El declara que son justos, porque El no los declara ser algo sino lo que son. La consecuencia es que Dios no justifica a nadie excepto a quien El santifica, al menos inicialmente, con el resultado de que uno que es declarado justo verdaderamente es hecho justo al mismo tiempo, aunque los dos actos de Dios son obras diferentes.[36]

Uno puede concluir que Wesley hizo de la justificación una puerta o camino para la salvación, la santidad o perfección. La justificación por la fe es una primera etapa en el principio de la perfección. Los actos preliminares de la gracia conducen al arrepentimiento y a la fe. La justificación abre la puerta y principia la salvación verdadera. La justificación marca la primera gran etapa en el orden de la salvación, aunque se debe recordar que primero están los amaneceres de luz y de salvación aun antes.

Esta justificación por la fe se conserva por medio de la obediencia y la fe continuas. Se retiene mientras que haya fe, pero la fe se puede perder, como ya hemos visto. La justificación final, entonces, depende de la constancia de las buenas obras y de la obediencia que surgen de la santidad de corazón.[37] En este sentido la santidad es esencial para que seamos aceptados en el día final.

Wesley creía que él estaba de acuerdo con los reformadores en cuanto a la justificación, aunque él vio que ellos eran doctrinalmente débiles en relación con el cambio interno.[38] Sin embargo, está claro que había una diferencia vital entre él y ellos. Los reformadores tenían la tendencia de hacer la justificación más comprensiva, e incluían en ella el concepto de la santidad o santificación. Su concepto "extiende los límites de la justificación hasta que viene a incluir casi toda la vida cristiana y la hace sinónima con la salvación final misma".[39] Wesley hizo de la justificación la puerta hacia la santidad, la cual es religión o salvación en sí, y la meta final era la imagen de Dios, totalmente restaurada. No se trataba de que para él la justificación hubiese perdido su significado, pero no incluía la salvación completa o la perfección. Berkouwer teme que este concepto no le haga justicia a la justificación por la fe solamente.[40] Sin embargo, tal cosa no puede ser a menos que uno identifique a la *sola fide* con la elección incondicional, tal como se mencionó antes.

La justificación para Wesley no era santidad o perfección, sino un paso necesario hacia ésta. El hizo de la justificación y la santificación las dos partes de la salvación por la fe, pero aquí la salvación se usa en un sentido más amplio que santidad.[41] Verdaderamente no hay santidad o santificación sin la justificación, pero tampoco hay justificación sin la santificación. Si uno posee una de estas dos, posee también la otra. Pero para Wesley las dos no eran lo mismo. La verdadera santificación principia con la justificación, pero tiene la capacidad de crecer, mientras que la justificación es completa cuando uno cree. Cuando un hombre cree, obtiene el perdón completo y es aceptado por Dios, pero no está totalmente salvado. Se encuentra en el camino hacia la perfección.

B. Regeneracion

Cuando uno empieza a trazar líneas entre la justificación y la regeneración por un lado, y entre la regeneración y la santificación por el otro, inmediatamente choca con un volumen considerable de teología sobre estos temas. Sin embargo, es necesario trazar estas líneas si se ha de entender a Wesley. Se sugirió antes que el concepto de la justificación de Wesley era más angosto que el de los reformadores. En Lutero la justificación incluía tanto "hacer justicia" como "declarar justicia". El enseñó que la fe trae a Cristo verdaderamente al corazón. La justicia de Cristo y la vida fluyen hacia aquellos que son participantes de ellas. El Espíritu es infundido y permanece en el creyente. Lutero incluyó esta completa transformación interna bajo los términos "justificación, haciendo justicia, rectitud". El concepto primordial es el perdón, pero también hay una operación, interna, llamada justificación interna, por medio de la cual el corazón es hecho recto, creyente, piadoso y bueno.[42] Lutero claramente identificó la regeneración y la santificación inicial con la justificación.

Calvino también sostuvo que en la justificación "un hombre es justo, no en sí mismo, sino porque la justicia de Cristo es comunicada a él por la imputación". Estos hombres justificados son "hechos justos no de otra manera sino conforme son purificados al ser hechos limpios de todas sus corrupciones por la remisión de sus pecados".[43] Calvino identificó el arrepentimiento, la conversión y la regeneración. Estos son efectos de la participación del creyente con Cristo. La regeneración es la restauración de la imagen divina, es un proceso continuo, y confirma la adopción de un hijo de Dios.⁴⁴ Parecería que para Calvino la justificación incluía el recibir la justicia de Cristo, momento en el cual el arrepentimiento empezaba. Este arrepentimiento que es idéntico a la conversión, a la regeneración y a la santificación, continúa hasta la muerte pero nunca es completo en esta vida. Wesley difería de Calvino en que, en su sistema, el arrepentimiento venía antes y después de la fe. La conversión para él era regeneración y se completaba instantáneamente; la santificación principiaba en la conversión pero continuaba en el crecimiento. Todos éstos —el arrepentimiento, la conversión, la regeneración, y la santificación— eran diferentes de la justificación.⁴⁵

Wesley no sostuvo que la justificación hacía que una persosona fuese justa, aun en Cristo. Según se demostró antes, la justicia imputada no quería decir para él una "túnica de justicia" para el pecador. La justificación es la declaración de que una persona es justa sobre la base de la fe de esa persona en la justicia de Cristo únicamente. Al mismo tiempo que el pecador es justificado también es hecho nuevo, o hecho justo. Pero esto de "hacer que alguien sea justo" no es justificación, sino regeneración o conversión. El pecador es cambiado de la muerte a la vida, para que cuando Dios declare al pecador justo, realmente él se vuelve justo. Dios no puede ser burlado en su declaración. ¿Cuál es este cambio que ocurre al mismo tiempo de la justificación?

> Es ese grande cambio que Dios obra en el alma, cuando El le imparte vida; cuando El la levanta de la muerte del pecado a la vida de justicia. Es el cambio operado en toda el alma por el Espíritu poderoso de Dios, cuando es "creada nueva en Cristo Jesús"; cuando es "renovada a la imagen de Dios en justicia y santidad verdadera"; cuando el amor al mundo es cambiado en amor de Dios; el orgullo en humildad; la pasión en mansedumbre; el odio, la envidia y la malicia en un amor sincero, amoroso, y desinteresado por toda la humanidad.⁴⁶

Wesley usó la figura de un nacimiento físico para ilustrar el nuevo nacimiento. Antes de la regeneración uno no puede ser, oír y sentir las cosas espirituales. Pero cuano nace de nuevo hay un cambio total. Sus sentidos espirituales son despertados. Ahora "siente", tiene sensibilidad interna de las gracias que el

Espíritu de Dios obra en su corazón. Está seguro de tener paz, gozo y amor. La vida espiritual se ha iniciado en el alma. Es ese principio lo que es la regeneración. Lo que vino antes fue una preparación para el nacimiento, así como en el nacimiento natural. Hay el crecimiento y la madurez después del nacimiento, así como con un infante. Para el creyente este crecimiento es la santificación o perfección. Pero el nacimiento actual a esta vida es la regeneración.[47]

Wesley no estaba dispuesto a confundir la regeneración con la santificación. La santificación es por grados y es una santidad interna y externa. Estas principian cuando uno es regenerado pero no se les debe identificar con la regeneración, así como el nacimiento de un niño no se debe identificar con el crecimiento subsecuente. "La misma relación, por lo tanto, que hay entre el nacimiento natural y nuestro crecimiento, la hay entre nuestro nacimiento espiritual y nuestra santificación." La regeneración, o el nuevo nacimiento, es una parte de la santificación pero no su todo. "Es la puerta para ella, es la entrada."[48] Hubo tiempos, especialmente después de Aldersgate, en que Wesley usó el término "nuevo nacimiento" en un sentido más amplio. En febrero de 1739, habló de personas nacidas de nuevo en el "sentido completo" y en un "sentido inferior". Con esto él quiso referirse a la experiencia inicial en el momento de la justificación— la remisión de pecados— como el grado inferior, y el sentido completo era el "cambio interno total", que más tarde él llamó la entera santificación.[49] Pero por lo general Wesley no consideraba el nuevo nacimiento con tanta amplitud.

En este "estado inferior", el nuevo nacimiento es un cambio verdadero de mente. Al recién nacido se le da una mente nueva aunque la corrupción está presente. La justicia genuina está presente en el creyente. Los reformadores creían que esta justicia no se alcanzaba sino hasta *después* del desarrollo y la vida cristiana. Pero para Wesley, la justicia era dada primeramente y después venía el proceso del crecimiento.[50] Wesley no redujo la primera experiencia a fin de dar lugar a una segunda obra de gracia. Aunque es cierto que la justificación y la regeneración son puertas para la santidad, también es cierto que ha principiado una vida verdadera de santidad.[51] La justicia es infundida en el creyente.[52] El hombre llega a ser justo en sí mismo, pero no por sí mismo. Es santo de corazón y en la vida. Esta justifi-

Etapas en la Perfección 101

cación infundida llega a ser inherente. Si uno es "verdaderamente santo, entonces es santo interior e inherentemente".[53] Naturalmente esta clase de conceptos asombra a los pensadores en la tradición reformada. ¿Cómo puede uno ser santo antes de ser completamente santo? Uno no puede ser justo en sí mismo hasta que sea justo perfectamente. En los cánones de Dort hay una pregunta acerca de qué tanto cambio se cree que es posible para el creyente. Existe un temor de hablar acerca de un cambio empírico. Lo más que puede ocurrir es sólo un principio.[54] Berkouwer siente que Wesley quería el cambio en "formas concretas" y para la "realidad cotidiana".[55] Es cierto que Wesley insistía en un cambio real en el creyente, y que el justificado es justo y debe ser justo para poder ver a Dios. Es en este punto que Wesley diverge de la posición reformada.[56]

Como se acaba de mencionar, Wesley usó el término conversión como sinónimo de regeneración. J. E. Rattenbury cita la definición que Evelyn Underhill hace de la conversión o el arrepentimiento como "el primer paso en la vida espiritual", que "consiste en un cambio de dirección". Este es un uso "no metodista", del término y se puede aplicar en parte cuando menos al uso de la Reforma. Rattenbury escribe que "el uso de la palabra conversión en los evangelios sinópticos es, sin duda alguna, más cercano al de la señorita Evelyn Underhill que al del metodismo". Pero en el tiempo de Wesley este término había llegado a ser usado de diferentes maneras. De acuerdo con los metodistas, el "arrepentimiento trae al hombre a Dios, pero la conversión es lo que Dios hace por el hombre, cuando éste viene a El con una fe penitente".[57] Ser convertido, entonces, es nacer de nuevo y este es un hecho de Dios en el corazón.

Esta conversión, o regeneración, es el primer estado de la perfección. Wesley declaró que los niños en Cristo son tan perfectos como para "no cometer pecado".[58] La clase de pecado a que Wesley se refería aquí ya se discutió en el capítulo II. Cannon escribe que "Wesley usa la palabra 'pecado' en un doble sentido". Antes de la conversión, todas las obras de los hombres son malas, pero en la conversión la naturaleza del hombre es suficientemente purificada al grado de tener poder sobre el pecado externo. Este pecado externo tiene el significado limitado de una violación voluntaria de la ley de Dios.[59] Wesley enseñó esta clase de perfección, pero era sólo una etapa inicial en el proceso de la gracia perfeccionadora. Unicamente de los fuertes y que tienen madurez se puede decir que son perfectos hasta el punto de ser libres del pecado interno.[60]

Wesley vio en el nuevo nacimiento como algo que produciría frutos claros e inequívocos en la vida del creyente. Donde la justificación quita la culpa del pecado, la regeneración quita su poder.[61] El pecado ya no tiene poder en la vida del creyente. El creyente tiene poder sobre los pecados externos e internos hasta el punto que ya no peca voluntariamente. Aunque el pecado permanece en su corazón, el creyente tiene paz, esperanza y amor. Claramente esta es una parte de esa perfección hacia la cual cada cristiano avanza hasta cuando será "perfecto", así como su Padre "en los cielos es perfecto".[62]

Tal concepto de regeneración según se encuentra en Wesley va en contra de los conceptos neo-ortodoxos. Para Brunner, el nuevo nacimiento es la "total inversión de la dirección de la vida del hombre". El hecho de que tal nuevo rumbo se lleva a cabo, es el conocimiento que el hombre tiene de que su vida es un "don de Dios, no una vida esforzada por las cosas de Dios".[63] Brunner repudia el concepto pietista del nuevo nacimiento, que es similar al de Wesley, y lo ve como un cambio verdadero en la relación del hombre con Dios y en su actitud hacia sí mismo. Para él un cambio sicológico sería mágico y antibíblico.[64] Pero para Wesley este concepto no podía ser regeneración, sino solamente una forma mutilada de justificación. Aun el énfasis de Lutero sobre una vida transformada ha sido rechazado tanto por Brunner como por Barth. Este último cataloga como herética "una cualidad divina existente en el alma" que se atribuye al Espíritu Santo. Empero, estas ideas no pueden acomodarse con el apóstol Pablo, ni tampoco con Wesley. "San Pablo hace lo que Barth prohíbe: *él afirma* sobre el sujeto humano de la redención lo que según Barth, debe ser exclusivamente predicado del Sujeto divino en la redención." El teólogo Barth le ha robado al hombre su "propia subjetividad—su profundidad y su libertad".[65]

Wesley dio un correctivo a este lado del asunto. Dios hace una obra real en los objetos de la redención. Hay un principio tenue antes de la fe justificadora en la gracia preveniente que trae el primer destello de luz y convicción por el pecado. La fe justificadora trae aceptación con Dios y nueva vida al alma del creyente. La salvación adecuada ha principiado, y el creyente se encuentra en el camino de la santidad, o perfección. Pero hay mucho más todavía.

C. La Santificacion Inicial

Antes de proceder a una discusión del progreso en la perfección que conduce a la perfección cristiana, a la madurez y a la glorificación final, conviene investigar más de cerca el concepto de Wesley sobre la santificación en su etapa inicial. Es cierto que Wesley usó algunas veces el término santificación en el sentido de la entera santificación; pero cuando él estaba hablando con precisión declaró que había una diferencia. La diferencia no era de clase sino de grado. La santificación principiaba en la regeneración, continuaba creciendo gradualmente, alcanzaba un nuevo nivel en la experiencia de la entera santificación, y después continuaba progresando de allí en adelante. ¿Cuál es esta etapa inicial?

En Wesley no había una clara distinción entre la regeneración y la santificación como la había entre ellas por una parte y la justificación por otra. Como ya se mencionó antes, la santificación viene por grados, pero la justificación es completada instantáneamente. En este sentido uno puede hablar de la justificación perfecta. ¿Pero qué podemos decir de la regeneración? ¿Es perfecta como una obra de Dios, o es incompleta como la santificación? Como se vio antes, la regeneración es la puerta hacia la santificación y es el principio de ella pero no el todo de ella. Consecuentemente, no pueden ser idénticas. Tampoco puede uno decir que la regeneración es solamente una forma incompleta de la santificación. Existe un sentido en el cual es una obra perfecta en sí misma, y nunca debiera ser llamada incompleta. Esto se ha hecho antes, pero no representa correctamente el punto de vista de Wesley.[66]

Es cierto que cuando Wesley definió la regeneración incluyó ideas que son claramente la santificación inicial. Para él, las señales del nuevo nacimiento incluían el perfecto amor, la obediencia continua, la santidad y la perfección.[61] Sin embargo, para Wesley el perfeccionamiento del amor, el hacer a uno santo o perfecto, era el don santificador de Dios. El también llamó a la santificación la renovación interna por el poder de Dios que expulsa "el amor al mundo, a los placeres, a lo fácil, a la honra propia, al dinero; juntamente con el orgullo, el enojo, el yo y cualquier mal genio que uno tenga".[68] Aunque Wesley dijo que la regeneración y la santificación no eran iguales,[69] empero falló al no trazar la linea entre ellas tan claramente como uno hubiese querido. Al definir la perfección, él escribió:

> No es solamente una liberación de las dudas y los temores, sino del pecado también; tanto interno como externo; de los deseos malignos y malos temperamentos, así como de las palabras malas y de las obras. No es solamente una bendición negativa, una liberación de todas las disposiciones malignas, implicadas en esa expresión: "Yo circuncidaré su corazón", pero también una bendición positiva, como lo es el plantar todas las buenas disposiciones en su lugar, claramente implicadas en esa otra expresión: "Amarás al Señor tu Dios con todo tu corazón, y con toda tu alma."[70]

Es obvio que en esta definición hay elementos de regeneración— "plantando todas las buenas disposiciones", y de la santificación— "liberación de todas las malas disposiciones".

Es claro que para Wesley, cuando una persona verdaderamente creía, era justificada, regenerada e inicialmente santificada. La justificación es el perdón de sus pecados y el ser aceptada por Dios. Es una obra hecha *para* el creyente. Al mismo instante él es nacido de nuevo, renovado, cambiado de muerte a vida. Esta regeneración es un "cambio verdadero" y es una obra hecha *en* el creyente. Al mismo momento hay una liberación del pecado, un rompimiento del poder del pecado, y un principio de santidad o perfección. Esto último puede ser clasificado propiamente como una santificación inicial. Que la regeneración y la santificación son distintas fue enunciado claramente por Jesse Peck:

> Hay una diferencia amplia y necesaria entre la existencia de una cosa y el estado de la cosa existente, entre el hecho de la vida y la forma de vida, entre un alma espiritualmente viva y la condición moral del espíritu viviente...
> La regeneración apropiadamente designa a la primera, mientras que la santificación a la segunda...
> La palabra santificación, de manera igualmente apropiada denota adecuadamente cierto tratamiento del alma, a la cual Dios le ha dado vida, de la misma manera como la regeneración denota el hecho de traerla a la vida...

Etapas en la Perfección

Ahora aquí hay dos cosas totalmente diferentes una de la otra, tanto como un hecho y una cualidad de un hecho, una cosa y un accidente de una cosa pueden ser, y aquí hay dos términos de un significado totalmente diferente, completamente adaptados para representar estas dos cosas respectivamente —la regeneración, la producción de la vida espiritual; la santificación, el tratamiento del alma espiritualmente viva— ninguna de las cuales puede, sin violar las leyes del lenguaje, ejecutar el oficio de la otra.[71]

La obra de la regeneración, como la de la justificación, es una obra perfecta cuando se le da este claro significado. El alma muerta del pecador es resucitada; las gracias o cualidades de esta nueva vida son todas plantadas en el creyente. Esta nueva vida está en su infancia, como en un niño recién nacido, y tiene la capacidad de crecer. Esta nueva creación es perfecta en su clase pero es capaz de crecer. Al mismo tiempo que la nueva vida es plantada en el alma, Dios principia la limpieza del pecado. El poder del pecado es roto. El hombre es hecho santo, puro, limpio, pero no del todo. Esta obra de limpieza es el principio de la santificación. Es la santidad inicial. Se le puede llamar así porque es solamente un principio. Esta nueva vida existe donde algo de maldad está todavía presente.

El era humilde, pero no del todo; su humildad estaba mezclada con el orgullo: Era manso, pero su mansedumbre era frecuentemente interrumpida por el enojo, o alguna inquietud o pasión turbulenta. Su amor a Dios era frecuentemente sofocado por el amor de alguna criatura. El amor a su prójimo, por alguna conjetura maligna, o algún pensamiento, si no por el enojo, contrario al amor. Su voluntad no estaba del todo derretida en la voluntad de Dios...[72]

Con estas palabras Wesley presentó al creyente regenerado e inicialmente santificado, pero antes de ser totalmente santificado.

La santificación inicial entonces, es ese punto de principio en la vida cristiana cuando el Espíritu de Dios le da al pecado un golpe mortal pero no lo destruye enteramente. Aunque la justificación y la regeneración son obras completas y perfectas que son dadas instantáneamente, el acto inicial de la santificación es incompleto y espera un instante más tarde para su perfección. Sin embargo, es la perfección inicial porque el creyente es capaz de vivir sin cometer pecado. Esta obra inicial hace a la persona suficientemente perfecta como para no cometer pecado. Es la perfección inicial. "Hay una perfección que es inicial, una perfección que es progresiva, y una perfección que es final."[73] Ésta etapa inicial es "santidad en embrión y en infancia".[74] Puesto que desde el punto de vista de Wesley la santidad y la perfección eran términos para significar la misma cosa, entonces el principio de la santidad era también el principio de la perfección.

Obviamente, esta santidad inicial de la perfección no es solamente una perfección en Cristo que no ha descendido todavía al creyente. Como ya se ha visto, no es una perfección imputada que realmente le pertenece solamente a Cristo. Uno es hecho santo porque Cristo es santo, pero no es reconocido santo por el hecho de que Cristo sea santo. El creyente es reconocido como un santo porque él *es* santo. El participa de la santidad de Cristo en tal forma que lo hace a él personalmente santo.

> La santidad escritural es la imagen de Dios; la mente que hubo en Cristo; el amor a Dios y al hombre; humildad, gentileza, temperancia, paciencia, castidad. ¿Y vos afirmáis fríamente que esto es solamente imputado a un creyente, y que él no tiene nada de esta santidad en él? ¿Es la temperancia imputada solamente al que es todavía un tomador, o la castidad a la que sigue practicando la prostitución? De ninguna manera, sino que un creyente es verdaderamente casto y templado. Y si es así, él es por lo tanto santo en sí mismo.[75]

Por supuesto que esta santidad no es *de* él mismo, pero ciertamente está *en* el creyente quien es hecho santo. El verdaderamente tiene amor y paciencia y otras gracias del Espíritu. Estas han de crecer, y las disposiciones pecaminosas que todavía están presentes, necesitan ser purificadas. Mientras que tenga amor, es limpio y por lo tanto tiene un grado de perfección, aunque todavía hay mucho más adelante para el cristiano.

Fuera de la tradición wesleyana hay muchos teólogos que reconocen también que la santidad principia en la justificación. Kuyper reconoció el principio de la santificación cuando el creyente es justificado. Aparte del hecho de una santificación perfecta en Cristo, él enseñó que uno es perfecto en parte aunque imperfecto en grados.[76] Kuyper afirma que uno necesita ser perfecto para entrar en el cielo, aunque esta perfección final no puede alcanzarse antes de la muerte.[77] Warfield y Berkouwer están de acuerdo con Kuyper y Wesley en lo que concierne a este principio de santidad en el creyente al momento de la justificación, aunque hay variaciones en las expresiones de estos teólogos.[78]

Wesley hizo algunas distinciones que muchos protestantes no hacen, pero en general su concepto de la santificación inicial y su progreso no es muy diferente del punto de vista protestante general. El se desvió del punto de vista de la Reforma especialmente en este punto de la entera santificación, o de perfección presente para el creyente.[79] Wesley creía que cuando una persona era justificada, era también santificada inicialmente y que debería seguir adelante hacia el cumplimiento de lo que había principiado.

D. Santificacion Gradual

Que Wesley enseñó tanto la santificación gradual como la instantánea es admitido por los estudiantes cuidadosos del reformador inglés. Muchos han seguido la enseñanza de Wesley sobre la santificación gradual al grado de llegar a ser negligentes de su doctrina de la entera santificación. Otros han hecho hincapié sobre la experiencia instantánea pero muy a menudo descuidan el aspecto gradual. Wesley, al igual que Fletcher, enseñó claramente que la santificación es tanto gradual como instantánea, y pudo sostener los dos aspectos balanceados propiamente. Sin embargo, la tendencia a recalcar excesivamente un aspecto a costa de ser negligente de otro se puede ver en el metodismo primitivo. John Peters hace ver que Adam Clarke enfatizó el aspecto de la limpieza instantánea mientras que Richard Watson enseñó el aspecto gradual.[80] Las obras de ambos hombres vinieron a ser la lectura prescrita para los metodistas americanos.[81] De acuerdo con Peters, esta desviación tan marcada entre Clarke y Watson encontró su fruto en la diferencia que más tarde se vio entre los metodistas por un lado, y los movimientos de santidad por el otro.[82]

Sería posible concluir que las dos ideas de la santificación gradual e instantánea son incompatibles.

Se ha sentido que hay una inconsistencia en las oscilaciones de Wesley entre la perfección dada instantáneamente y la perfección como un crecimiento. Pero Wesley se enfrentó con esta objeción en su propio día y creyó que la había contestado. Su analogía del nacimiento humano contiene la sustancia de su contestación: hay crecimiento en el vientre de la mujer antes del nacimiento y crecimiento extenso, prolongado, después, pero el nacimiento en sí mismo es un asunto de momentos y se puede medir con el reloj. El hubiera dicho en relación con la vida de santidad, que usted no crece en ella; usted nace *a* ella, y crece *en* ella. Es cierto que, si uno toma frases aisladas de sus escritos, primero acerca del carácter instantáneo del nacimiento, y después el lento proceso de madurez del crecimiento, no es difícil detectar el contraste en las series de frases antitéticas y producir la apariencia de una inconsistencia clara. Pero eso significa no tomar en cuenta su significado.[83]

Evidentemente el concepto de la santidad contiene dos ideas. Una es el crecimiento y desenvolvimiento de algo vivo. La otra es remover una enfermedad que impide el crecimiento. Cuando estas dos ideas se confunden, una santidad instantánea suena como una madurez instantánea de crecimiento, lo cual es imposible, y parece como que Dios necesita *tiempo* para limpiar el corazón. Debe haber una diferencia entre limpieza de la impureza y el crecimiento de las gracias cristianas. ¿Hace Wesley la diferencia?

No se puede dudar que Wesley muy a menudo expresó una santificación gradual en términos que significan limpieza y crecimiento. "Desde el momento en que nacemos de nuevo se lleva a cabo la obra gradual de santificación." También escribió que "mientras más morimos al pecado, más vivos estamos para con Dios".[84] Esta declaración se podría interpretar como que cuando uno está completamente muerto al pecado, entonces está completamente vivo para Dios sin ningún crecimiento futuro posible. Pero Wesley no quiso decir tal cosa aunque escribió que la obra completa de santificación no es instantánea. Los cristianos han de crecer gradualmente, y tendrán "muchas tormentas, antes que lleguen a la estatura completa de Cristo".[85]

> Por lo tanto, la perfección cristiana no implica (como algunos hombres parecen haberse imaginado) estar exentos de la ignorancia, ni de los errores, ni de las flaquezas o tentaciones. Ciertamente, es solamente otro término para la santidad. Son dos nombres para la misma cosa. Por eso, todo aquel que es santo, es, en el sentido escritural, perfecto. Y sin embargo debemos observar, por último, que ni tampoco en este respecto

hay una perfección absoluta en la tierra. No hay *perfección por grados*, como se le ha llamado; ni ningún tipo de perfección que no admita un aumento continuo. De tal manera que por mucho que cualquier hombre haya alcanzado, o en qué altura de grado él sea perfecto, todavía tiene necesidad de "crecer en la gracia", y de avanzar diariamente en el conocimiento y amor de Dios su Salvador.[86]

Es obvio que Wesley tenía una idea de la perfección cristiana o santidad que no era solamente crecimiento, sino que venía como una etapa en ese crecimiento.

La manera en que Wesley enseñó la obra gradual de la gracia de Dios en el corazón del hombre ya ha sido sugerida. Esta obra principia con la gracia preveniente y continúa hasta la glorificación final.

La salvación principia con lo que usualmente se conoce con el término (y muy apropiado) *la gracia preveniente:* incluyendo el primer deseo de complacer a Dios, el primer destello de luz concerniente a su voluntad, y la primera convicción transitoria de haber pecado en contra de El. Todos éstos implican alguna tendencia hacia la vida, algún grado de salvación, el principio de la liberación de un corazón ciego, empedernido, casi insensible a Dios y a las cosas de Dios. La salvación sigue adelante por medio de la *gracia convincente*, generalmente conocida con el término escritural *arrepentimiento;* que trae una medida grande de conocimiento propio, y una liberación mayor del corazón de piedra. Más tarde experimentamos la salvación cristiana propia por la cual, "por medio de la gracia", somos "salvos por la fe", lo que consiste en esas dos grandes ramificaciones, la justificación y la santificación. Por medio de la justificación somos salvos de la culpa del pecado, y restaurados al favor de Dios; por medio de la santificación somos salvos del poder y la raíz del pecado, y restaurados a la imagen de Dios. Tanto la experiencia como la Escritura enseñan que esta salvación es instantánea y gradual. Principia el momento en que somos justificados, en el amor santo, humilde, gentil, paciente de Dios y el hombre. Va en aumento gradual desde ese momento, así como "un grano de mostaza que, al principio, es la más pequeña de todas las semillas", pero después produce grandes ramas y llegar a ser un árbol grande; hasta que, en otro momento, el corazón es limpiado de todo pecado y lleno con amor puro hacia Dios y el hombre. Pero aun ese amor aumenta más y más, hasta que "crecemos en todo en Aquel quien es nuestra Cabeza"; hasta que obtengamos la "medida de la estatura de la plenitud de Cristo".[87]

Hay varias verdades que se deben hacer notar en este trozo importante de la pluma de Wesley. Primero, la salvación es gradual desde los primeros destellos de la gracia hasta su consumación en gloria. Puesto que para Wesley la salvación era santidad y santidad era perfección, el obtener la santidad completa o la perfección total era idéntico con la llegada de la salvación total. Segundo, en este proceso, la "salvación cristiana propia" llega después del arrepentimiento y cuando uno cree. Tercero, principia "el momento en que somos justificados", y aumenta gradualmente. Cuarto, llega otro momento cuando el corazón es totalmente limpiado y llenado. Quinto, después de que el corazón es limpio y lleno, todavía hay el aumento de amor.

Evidentemente la idea de la santificación de Wesley o de la salvación tenía dos aspectos—uno negativo y uno positivo. El aspecto negativo tenía que ver con el pecado, o el "corazón de piedra". De este pecado uno debe ser librado, pero esta liberación es gradual con etapas instantáneas, como el cohete que pone al satélite en órbita. La justificación libra de la culpa del pecado, aunque uno se aproxima gradualmente a este momento. La santificación libra del "poder" del pecado en otro momento más tarde. A este último momento nos aproximamos conforme "morimos al pecado". Pero llega el momento cuando uno está muerto al pecado, cuando su corazón es puro, y cuando únicamente ese amor puro llena el corazón.

El otro aspecto de la salvación es el positivo. Es la luz llegando al pecador. Es ahí donde principian los buenos y nuevos deseos. Cuando es justificado, también es nacido de nuevo. Se le imparte nueva vida. El amor de Dios es derramado en su corazón. Esta nueva vida con todas sus gracias aumenta más y más. Hay más amor, más gozo, más paz, más de Dios. La santificación negativa remueve las barreras para que el crecimiento sea más rápido. La entera santificación da un empujón fuerte a este aspecto positivo de la salvación, pero todavía hay mucho más por delante. Mientras que el aspecto negativo de la santificación encuentra una terminación o perfección en el momento de la entera santificación, la obra positiva nunca termina, ni ahora ni en la eternidad.[88]

Como ya vimos antes, Wesley enseñó que el hombre debe cooperar con la gracia de Dios si esa gracia ha de ser efectiva en su vida. El hombre necesita obrar para que el don de Dios aumente en el alma. Lo que es más, el no obrar puede significar la pérdida de la gracia y aun de la justificación. Wesley no tronó y amenazó que los que gozaban el principio de la salvación pero dejaban de buscar la perfección se irían al infierno y serían condenados. El creía que estaban en buen camino y que encontrarían misericordia al final, pero sería una gran pérdida si dejaban de seguir adelante. Para trabajar "de una manera más excelente", el cristiano debería levantarse temprano para orar en la mañana, debería orar fervientemente, debería cumplir con sus trabajos para la gloria de Dios. Debería practicar la negación propia, tener buena conversación, refrenarse de diversiones inútiles, y usar sabiamente su dinero.[89] Esta respuesta activa de parte de los creyentes hace posible que Dios les dé más gracia y que lleve a cabo su obra dentro de ellos.

Wesley no identificó las buenas obras con la santificación, pero sí dijo que las obras eran una condición para la santidad. La fe es la condición inmediata para la entera santificación, pero las buenas obras son necesarias mientras uno espera.[90] Rattenbury hizo la observación interesante de que Wesley enseñó la santificación por medio de la fe, levantándose a las cuatro de la mañana y por medio del ayuno.[91] La fe puede llegar solamente por medio de estas prácticas.

> Hay una disposición y templanza particulares del alma, una sobriedad de mente, sin la cual el Espíritu de Dios no concuerda con la purificación de nuestros corazones. Está en nuestro poder, por medio de su gracia preveniente y que nos asiste, el preparar esto en nosotros mismos; y El espera que lo hagamos, siendo esto el fundamento de todas sus obras que vienen después. Ahora, esto consiste en preservar nuestras mentes en una disposición tranquila y seria, en regular y calmar nuestros afectos, y en controlar y revisar las búsquedas exageradas de nuestras pasiones tras las vanidades y placeres de este mundo... No hay nada más seguro de que el Espíritu Santo no purificará nuestra naturaleza a menos que cuidadosamente atendamos a sus mociones que están perdidas en nosotros... mientras que nosotros malgastamos nuestros pensamientos en cosas innecesarias, y dejamos nuestro desarrollo espiritual, que es lo que más necesitamos, y no le prestamos atención y somos negligentes hacia eso.[92]

Wesley no era un moralista en el sentido de hacer de las buenas obras algo necesario para ganar méritos para la salvación. Tampoco era moralista en el sentido de insistir en una conformidad exterior a una regla fija. Para él la verdadera religión era siempre interna.[93] Sin embargo, la santidad interior no puede ser separada de la santidad exterior.[94] Cualquiera que haga de la santificación una forma de legalismo no logra seguir a Wesley en el significado total de su pensamiento. Uno es hecho santo de corazón y se esfuerza hasta el límite de su habilidad para arreglar su vida exterior de acuerdo a ello. Hay una destrucción gradual de pecado interno hasta el momento en que desaparece del corazón. Antes de ese momento, y siempre después, el verdadero cristiano busca y deja que la luz interior brille en su vida exterior. La primera meta es limpieza interna, la cual se puede obtener por la fe y en vida; la segunda es una obra para toda una vida que no puede perfeccionar en la vida presente, según se verá más tarde en este estudio.

J. A. Wood, escritor metodista de la última parte del siglo XIX, hizo una diferencia cuidadosa entre la pureza y la madurez. Para él la pureza era santidad y se obtenía en la experiencia de la entera santificación. Esta pureza sería el aspecto negativo de la santidad según se mencionó antes. La madurez era el crecimiento de las gracias plantadas en la regeneración. Mientras que el corazón de uno permanezca impuro, hay estorbos para el crecimiento. Pero cuando el pecado es destruido en el creyente, entonces el crecimiento es más fácil y mucho más rápido.[95]

Wood mencionó al doctor Hibbard el cual negaba que hubiera tal cosa como "salir del pecado mediante un crecimiento gradual". Hay un crecimiento en la gracia, pero dicho crecimiento no es en sí quitar el pecado. Uno puede crecer en la gracia, hacer buenas obras y alcanzar un grado de madurez sin ser puro de corazón. La pureza es el resultado de un acto de Dios en el corazón del creyente.[96] La pureza se obtiene, no gradualmente, sino instantáneamente por medio de la fe.[97] La madurez viene a uno después de muchos años de crecimiento y cultura. Wesley no hizo la misma clase de diferencia, aunque su enseñanza viene a ser clara cuando tal diferencia es hecha. Sin embargo, en tanto que Wood enfatizaba el carácter instantáneo de limpieza como se efectuaba en un momento, Wesley insistía más en una limpieza gradual desde el principio de la santificación en la regeneración para completarse en la entera santificación. Wesley vio un aumento en la pureza así como en la madurez, entre las dos obras de gracia. Hay una muerte gradual hacia el pecado.[98] La gracia que perfecciona es negativa tanto como positiva.[99]

Aunque Wesley difería con los reformadores acerca de la doctrina de la regeneración al hacer de ella un cambio interno más drástico que lo que aceptaban ellos, su concepto de la santificación gradual no era muy diferente. Lutero enseñó que el creyente tiene "gracia" y "don". La gracia hace que el creyente sea lleno de gracia, y "todos sus pecados sean totalmente remitidos". Pero el creyente no queda completamente sanado. El "don" es el don santificador.[100] Por supuesto que Lutero no vio una perfección de esta santidad en la vida presente como la vio Wesley.

Por cierto que Warfield, un calvinista que se oponía intensamente al perfeccionismo, enseñó una erradicación incompleta del principio del pecado en esta vida. El decía que las Escrituras sí proveían para la "erradicación" del pecado, y no solamente una "oposición" a él. El limpiar el arroyuelo es limpiar la fuente. Pero él no vio una limpieza completa en esta vida, sólo un acto continuo que se completa "después de esta vida".[101] Calvino enseñó que el pecado es destruido en el creyente por un proceso continuo, pero tal limpieza no se completa antes de la muerte.[102]

En cuanto a la santificación gradual Wesley pareció seguir la enseñanza reformada. Sobre este tema él tenía poca controversia con sus opositores. El verdadero desacuerdo surgió sobre sus enseñanzas de la entera santificación, o la perfección cristiana, de que se pudiese obtener "aquí y ahora". Muchos estaban listos para estar de acuerdo con la enseñanza de una gracia perfeccionadora la cual obraba progresivamente, pero pocos estarían de acuerdo en que ese proceso se completaría en esta vida. Es en esta idea donde uno encuentra el énfasis principal de Wesley en su doctrina de la perfección.

E. La Entera Santificacion

Muchos que estarían de acuerdo con Wesley en sus primeras etapas de la perfección rehúsan conceder la posibilidad de la entera santificación en esta vida. Para ellos es una "bendición del más allá" reservada para cuando uno esté en el cielo. Los cristianos pueden tener el principio de ello ahora, pero esa perfección puede ser solamente para los santos en el cielo.

Pero Wesley insistía en que esta etapa avanzada de la perfección cristiana era para el cristiano en este mundo. Desde el año 1726 él vio que esa "simplicidad de intención, y pureza de afecto", juntamente con "un diseño para todo lo que hablamos o hacemos, y un deseo gobernando todos los temperamentos" eran los requisitos para ascender hasta donde está Dios. El enseñó en 1733 que esta perfección, "es una disposición habitual del alma que, en los escritos sagrados, es conocida como santidad; y que directamente implica ser limpio del pecado... y ser capacitado con esas virtudes que había en Cristo Jesús..."[103] En 1777 Wesley dijo que todavía tenía este mismo punto de vista.[104]

Como ya se ha sugerido, Wesley creía en dos experiencias instantáneas: la justificación, que era también concomitante con la regeneración; y la santificación inicial dada en un momento en respuesta a la fe salvadora. La primera es precedida por la obra gradual de Dios conduciendo al arrepentimiento y a la fe. Después de esta primera experiencia hay una santificación gradual que incluye morir al pecado y crecer en la gracia. En otro momento en este mismo camino o progreso, Dios habla la segunda vez y el creyente es santificado completamente. Desde este momento de la segunda bendición, el crecimiento en la gracia continúa hacia el triunfo final de santo.

En esta sección se mencionará la importancia que Wesley le dio a esta experiencia especial. Puesto que a esta etapa se le llama la perfección cristiana y era el mensaje distintivo de Wesley, todo el capítulo siguiente se dedicará a esta "perfección presente". Esta experiencia de la entera santificación era instantánea y se recibía por la fe. Para Wesley era escritural y se podía probar por medio de la experiencia. Esta bendición especial se podía perder y después recuperarse. Era un camino más elevado para el cristiano, pero le capacitaba para vivir una vida más completa con mucho todavía por delante. Básicamente, la entera santificación era una libertad de toda pecaminosidad de corazón.

Al principio Wesley no estaba seguro si esta santificación se obtenía gradual o instantáneamente. La pregunta no era si se podía obtener o no—él creía que sí se podía obtener. Lo que se discutía era "cómo" se obtiene. Wesley declaró que "las Escrituras guardan silencio respecto a este asunto... el punto no está determinado, al menos en términos expresos, en ninguna parte de los oráculos de Dios". Debido a este silencio Wesley sentía que cierto grado de libertad se debería permitir sobre este punto. Sin embargo, él urgía que, ya fuera gradual o instantáneamente, uno no debería descansar hasta que la obra fuera hecha en el alma si deseaba morar en la gloria con Dios.[105]

¿Por qué era Wesley entonces tan insistente en la enseñanza instantánea? El observó detenidamente por más de 45 años las vidas de muchos que profesaban la bendición. Durante todo ese tiempo, Wesley no encontró a ninguno que testificara haber sido santificado completamente en una forma gradual. El cambio siempre fue operado en un momento. Wesley pudo haber aceptado un testimonio de un cambio gradual, pero no encontró ninguno. Así que se vio obligado a concluir sobre las bases de la experiencia que la entera santificación era comúnmente, si no siempre, una obra instantánea.[106] Wesley estaba más seguro de la doctrina del cambio instantáneo después de 1760 y lo declaró más enfáticamente.[107] Sin duda alguna fue la doctrina principal de su ministerio.[108]

De hecho Wesley creía que la enseñanza de la santificación instantánea era un requisito esencial para la santificación gradual.

> Todos ustedes están de acuerdo en que podemos ser salvos de todo pecado antes de morir. La sustancia entonces está arreglada; pero, en lo que respecta a la circunstancia, ¿es el cambio gradual o instantáneo? Es ambos, tanto uno como el otro. Desde el momento en que somos justificados, puede haber una santificación gradual, un crecimiento en la gracia, un avance diario en el conocimiento y el amor de Dios. Y si el pecado cesa antes de la muerte, debe haber, en la naturaleza del asunto un cambio instantáneo; debe haber un último momento en donde sí existe, y un primer momento en que no existe... Ciertamente debemos insistir en el cambio gradual; y hacerlo continua y vehementemente. ¿Pero no hay razones por las que debemos insistir también en el cambio instantáneo? Si hay ese cambio bendecido antes de la muerte, ¿no deberíamos acaso estimular a todos los creyentes a que lo esperaran? Cuando en realidad, precisamente los efectos opuestos se observan en todos esos casos en los que esa expectación cesa... Por lo tanto cualquier persona que intente promover o acelerar el cambio gradual en los creyentes, debería insistir tenazmente en el aspecto instantáneo.[109]

Obviamente, Wesley no vio discrepancia, o conflicto en su aceptación de la santificación gradual e instantánea. La entera santificación se recibe por la fe. Esta experiencia era, en la mente de Wesley, similar a la justificación en cuanto a las condiciones por las cuales se logra. Las obras son esenciales para la fe y son una condición remota para la santificación, pero la condición inmediata es la fe. "Cree y sé salvo." Esta santificación es "recibida clara y simplemente por la fe".[110]

Esta idea de Wesley se encuentra en la tradición católica, aunque los católicos no enseñan la santificación instantánea.[111]

Wesley siempre insistió en que la meta de la entera santificación fuese colocada en el nivel correcto —es decir, no demasiado alto. Era una perfección consistente con la existencia presente del hombre y que debía mantenerse dentro de los límites bíblicos. Los que se oponían a sus enseñanzas siempre colocaban el estado de perfección demasiado alto. Un escritor contemporáneo se opone a la perfección cristiana debido a una definición diferente:

> Es la experiencia uniforme de todos los que han venido a Cristo en busca de misericordia salvadora que *en Cristo* ellos son *perfectamente sin pecado, al mismo tiempo que en sí mismos* permanecen impuros. Puesto que el corazón del cristiano ha sido regenerado, él goza de afecciones santas. Sin embargo, permanece un defecto en su voluntad, porque aunque asiente cordialmente a la mente de Cristo, él encuentra que no es posible identificar esa decisión con la perfección en el acto. Y puesto que la perfección absoluta es una buena voluntad unida con las buenas acciones, concluimos que la misericordia salvadora reside en Cristo, no en el cristiano.[112]

¡Esta definición de E. J. Carnell hace de la perfección lo que ni Wesley ni los católicos, ni Pablo interpretaron que era! De acuerdo con Wesley, entre la "perfección absoluta" y la "regeneración" antes sugerida, existe una perfección cristiana que se obtiene por medio de la fe.

Aunque Wesley colocó esta perfección al alcance de todos, él creía que sólo unos cuantos la obtenían.[113] Muchos que alcanzaban esta experiencia, más tarde la perdían, pero se podía recobrar otra vez.[114] Era el privilegio de todos, y todos los cristianos deberían luchar por alcanzarla. Sin embargo, Wesley no enseñó que el obtenerla fuera una necesidad para la salvación. El escribió: "Que sea bien recordado que yo no afirmo que todos los que no transitan por este camino van rumbo al infierno." Si los cristianos caminaran por la senda inferior, encontrarían "misericordia al terminar la vida, por medio de la sangre del pacto".[115] Pero la perfección cristiana, el camino más elevado, se encuentra al alcance de todo cristiano.[116]

Wesley tampoco puso la perfección cristiana como la meta final para la vida cristiana. Todavía hay mucho más adelante para el que está totalmente santificado.[117] Juntamente con el apóstol Pablo el creyente totalmente santificado podía confesar que no tenía esa perfección que llegaría con la recompensa (Fil. 3:12) mientras él se encontrara entre los perfectos, los "más fuertes en la fe", que están corriendo la carrera (Fil. 3:15). En su comentario sobre este pasaje Wesley observó que hay una diferencia entre el perfecto y el perfeccionado. "Uno está acomodado para la carrera (v. 15), el otro, listo para recibir la recompensa."[118]

Sin embargo, Wesley sí insistió en que esta etapa de perfección —esta perfección cristiana— es una libertad del pecado voluntario. Viene con la regeneración; es más que poder sobre el pecado innato y esta victoria es también para todos los cristianos. Claramente es libertad de todo pecado interno que permanece en el creyente. "No es solamente una liberación de las dudas y los temores, sino del pecado, de todo pecado, tanto interno como externo; de los deseos pecaminosos y temperamentos malos, así como de las palabras y obras maliciosas."[119] Esta fase de la santidad se discutirá más detalladamente en el siguiente capítulo, pero es en este punto donde Wesley encontró su oposición más tremenda.

Era esta clase de perfección —libertad de todo pecado en esta vida— lo que no encontró cabida con los reformadores o con los hombres en la tradición reformada. "Ni Calvino ni Lutero tuvieron concepto alguno de una vida vivida en la tierra pero tan llena de amor que estuviera libre del pecado."[120] A. Kuyper, un teólogo reformado del siglo xix, consideraba el cuerpo humano tan corrupto que la única forma de estar libre del pecado es deshacerse del cuerpo. Y sin embargo para él tal perfección era necesaria para entrar al cielo.[121] Lutero escribió que el creyente "no debería creer que sencillamente por cantar 'en el mundo feliz' sería transformado completamente en un nuevo hombre. El todavía mantendría algunos de sus viejos vicios que se aferrarían a él, sin importar qué tan bueno y perfecto fuera el cristiano". La razón de ello, de acuerdo a Lutero, es que todavía vivimos en un cuerpo que tiene lascivia.[122] Calvino no vio ninguna liberación de las "reliquias" del pecado que permanece. Esta pecaminosidad es para humillar al cristiano y hacerlo que dependa en el Cristo salvador.[123]

¿Es válida esta etapa de perfección en el pensamiento de Wesley? El así lo creyó y sostuvo que sin ella toda la causa de la santidad estaba perdida. Si no se conservaba delante del creyente una meta que pudiera obtenerse, él se desanimaría y dejaría de crecer. A la gente difícilmente se le puede culpar por no ser lo que se la ha enseñado que no puede llegar a ser. David Roberts, en su libro, *Psychotherapy and a Christian View of Man,* hace una observación interesante:

> El amor divino (*agape*) se toma como la norma para la vida humana; en el grado en que el hombre no puede alcanzarlo, él es pecador; en el grado en que esto se está cumpliendo en él, él es redimido e inclinado hacia la salvación. Pero puesto que Cristo es reconocido como el único hombre que jamás encarnó, o que jamás pudo encarnar, perfectamente el *agape*, está norma está puesta más allá del alcance del resto de la raza. Desde esta perspectiva siempre es posible condenar a los hombres por fallar al no seguir a Cristo; pero si se les dice que sólo Cristo pudo cumplir tal perfección de todos modos, es difícil culparlos si piensan que tal condenación es irrazonable. Esta doctrina los regaña por no ser una réplica de Cristo, y después los acusa por creer que pudieron haberlo sido... Si no hay nada en el individuo semejante a Cristo, entonces Cristo como una norma para su vida es simplemente algo exterior, extraño y sin poder.[124]

Wesley creía que el cristiano era "pariente de Cristo", que Cristo era la "norma para su vida", y que lo que Dios esperaba del cristiano se podía cumplir. Una transformación era necesaria —más profunda que la justificación— y ésta llegaba al creyente y lo elevaba a un plano donde él podía vivir santamente. En este plano de santidad perfecta uno podía "vivir" y "crecer" y experimentar el amor puro (*agape*) de Dios en el corazón. Ahora poseía la imagen de Dios, completamente restaurada, que el hombre perdió en la caída. Esta meta realizable es una necesidad para el cristianismo.

Llegamos entonces a esta amplia conclusión, que la búsqueda de un ideal que es realizable en este mundo es esencial para el cristianismo. Es esencial para la vida colectiva de la iglesia que este principio sea incrustado en el corazón de sus doctrinas, de sus himnos, de sus confesiones de fe, de sus instituciones. Es esencial para el cristiano individual que la meta que se ha fijado delante de él no sea meramente la conversión, ni meramente una vida de servicio, sino la perfección. O si el término no es muy agradable, dejemos que sea la frase de Wesley —"el amor perfecto", o "santidad", o "santificación". "Si no tenemos hambre y sed por la justicia que hay en Cristo, no somos cristianos... del todo." El cristianismo no es cristianismo a menos que tenga como meta la perfección.[125]

F. La Glorificacion

Esta etapa final de perfección, si se le puede llamar final, se obtiene en la resurrección. Podría ser llamada perfección de resurrección. Wesley pudo ver tres etapas principales en la salvación: la justificación, la santificación y la glorificación. Esta etapa final era el cielo, o lo que venía después de la muerte.[126] Un análisis claro del pensamiento de Wesley revela que él vio en la glorificación otro gran cambio en el hombre. No sería correcto atribuirle a Wesley la enseñanza de que la perfección cristiana obraba una glorificación.

Aunque Wesley dejaba lugar a grados de perfección que se obtenían en esta vida, siempre sostuvo que la perfección final venía después de la muerte. Uno haría mal en pensar que podía poseer ahora una perfección que sólo pertenece a los ángeles. Aun Adán tuvo una perfección en el Edén que ningún hombre podía obtener antes de la muerte.[127] Había la perfección de conocimiento, una libertad tal de los errores, debilidades y tentaciones que podía venir solamente en la otra vida.[128] Wesley constantemente se opuso a asentar una perfección cristiana demasiado alta al incluir en ella ingredientes de la resurrección.[129]

Wesley nunca vaciló en negar ciertas ideas de perfección que los metodistas poseían. El encabezó su tratado intitulado *The Character of a Methodist (El Carácter de un Metodista)* con el subtítulo, "no como que ya la haya obtenido, o que ya fuera perfecto". El quería que lo eximieran de la profesión de que ya era perfecto, así como de no pecar "en pensamiento, palabra u obra". Escribió: "le he dicho a todo el mundo que no soy perfecto... Os digo sin rodeos, no he obtenido el carácter que busco."[130] Wesley no rechazó en esta negación la perfección cristiana tanto como estaba negando lo absoluto de la perfección en la vida del cristiano. El sabía que todavía había mucho que ganar antes y después de la muerte, como se verá en el capítulo V.

Como ya se ha sugerido antes, Wesley no enseñó que la persona que no estaba completamente santificada estaba bajo condenación.

> Por "perfección" quiero decir "amor perfecto", o el amar a Dios con todo nuestro corazón, como para regocijarnos siempre, para orar sin cesar y, para dar gracias en todo. Yo estoy convencido de que todo creyente puede obtener esto; pero yo no digo que él está en un estado de condenación, o bajo la maldición de Dios, hasta que la obtiene. No, el creyente se encuentra en un estado de gracia. Y en el favor de Dios en tanto que cree. Ni tampoco diré: "Si mueres sin ella (la perfección), perecerás"; pero más bien: a menos que seas salvo de tu mal carácter no santificado, no estás todavía maduro para la gloria. Por lo tanto, habrá más promesas que cumplir en tu alma, antes de que Dios te lleve hacia El.[131]

Sin embargo, Wesley sostuvo que uno necesita estar maduro para la gloria antes de la muerte si ha de ser salvo eternamente. Esto sólo puede querer decir que el creyente que está viviendo en la fe pero que no ha experimentado todavía el cambio de la entera santificación, soberanamente sería hecho perfecto si llegar la muerte.[132]

Hay una diferencia muy significativa hecha por Wesley entre los pecados del corazón, o pecaminosidad interna, y las debilidades y flaquezas del cuerpo. El creía que todo pecado, externo e interno, debe ser expulsado antes de la muerte. La muerte no nos separará del pecado. Tal separación u ocurre por una obra sobrenatural de Dios en el corazón, o el espíritu del hombre, y es un cambio operado en esta vida.[133] Pero esta libertad del pecado no significa una libertad del cuerpo, o de la existencia finita. El cuerpo del hombre es corrupto, pero no es pecaminoso.

> ¿*Un cuerpo pecaminoso?* Yo ruego que observemos, ¡qué ambigüedad tan profunda! ¡Cuán equivocada es esta expresión! Pero no hay autoridad para ella en la Escritura. La pala-

bra *cuerpo pecaminoso* no se encuentra ahí. Y como está completamente fuera de la Escritura, es palpablemente absurda. Porque ningún *cuerpo*, o materia de ninguna clase, puede ser pecaminoso: sólo los espíritus son capaces de pecar. ¿En qué parte del cuerpo habita el pecado?... Solamente el alma puede ser el asiento del pecado.[134]

Wesley sostuvo que el uso que Pablo hace de la palabra "carne" no se refería al cuerpo en la mayoría de los casos, sino a la condición del hombre como un hombre natural separado de Dios e incrédulo. Para él era tan posible santificar a un hombre mientras se encontraba en el cuerpo como fuera de él. En realidad, era el propósito de Dios purificar el alma mientras residía en el cuerpo terrenal.

Aunque el cuerpo no podía impedir que el alma fuese pura y santa, sí podía ser un "impedimento" para ella, mientras la vida de santidad era vivida. "En este estado, nuestros cuerpos no son mejores que rémoras y cadenas, que confinan y restringen la libertad del alma... Nuestros cuerpos embotados, perezosos, inactivos, por lo general están frecuentemente incapacitados, u opuestos para obedecer los mandamientos del alma."[135] Esta limitación del hombre acerca de la perfección presente se discutirá en el capítulo V. El punto que queremos hacer notar aquí es que Wesley enseñó una perfección que se podía alcanzar mientras uno estaba en un cuerpo corruptible. La etapa de la final perfección será sólo una realidad cuando este cuerpo sea transformado. En esta glorificación las consecuencias del pecado serán eliminadas.

Y, ciertamente, esta es la diferencia principal entre un cuerpo mortal y uno glorificado. Esta carne es el enemigo más peligroso que tenemos: por eso la negamos y renunciamos a ella en el bautismo. Constantemente nos invita a la maldad. Cada sentido es una trampa para nosotros... Los mejores hombres se ven forzados a mantenerla sujeta... ¡Cuán pronto aburre a nuestras mentes el que nos ocupemos en las cosas espirituales! ¡Con qué facilidad desvía a los hombres de las cosas religiosas con sus placeres encantadores! Pero cuando obtengamos la resurrección de vida, nuestros cuerpos serán espiritualizados, purificados y refinados de nuestra naturaleza terrenal total; entonces serán instrumentos adecuados para el alma en toda su tarea divina y celestial; no nos cansaremos de cantar alabanzas a Dios por toda la eternidad.[136]

La única conexión que Wesley vio entre una humanidad caída,

corrupta, débil y errada, y la pecaminosidad, era que el cuerpo depravado era ocasión para pecar, y podía impedirle al alma cualquier expresión perfecta de sus deseos puros. Pero en ningún sentido podría el cuerpo natural en sí mismo ser pecador o impedirle al alma ser pura.

En este concepto Wesley diferenciaba de la posición reformada. Si los reformadores colocaban o no el pecado en la naturaleza física del hombre está por verse, pero la relación del pecado con el cuerpo era tan estrecha que a ellos la separación les parecía imposible. Lutero escribió que "el hombre cristiano tiene un cuerpo, en cuyos miembros... el pecado habita y lucha". Este pecado es la raíz y el árbol, enraizado "en la carne bautizada de cada cristiano" y lo mantiene cautivo. Lo fuerza poderosamente a hacer el mal.[137] Aún más, él escribió después que "todos los apóstoles y santos confiesan que el pecado y las pasiones pecaminosas permanecen en nosotros hasta que el cuerpo es hecho cenizas, y se levanta un cuerpo nuevo el cual está libre de la pasión y del pecado".[138] Para Lutero la glorificación también quería decir entera santificación.

Para Barth, el ser un hombre en el estado temporal es lo mismo que ser pecaminoso. El esperar cualquier cambio ahora sería como querer que el tiempo ya hubiese corrido su curso y que nosotros ya hubiésemos llegado a nuestro destino. En esta vida todavía somos prisioneros del pecado, y del diablo.[139] Este punto de vista, que Barth más tarde modificó, hace que sean una y la misma cosa el pecado y la existencia humana, y hace cualquier libertad del pecado imposible por lo pronto. Niebuhr considera el pecado como algo inevitable en la existencia humana.[140] Para Wesley los únicos pecados inevitables eran los "pecados" que brotan de la existencia humana caída, pero éstos no eran pecados en el correcto sentido escritural. La línea entre estos "pecados" y los pecados voluntarios o del corazón se puede trazar, y Wesley intentó hacerlo. Pero Niebuhr piensa que el mandamiento de amar al prójimo es imposible en esta vida. Este mandamiento del amor es una "posibilidad imposible". La fe que cree que es posible está arraigada en un análisis imperfecto de la naturaleza humana y deja de ver al hombre como una criatura finita.[141]

Si Niebuhr tiene razón, entonces, de acuerdo al punto de vista de Wesley, el análisis imperfecto de la naturaleza humana está en la Biblia, no únicamente en la "fe". La Biblia enseña una liberación presente del pecado, pero no es una liberación de ser finito. La existencia humana temporal cesa cuando el hombre es glorificado y el cuerpo natural es hecho perfecto. Es entonces cuando llega a ser un instrumento perfecto para el alma. Wesley claramente distinguió entre la perfección futura de la naturaleza humana obtenible en la próxima vida. La primera perfección libra al creyente de la pecaminosidad del corazón; la segunda lo librará de todas las malas consecuencias del pecado.

NOTAS BIBLIOGRAFICAS

1. *Works*, XI, 449.
2. *Ibid.*, p. 450.
3. *Ibid.*, p. 444.
4. *Ibid.*, III, 369.
5. *Ibid.*, XI, 451.
6. Sangster, *op. cit.*, p. 146.
7. Flew, *op. cit.*, p. 52.
8. *Works*, VIII, 21-22.
9. *Ibid.*, VI, 411-23.
10. *Ibid.*, VI, 1-22, 411-23; VIII, 248-49, 340-41, 373-74; XI, 374-76; XIII, 132-33.
11. *Ibid.*, VI, 6.
12. *Ibid.*, pp. 417-18, 492.
13. *Ibid.*, I, 172.
14. *Ibid.*, VIII, 290.
15. *Ibid.*, XI, 451.
16. *Ibid.*, XII, 208.
17. *Ibid.*, III, 273; XI, 417-18.
18. *Ibid.*, XII, 131.
19. Lee, *op. cit.*, pp. 90-91.
20. *Works*, I, 99-102.
21. *Ibid.*, pp. 103-5.
22. Carl F. Eltzholtz, *John Wesley's Conversion and Sanctification* (Nueva York: Eaton and Mains, 1908), pp. 5-41.
23. *Works*, I, 222.
24. *Ibid.*, p. 46.
25. *Ibid.*, pp. 70-71.
26. *Ibid.*, XII, 71.
27. *Ibid.*, VI, 44.
28. Lindstrom, *op. cit.*, p. 113.
29. *Works*, VIII, 46-47.
30. *Ibid.*, V, 239.
31. *Ibid.*, p. 57.
32. *Ibid.*, p. 13.

33. *Ibid.*, VIII, 276.
34. *Ibid.*, p. 373.
35. *Ibid.*, V, 56.
36. *Ibid.*, p. 57.
37. *Ibid.*, I, 321, VIII, 47.
38. *Ibid.*, VI, 263.
39. Cannon, *op. cit.*, pp. 244-45.
40. Berkouwer, *op. cit.*, pp. 27-28.
41. *Works*, VI, 44.
42. Hay, *op. cit.*, II, 438-39.
43. Calvin, *Compend, op. cit.*, p. 110.
44. *Ibid.*, pp. 96-98.
45. *Works*, V, 223-24.
46. *Ibid.*, VI, 71.
47. *Ibid.*, pp. 66-70.
48. *Ibid.*, pp. 74-75; VII, 205-6.
49. *Ibid.*, I, 172.
50. Cannon, *op. cit.*, pp. 119, 223-34.
51. *Works*, VIII, 285.
52. *Ibid.*, IX, 343.
53. *Ibid.*, X, 271-83.
54. Berkouwer, *op. cit.*, pp. 94-97.
55. *Ibid.*, pp. 50-51.
56. Cannon, *op. cit.*, pp. 224-25.
57. Rattenbury, *Conversion, op. cit.*, pp. 28, 29.
58. *Works*, VI, 6-7.
59. Cannon, *op. cit.*, p. 252.
60. *Works*, VI, 16.
61. *Ibid.*, V, 223-24.
62. *Ibid.*, pp. 214-19.
63. Brunner, *op. cit.*, p. 77.
64. *Ibid.*, p. 103.
65. Robert E. Cushman, "Karl Barth on the Holy Spirit", *Religion in Life*, XXIV, núm. 4 (1955), pp. 566-78.
66. Miley, *op. cit.*, II, 356-62.
67. *Works*, V, 220-21.
68. *Ibid.*, VI, 45.
69. *Ibid.*, p. 74.
70. *Ibid.*, VII, 237.
71. Jesse T. Peck, *The Central Idea of Christianity* (Boston: Henry V. Degen, 1856), pp. 15-16.
72. *Works*, VI, 489.
73. Samuel Chadwick, *The Call to Christian Perfection* (Kansas City: Beacon Hill Press, 1943), p. 28.
74. Asbury Lowrey, *Possibilities of Grace* (Chicago: The Christian Witness Co., 1884), p. 204.
75. *Works*, X, 203.
76. Kuyper, *op. cit.*, pp. 469-73.
77. *Ibid.*, pp. 450-51.
78. Warfield, *op. cit.*, I, 117; Berkouwer, *op. cit.*, p. 97.
79. Turner, *op. cit.*, p. 88.
80. Peters, *op. cit.*, p. 107.
81. *Ibid.*, pp. 102-3.

82. *Ibid.*, pp. 192-93.
83. Sangster, *op. cit.*, p. 143.
84. *Works*, VI, 46.
85. *Ibid.*, p. 91.
86. *Ibid.*, pp. 5-6.
87. *Ibid.*, VI, 509.
88. *Ibid.*, XII, 340, 350-51, 363-64, 374.
89. *Ibid.*, VII, 27-34.
90. *Ibid.*, XII, 333-34.
91. Rattenbury, *Conversion, op. cit.*, p. 199.
92. *Works*, VII, 489.
93. *Ibid.*, XII, 255.
94. *Ibid.*, VII, 205-6.
95. J. A. Wood, *Purity and Maturity* (Boston: Christian Witness Co., 1899), pp. 186-89.
96. *Ibid.*, pp. 145-47.
97. *Works*, XIII, 351-52.
98. *Ibid.*, VI, 46; VIII, 285.
99. John Fletcher, *The Works* (Nueva York: B. Waugh and T. Mason, 1835), II, 632-33.
100. Luther, *Compend, op. cit.*, pp. 244-46; Hay, *op. cit.*, II, 551.
101. Warfield, *op. cit.*, II, 582-83.
102. John Calvin, *Institutes of the Christian Religion* (Grand Rapids: Wm. B. Eerdmans Publishing Co., 1949), I, 658.
103. *Works*, XI, 367.
104. *Ibid.*, pp. 368-71.
105. *Ibid.*, VI, 490.
106. *Ibid.*, p. 491; XIV, 261-62.
107. Peters, *op. cit.*, pp. 30-31.
108. Rattenbury, *Conversion, op. cit.*, p. 193.
109. *Works*, VIII, 328-29.
110. *Ibid.*, VI, 491.
111. Rattenbury, *Conversion, op. cit.*, p. 197.
112. Edward John Carnell, *A Philosophy of the Christian Religion* (Grand Rapids: Wm. B. Eerdmans, 1954), p. 418.
113. *Works*, VIII, 286-90.
114. *Ibid.*, VI, 526; XII, 389.
115. *Ibid.*, VII, 28-29.
116. *Ibid.*, XIV, 261-63.
117. *Ibid.*, VII, 202.
118. John Wesley, *Explanatory Notes upon the New Testament* (Nueva York: Eaton and Mains, s.f.), p. 512.
119. *Ibid.*, VII, 237.
120. Rattenbury, *Conversion, op. cit.*, p. 199.
121. Kuyper, *op. cit.*, p. 450.
122. Luther, *Galatians, op. cit.*, pp. 164-65.
123. Calvin, *Institutes, op. cit.*, I, 660.
124. David E. Roberts, *Psychotherapy and a Christian View of Man* (Nueva York: Charles Scribner's Sons, 1953), pp. 122-23.
125. Flew, *op. cit.*, p. 398.
126. *Works*, VIII, 290.
127. *Ibid.*, VI, 412.
128. *Ibid.*, pp. 2-6.

129. *Ibid.*, XII, 207.
130. *Ibid.*, III, 273.
131. *Ibid.*, XII, 227.
132. *Ibid.*, pp. 229-30.
133. *Ibid.*, XI, 377-78.
134. *Ibid.*, VI, 418.
135. *Ibid.*, VII, 482.
136. *Ibid.*, p. 483.
137. Luther, *Galatians, op. cit.*, p. 304.
138. Luther, *Romans, op. cit.*, p. 84.
139. Barth, *op. cit.*, pp. 17-25.
140. Niebuhr, *op. cit.*, I, 251-54.
141. *Ibid.*, pp. 117-19.

CAPÍTULO IV

LA PERFECCIÓN PRESENTE

Ninguno que conozca los escritos de Wesley negará que él enseñó una perfección que es obtenible en la vida presente en el creyente. Fue esta enseñanza lo que se volvió el punto de contienda en su día y lo que todavía es el punto de controversia cuando la línea de batalla se traza entre la enseñanza de la perfección y la imperfección. Ninguno de los dos grupos ha ganado en esta controversia, y ninguno puede ganar. Es solamente cuando es resuelta mediante un entendimiento comprensivo de definiciones que se puede obtener alguna paz.

De acuerdo con Henry Brockett, existen varias categorías en las cuales se puede colocar a las escuelas sobre la perfección que chocan entre sí.

> La primera enseñó una limpieza radical o libertad del pecado que mora, por medio de la sangre de Cristo y el bautismo con el Espíritu Santo y fuego como una segunda obra específica de gracia... La segunda clase de escuelas sobre la perfección enseñó la necesidad de ser llenos con el Espíritu para obtener poder en el servicio, pero no eran definidas ni claras en cuanto a lo que Cristo hace con el pecado que mora en el corazón. Estas escuelas parecían enseñar una limpieza de cierta clase, pero aun así aceptaban la idea del pecado que mora en el corazón. En la tercera categoría había los que estaban horrorizados por la sola idea de que en esta vida el corazón fuese purificado y librado del pecado que mora. Ellos se opusieron resueltamente a esta enseñanza y contendieron fuertemente por la continuación necesaria del pecado que mora en el corazón de cada cristiano mientras estemos en este mundo.[1]

Esta clasificación hecha por Brockett es moderna. Menciona

la asociación de la limpieza con el bautismo con el Espíritu Santo por el primer grupo. Además también indica que la verdadera contención está en el punto de lo que le sucede al pecado en el corazón.

Warfield se opuso constantemente a cualquier perfeccionismo. Para él "la perfección era una noción superlativa que no admite crecimiento más allá de ella".[2] Con tal definición ninguna clase de perfección podría obtenerse en esta vida. Warfield concluye que pensar tal cosa es un grave error:

> Uno de los males más graves de la enseñanza perfeccionista es que trata de hacernos sentir satisfechos con logros terrenales, y olvidar la gloria celestial. Es una observación antigua que mientras más santo sea el hombre, menos santo se siente; mientras menos maldad haya que ver en él, más maligna se ve (a sus propios ojos) la maldad que permanece en él.[3]

Obviamente, Warfield tenía un concepto muy exiguo de lo que Wesley estaba tratando de enseñar en su doctrina de la perfección cristiana. En realidad, en su obra en dos tomos Warfield no hace ningún análisis de esos escritos de Wesley que éste consideró como la fuente de la mayoría de su enseñanza perfeccionista. Parece justo decir que, sea que uno esté de acuerdo con los términos de Wesley o no, uno debería tratar de descubrir lo que Wesley estaba tratando de transmitir con estos términos.

McConnell criticó a Wesley por usar la palabra perfección como una meta que se puede obtener ahora. Debería ser una meta y sólo eso. Dijo que Wesley estaba en lo correcto en exhortar a los hombres a marchar hacia la meta pero no estaba en lo correcto al pensar que uno podía decir que la había alcanzado. El creía que Wesley trataba de ajustarse a los hechos pero que había causado confusión. "No se encuentra mucha edificación espiritual en la mayoría de la exposición metodista de la perfección."[4] Sea que haya o no haya edificación espiritual en la exposición de la perfección, la verdad que Wesley enseñó no debería perderse por falta de otro término mejor.

En este capítulo se investigará el concepto de Wesley de la perfección cristiana como una realidad presente. ¿Qué era esta experiencia que el creyente podía obtener en esta vida? ¿Existe algún nivel en el proceso del crecimiento cristiano donde uno es hecho perfecto en el amor? ¿Puede este nuevo nivel ser llamado entera santificación, o libertad del pecado? ¿Es ésta propiamente llamada una segunda obra de gracia, y si es así, es posible para todos los creyentes? ¿Qué es hecho realmente en el creyente en este acto de Dios, y qué no es hecho? Es probable que las respuestas de Wesley disipen un poco la confusión.

A. Es Obtenible

Martin Foss define la perfección como "la conformidad de una realidad a su concepto. Siempre que se descubra que algo es adecuado a la idea que tenemos de ello, eso es perfecto". Otra manera de decirlo es: "El propósito, el fin es la esencia de la perfección."

> Podemos hablar de un mayordomo perfecto, un cocinero perfecto, un médico perfecto. En la sociedad donde los hombres son comúnmente hechos el objeto, y clasificados de acuerdo a sus propósitos, o de acuerdo a su utilidad, el concepto de la perfección juega un papel bastante grande. La sociedad simplifica y reduce a sus miembros a meros ejecutores de sus propósitos sociales, y de sus profesiones sociales. Sólo hasta ese punto son evaluados y si esos miembros son adecuados a sus propósito en el sistema social, son llamados perfectos. Así que tenemos mecanógrafos perfectos, abogados perfectos, contadores perfectos.[5]

Seguramente si el término perfección puede ser usado en esta forma relativa para denotar varias esferas de la vida, no sería inválido hablar de una etapa de perfección en la vida cristiana que sería algo menos que una perfección absoluta. Cuando cierto fin o propósito es formulado como una meta, entonces la acción de obtenerla puede ser clasificada como perfecta. Esto es exactamente lo que Wesley había hecho cuando trató de seguir a Cristo y a Pablo. Hay una meta accesible para el creyente en esta vida, y cuando esa meta es alcanzada, en ese sentido es perfecta.[6]

Claramente, tal uso del término perfección necesita una definición, y Wesley era muy competente para hacerla. Algunos lo han acusado de cambiar su punto de vista, porque él definió, y ocasionalmente varió sus definiciones. "El no modificó sus enseñanzas sobre el tema de la perfección en la dirección de menor *insistencia* sobre ella; si acaso, él la presentaba más fuertemente."[7]

Por lo general, Wesley se adhería tenazmente a lo que él consideraba el asunto esencial y al mismo tiempo hacía modificaciones en asuntos pequeños. Así por ejemplo, él no dejó de hacer hincapié en la doctrina de la perfección cristiana y de presentar con intensidad el deber de la santificación escritural. Estas eran palabras prominentes mencionadas en la Biblia e involucran importantes doctrinas cristianas y bíblicas. Wesley nunca las abandonó, ni sus enseñanzas, pero no insistió siempre en lo que se refiere a ciertas preguntas subordinadas o detalles menores en conexión con ellas.[8]

En sus definiciones Wesley insistió en que la meta de la perfección se mantuviera en un punto accesible. El sentía que el poner la meta demasiado alta sería un error, como lo sería ponerla demasiado baja. En las próximas dos secciones estudiaremos si Wesley tuvo éxito en hacer de esta meta algo escritural y al alcance de todos. Aquí se sugiere que Wesley tenía el derecho y la obligación de fijar una meta accesible para el creyente cristiano. ¿Quién luchará por alcanzar una meta cuando se le ha dicho que no la puede alcanzar? La manera más segura de fracasar es decirle a uno que nunca arribará a la meta. Wesley creía firmemente que había una experiencia para cada creyente en un punto entre la justificación y la gloria final y que él había sido llamado para ayudar a los creyentes a obtener esa bendición. El se aferraba a la esperanza de que todos podían alcanzarla.[9]

El fracasar al no insistir en una meta que puede obtenerse en la vida cristiana resulta en un cristianismo débil. Sangster cree que la santidad es la privación profunda de la Iglesia. Demasiados cristianos, afirma Sangster, quieren dejar la santidad a los extremistas, después de haber leído algún libro como el de Warfield*. Sangster afirma que "ningún hombre tiene el derecho de poner un límite a lo que la gracia de Dios puede hacer". Concluye diciendo que, ya sea que a los predicadores les guste o no la palabra perfección, son asalariados si no predican la santidad.[10] Sangster ve que eruditos modernos como los doctores Flew y Vincent Taylor están de acuerdo con Wesley en la conclusión de que "el Nuevo Testamento claramente enseña que el cristiano no necesita pecar".[11]

Ya sea que la gracia de Dios perfeccione el corazón del creyente hasta el punto que algunos sostienen o no, sí lo lleva hasta cierto punto, y ese punto debe ser definido.

**Studies in Perfectionism*, por Benjamín B. Warfield.

Qué tan lejos puede llegar un corazón santificado es cuestión de discusión. Hay una diferencia genuina muy marcada de opinión entre las diversas tradiciones teológicas en lo que respecta a la posibilidad de alcanzar la santidad durante la vida terrenal. Obviamente es imposible hacer aquí un tratamiento completo a de esta pregunta. Pero para que no pase que la búsqueda de la perfección sea rechazada con excesiva rapidez digamos que los problemas involucrados en afirmar la posibilidad de adquirirla en esta vida no son más grandes que los peligros de llegar a estar cómodamente satisfechos con la imperfección cuando se niega dicha posibilidad.

Las palabras de Jesús: "Bienaventurados los de limpio corazón, porque ellos verán a Dios", enseñan la necesidad de la entera consagración de la vida interna... La pureza de corazón es esencial para permanecer en el camino de la salvación.[12] (Copyright 1950, por Pierce y Smith).

Sin embargo, cualquier definición de la experiencia que puede obtenerse tendrá sus limitaciones. Muchas personas experimentan algo que es imposible formular claramente en una teoría. Leslie F. Church escribe sobre ese particular:

A pesar de las extravagancias e interpretaciones erróneas, demasiadas personas que vivían en áreas muy separadas entre sí testificaban de la experiencia para que ésta pudiera ser negada, y había un fundamento demasiado fuerte de ella para destruirla por medio del ridículo o del desprecio. Quienquiera que pudiera leer las íntimas confesiones de tantas personas obviamente sinceras, y concluyera que eran meros vapores vacíos sería un crítico extraño. Sería más razonable decir que en esas personas hay manifestaciones del Espíritu, demasiado grandes para ser confinadas dentro de los límites de una teoría, y demasiado variadas para reducirlas a un común denominador. Existe siempre el peligro de encarcelar el alma, si se intenta reducir tal experiencia a una fórmula.[13]

Wesley no aprisionó el alma, sino que dejó la puerta abierta para grandes alturas espirituales. Tal vez muchos sucesores de Wesley hayan desarrollado conceptos estereotipados de la obra de Dios, pero no Juan Wesley. El constantemente buscó nuevas formas para inspirar el alma a la santidad.[14]

Roberts sostiene que la pregunta central en la salvación tiene que ver con la eficacia de normas ideales. Hay dos contestaciones en pugna—la estática y la dinámica. "El punto de vista estático asume que el progreso ético y religioso es más eficazmente promovido, y que los riesgos de la indiferencia y la irresponsabilidad se pueden evitar mejor, al mantener ante los ojos de los hombres una visión de la perfección que los mantenga constantemente avergonzados de sí mismos." Este ideal está actualizado en Cristo, y esta actualización es accesible a la raza por medio de la gracia divina. El hombre no lo podía alcanzar por sí mismo, pero Cristo sí lo alcanzó. Empero, eso impuso un modelo obligatorio sin consideración a las necesidades de un individuo mutable, patrón sobre el cual uno es condenado o aprobado. "Tal punto de vista mantiene al credo y a la conducta en conflicto entre sí; anticipa y afirma que el hombre siempre tiene que quedar corto de lo que cree." Este creyente debe arrepentirse continuamente. Su salvación está fuera y aparte de sí mismo y de su necesidad. "Ciertamente, si él cree que puede hacer alguna contribución positiva hacia ella, su negación a reconocer la dependencia completa de Dios es una señal de orgullo, y una indicación adicional de que es esclavo del pecado." Es estática porque piensa en la salvación no como un descubrimiento y un cambio dinámico en el hombre, sino como una alteración de su posición ante Dios. Tal posición conduce a la hipocresía, a la justicia propia y a la desesperación.[15]

Por otro lado, el punto de vista dinámico de la salvación es preferible. Resuelve el conflicto y trae armonía orgánica. "Cura la culpa, no poniendo enfrente ideas que le aseguran a los hombres en forma por demás superficial que ya 'está bien', sino al poner en operación un poder que remueva las causas de la culpa." La objeción común y corriente a esto es que los hombres se aceptarán a sí mismos en un nivel muy bajo. "Pero datos clínicos de psicoteparia apuntan hacia una conclusión opuesta. La mayoría de los desórdenes emocionales y los problemas de comportamiento revelan una pauta en la que el individuo *no* ha alcanzado la aceptación de sí mismo." La salvación entonces necesita un ideal que pueda alcanzarse, y debería de pensarse en ella en términos de una "transformación dinámica" del hombre. En este cambio "el poder creador y redentor de Dios" trae una condición de totalidad y liberación.[16]

Este punto de vista dinámico de la salvación descrito por Roberts expresa muy bien el concepto wesleyano. Muchos de los contemporáneos de Wesley que eran calvinistas aseguraban que la limpieza total venía en el momento de la muerte, por un toque del poder divino. Wesley sostenía que esta victoria podía ser anticipada por cinco, diez o veinte años. Lo que viniera al momento de la muerte, podía venir ahora mismo, decía él.[17] Niebuhr está incorrecto al decir que Wesley "declaró que no había un momento en la vida en el cual se pudiera decir que había perfección, excepto en el momento antes de morir".[18] Aun una lectura superficial de los escritos de Wesley revela que él enseñó una perfección alcanzable antes de la muerte y que él constantemente exhortó a los creyentes a que la alcanzaran. Esta era una perfección "real" aunque no era "final" o "absoluta". Hablando de la santificación instantánea Wesley escribió:

> ¡Debes *tú* pues buscarla cada momento! Búscala en la forma como se ha descrito antes; en todas esas *buenas obras* para las cuales has sido "creado de nuevo en Cristo Jesús". Entonces no hay peligro; si no eres mejor no puedes ser peor por lo que esperas. Porque aun si tu esperanza no se cumple, no habrás perdido. Pero no resultarás desilusionado de tu esperanza: ella vendrá, no tardará. ¡Búscala pues, cada día, cada hora, cada momento! ¿Por qué no ahora mismo, este momento? Ciertamente debes buscarla *hoy mismo,* si tú crees que se recibe por fe... ¡Espérala por la *fe,* espérala *como estás,* y espérala *ahora mismo!*[19]

Cualquiera que sea esta realidad hacia la cual Wesley apuntaba y a la cual exhortaba a otros, es claro que era alcanzable en esta vida. Wesley estaba convencido de ello. Y parece razonable que él debió haber tenido una meta alcanzable. La siguiente pregunta es: ¿Incluyó Wesley en esta meta elementos que están más allá del alcance terrenal del hombre? ¿Fue él más allá de la experiencia válida y de la Escritura?

B. Es Escritural

Reinhold Niebuhr piensa que el concepto de Wesley de la perfección contenía el elemento bíblico más grande comparado con otras enseñanzas perfeccionistas. La liberación que Wesley enseñó era del pecado, no de dejar de ser finito, y el proceso era en términos existenciales y no contemplativos.[20] Wesley creía que sus doctrinas eran escriturales y hubiese desechado cualquier teoría que él considerara contraria a la Biblia. Muchos de los críticos de Wesley están de acuerdo en que él era escritural en su punto de vista general de la salvación, pero se oponen a su punto de vista de que el creyente puede ser enteramente santificado en esta vida. Es esta idea de la perfección presente lo que confrontó la oposición de otros.

Sangster cita la siguiente declaración de Webb-Peploe en la convención de Keswick en 1895:

> "Cuando leo palabras tales como las del amado Juan Wesley: 'la raíz maligna, la mente carnal es destruida en mí, el pecado no habita más', no puedo menos que maravillarme de que cualquier ser humano con la enseñanza del Espíritu Santo sobre la Palabra de Dios, se pueda engañar de esta manera a sí mismo, o tratar de engañar a otros. Yo creo que es un milagro de ceguera que podamos estudiar la Palabra de Dios, e imaginarnos que hombre alguno pueda experimentar la libertad del pecado mientras permanece en el cuerpo mortal."[21]

¡Probablemente Wesley se hubiese maravillado de la "ceguera" de Webb-Peploe en no ver la libertad escritural del pecado! Una vez más se debe hacer hincapié en que la definición del pecado podría causar una completa diferencia de entendimiento. Si lo siguiente es un ejemplo de la exégesis de aquellos que desean permitir la pecaminosidad, haríamos bien en dudar de tal exégesis.

> Y el tiempo presente en la declaración "ninguno que es nacido de Dios peca", parece abrir la puerta al entendimiento de la manifestación de la vida en general, en lugar de un acto particular. Lo que San Juan quiere decir en ese caso no es que el que ha sido engendrado de Dios nunca comete un pecado, sino que el no pecar es la característica de su vida. Podemos decir si deseamos que, idealmente, en principio, el que ha sido engendrado de Dios no peca. Pero probablemente sea mejor decir simplemente que esto es lo que ha de ser, si uno ha sido engendrado de Dios—no peca; y los cristianos que han sido engendrados por Dios están por lo tanto en el proceso de llegar a ser sin pecado. El hecho de que todavía no sean sin pecado no prueba que ellos no hayan sido engendrados por Dios, sino que todavía no han alcanzado su meta.[22]

¿No sería mejor aceptar que el apóstol Juan significa lo que está diciendo, y dejar que el pecado del cual él habla sea de acuerdo con su propia definición —o sea "infracción" (1 Juan 3:4)? Wesley tenía mucha razón cuando dijo que el pecador regenerado ya ha terminado con esta clase de pecado, según San Juan declaró.[23]

¿Qué podemos entonces decir de la persona que ha sido limpiada de la raíz del pecado? ¿Tiene Wesley alguna escritura para esta enseñanza?

> No podemos decir, basándonos en los hechos de la gramática, que la Escritura enseña que la perfección es inalcanzable en la tierra. No es una inferencia justa de la forma gramatical sugerir que "es solamente un ideal" en el Nuevo Testamento: que la exaltada norma está puesta delante de nosotros sin ninguna expectación de que nosotros podamos alcanzarla, y que hemos tratado seriamente con las amonestaciones solemnes de la Escritura si las ponemos en la misma categoría de la proverbial imposibilidad de "tratar de alcanzar una estrella".
>
> Sugerir que Dios les dé órdenes a los mortales que éstos están completamente incapacitados de cumplir, es cancelar todo el sentido de la pasión moral del Nuevo Testamento y arrojar dudas sobre el carácter santo de Dios. ¿De qué otra manera puede Dios —o el hombre— poner una carga sobre otros excepto usando el tiempo imperativo? Tampoco necesitamos aceptar la conclusión de que, porque se usa el tiempo futuro, necesariamente tiene que referirse al futuro distante mucho después de la muerte.[24]

Ya hemos hecho alusión a la investigación de Turner de las bases escriturales para el mensaje de Wesley. En cuanto al Antiguo Testamento él concluye de la siguiente manera:

> 1. La exhortación a la integridad moral, completa, sana sincera o perfecta, es muy prominente en el Antiguo Testamento, especialmente en la literatura profética.
> 2. De los 230 sinónimos de perfección, cerca de 72 se refieren al carácter del hombre.
> 3. Un hombre "perfecto" es uno que está caracterizado por la integridad moral, la sinceridad y la lealtad a Jehová.
> 4. Tal perfección es demandada y esperada de todos los hijos de Dios.
> 5. Este concepto de perfección hace hincapié en la posibilidad de que el hombre puede llegar a ser semejante a Jehová en el carácter.

6. Tal compañerismo divino-humano está basado en las ideas de la santidad, como la separación para las cosas de Dios y la limpieza de toda mancha ceremonial o moral.[25]

En relación con los resultados del estudio del Nuevo Testamento, Turner escribe:

> En general el ideal de la perfección del Nuevo Testamento, si bien es más implícito que explícito, incluye la completa redención del hombre del pecado. Tal ideal surge de las siguientes creencias: (1) el pecado no es sólo un hecho sino un principio; (2) este pecado permanece en los creyentes; (3) los creyentes tienen la alternativa de [a] mantener su *"status quo"*, o [b] continuar hacia la perfección —la purificación y la madurez en el amor y en la gracia; (4) Dios es santo y el cielo es un lugar santo, por tanto, el pecado debe ser tratado o en la próxima vida, o en la muerte o en esta vida; (5) Es durante esta vida que Dios promete "salvar a su pueblo de sus pecados" y perfeccionarlo en el amor. Contrario a lo que cree el gnosticismo, la perfección no es la emancipación del hombre de la materia; contrario a lo que cree la filosofía, no es liberación de la ignorancia; es, más bien, la liberación del pecado y esta seguridad es proclamada sin reservas que la limiten.[26]

Muchos estarán de acuerdo con Turner en que Dios demanda santidad de su pueblo, y que Él promete perfeccionarlos, y además que su obra de perfección ya ha empezado y continuará en esta vida. Pero cuando se declara que esta obra de santificación puede tener un punto final antes de la muerte, muchos objetan. ¿Puede uno estar seguro, y estaba seguro Wesley de que la Biblia enseñaba que esta victoria se podía obtener antes de la muerte?

Wesley luchó con este problema específicamente muchas veces. Él concedió que los calvinistas tenían razón al sostener que muchos que habían muerto no fueron santificados sino hasta un poco antes de morir. También convino en que la gente que era justificada era santificada, aunque no del todo. El convino en que los escritores inspirados raras veces escribieron a los enteramente santificados, pero simplemente se dirigieron a los creyentes justificados. El vio que el punto que lo separaba de sus opositores era su afirmación de que el creyente podía ser santificado totalmente, o ser salvo de todo pecado, antes del momento de su muerte. Después preguntó: "¿Hay alguna promesa bíblica clara sobre esto, de que Dios nos salvará de todo pecado?"

La Perfección Presente

Sí la hay: "Y él redimirá a Israel de *todos* sus pecados" (Sal. 130:8). Esto se expresa más claramente en la profecía de Ezequiel: "Esparciré sobre vosotros agua limpia, y seréis limpiados de todas vuestras inmundicias; y de *todos* vuestros ídolos os limpiaré. Y os guardaré de *todas* vuestras inmundicias" (36:25, 29). Ninguna otra promesa puede ser más clara. Y a esto claramente se refiere el Apóstol en la siguiente exhortación: "Así que, amados, puesto que tenemos tales promesas, limpiémonos de toda contaminación de carne y de espíritu, perfeccionando la santidad en el temor de Dios" (2 Co. 7:1). También es muy clara y expresiva esa promesa antigua: "Y circuncidará Jehová tu Dios tu corazón, y el corazón de tu descendencia, para que ames a Jehová con todo tu corazón y con toda tu alma" (Dt. 30:6).[27]

Wesley procedió luego a hacer una lista de las promesas, oraciones y mandamientos en relación con la perfección y la santidad que se hallan en el Nuevo Testamento. Después preguntó: "¿Cómo os parece que esto tiene que hacerse antes de la muerte?" Su respuesta fue: "Por la misma naturaleza de un mandamiento, el cual no se da a los muertos, sino a los vivos." El mandamiento de "amar" es de amar ahora mientras vivimos. Después Wesley mencionó Tito 2:11-14, que dice que "vivamos en este siglo sobria, justa y piadosamente" y que hemos de ser purificados para ser "un pueblo propio, celoso de buenas obras". También aludió a Lucas 1:69-75, que dice que hemos de ser liberados de nuestros enemigos para que podamos servir a Dios en santidad y en justicia "todos nuestros días".[28] Wesley vio en estos pasajes bíblicos una experiencia para el creyente en esta vida, no para después de la muerte. Esta santidad o perfección se necesita ahora mientras uno está en el mundo presente. No necesita ni debería ser pospuesta para después de la muerte.

Basado en todo esto, Wesley razonó que hay una "perfección escritural". Nadie que se guíe por su conciencia puede oponerse a ella a menos que quiera "cambiar los papeles, e intente enseñarle a Dios". Uno que ame a Dios y a su prójimo es escrituralmente perfecto, o puede llegar a serlo si todavía no lo es porque "la Escritura no puede ser quebrantada". Wesley nunca contendió por una perfección absoluta o infalible. El no vio ninguna perfección infalible en la Biblia. Ninguna perfección que demandara guardar toda la ley se encontraba en la Biblia, así que Wesley protestó en contra de tal perfección. El deseaba mantener el concepto de la perfección con su significado escritural.[29]

Wesley conocía su Biblia. Testificaba ser un hombre de un solo Libro.[30] Conocía los idiomas originales de la Biblia. Buscó la dirección y la ayuda del Espíritu Santo. Para él la perfección cristiana no era una doctrina nueva como lo era la de la justificación por la fe. El la enseñó y la creyó por un período de más de 60 años y sentía que no había cambiado básicamente su concepto.[31] Wesley la consideraba la razón de su llamamiento y las bases para el avivamiento. Esta doctrina fue la más grande contribución de Wesley a la iglesia cristiana.

> Lo primero que impresionará a cualquier estudiante de la doctrina de Wesley es la sobriedad esencial de ella. No tenemos nada aquí de sutilezas teológicas o de extravagancias devocionales. Sólo la escueta enseñanza de las Escrituras, y la experiencia efectivamente disfrutada por los creyentes, lo que constituye el modelo, de principio a fin, de la enseñanza wesleyana. Wesley nunca hubiera abordado este asunto de la perfección cristiana si no hubiera sido un elemento presente en la experiencia de los creyentes, tal como es reflejada en el Nuevo Testamento, y también tal como Wesley la descubrió con nueva frescura en las vidas de sus propios seguidores.[32]

El que uno crea que la doctrina de Wesley de la perfección cristiana está fundada en la Biblia depende en su mayoría en su propio punto de vista e inclinación religiosa. Es difícil descartar la doctrina central de Wesley sin menospreciar su papel en la historia del protestantismo. ¡Bien podría ser que la negligencia de su doctrina central pudiera significar la pérdida de un mensaje central de la Biblia!

C. Es Una Experiencia

Al término "experiencia" se le puede dar un significado muy extenso. Cuando es un "conocimiento particular de cualquier asunto por observación personal, o por la prueba de ello" se le ha hecho equivalente a un conocimiento personal de hechos externos y de todos los estados internos del sentimiento. Es mejor considerar los hechos objetivos como "experimentos" y los subjetivos como experiencia. "La experiencia se relaciona más específicamente con los estados internos y sentimientos que existen en el presente, o se recuerdan como pasados, conscientemente, por medio de lo cual uno ha pasado o está pasando."[33] Una experiencia cristiana es, entonces, "la vida subjetiva implantada en el alma" de la cual uno viene a estar consciente. Es un hecho directo de Dios sobre el alma de un ser humano por medio del cual éste es hecho un cristiano. Estas experiencias varían con los individuos y tienen etapas sucesivas, pero se llevan a cabo por medio del Espíritu Santo.[34]

Para Wesley la salvación era algo que debía experimentarse. No era algo que Dios había obrado en el pasado y que ahora era *dado a conocer* al hombre en la declaración del evangelio. Este hecho objetivo era el gran acto de Dios en Cristo a favor del hombre, mientras que la salvación era la obra de Dios por medio del Espíritu en los corazones y en las vidas de los hombres. Con los primeros destellos de consciencia, la gracia empieza a obrar en los hombres. Conforme éstos cedían a esa gracia, experimentaban más y más su poder. Los conduce por etapas sucesivas de experiencia de la convicción inicial por el pecado, a la final glorificación después de la muerte. Para Wesley, esta podría ser una larga y grande experiencia que siempre iba en aumento en gloria a través del tiempo y la eternidad.

Sin embargo, se debe recordar que Wesley vio la experiencia cristiana no solamente como una obra continua de gracia sino como una crisis instantánea. En realidad él enseñó dos crisis principales en la obra de la salvación. A la primera le llamó justificación, aunque incluía la regeneración, la santificación inicial y la adopción. Todas éstas ocurrían al mismo tiempo. Había el acercamiento gradual a esta experiencia de crisis, pero llegaba el momento cuando el don era dado y, la obra de la gracia era concluida. Este acto instantáneo de Dios era perfecto en el sentido de que el pecador era perfectamente perdonado y se le daba una nueva vida y era verdaderamente adoptado en la familia de Dios. La santificación inicial era verdadera en el sentido de que el poder del pecado era roto, pero todavía permanecía una obra final de santificación por hacerse.

Fue precisamente el hecho de una santificación incompleta del creyente en la primera experiencia de crisis lo que hizo a Wesley ver la necesidad para una segunda obra de gracia. Esta segunda experiencia sería precedida por una santificación gradual, y seguida por un crecimiento continuo. Pero podía haber un instante en la vida del creyente cuando experimentara este acto profundo de Dios en la entera santificación de su corazón. Es precisamente esta segunda experiencia profunda, de lo que se ocupa esta sección acerca de la perfección presente.

¿Está en lo correcto Wesley al ver la religión como una experiencia? Es importante entender el lugar que Wesley tuvo en la formulación de la teología de la experiencia.

> El investigador que pasa primero por la literatura de la religión del siglo XVI para examinar las obras de Juan Wesley se sorprenderá con la aparición de un nuevo término en la teología: la experiencia. Si el investigador se acerca a su materia con un conocimiento adecuado en la historia del pensamiento cristiano, recibirá una impresión similar, pero más fuerte. Antes de Juan Wesley la palabra "experiencia" no ocupaba la posición conspicua en la predicación, en la enseñanza, en los escritos de ningún maestro del cristianismo doctrinal o práctico. La referencia a la experiencia ocupa por primera vez una posición conspicua en la historia del pensamiento cristiano en el entendimiento wesleyano del evangelio. En realidad, Wesley apela a la experiencia tanto y tan poderosamente que ello le da a la experiencia su individualidad histórica. La teología wesleyana es una teología de la experiencia. Lo que es más, descansa sobre dos columnas: la Escritura y la experiencia. Sin embargo, éstos son tomados y aceptados no como extraños ni antagónicos, sino como principios cognados y compatibles. Los primeros reformadores, Lutero y Calvino, introdujeron el principio de la interpretación privada en la teología bíblica y dieron por sentado que la mente activa es esencial al uso práctico religioso de las Escrituras. Pero debido a circunstancias bien conocidas, en el siglo xvi, la actividad libre de la mente sobre el asunto de las Escrituras fue acorralada y drásticamente limitada dentro de los más angostos límites. Dos siglos más tarde, la referencia a la experiencia en la teología, implícita en el protestantismo, salió a la superficie con despliegue de poder en medio de una gran edad de descubrimiento científico, en la comprensión wesleyana del evangelio.[35]

Hay que advertir que es posible llevar este asunto de la experiencia cristiana demasiado lejos como una autoridad objetiva:

> Así que, en primer lugar, Wesley y los primeros metodistas asentaron la religión y la teología en el hecho de la experiencia. Esta era una revolución en la práctica teológica, puesto que fue la aplicación revolucionaria a la teología de lo

que es realmente el método científico. En la Reforma, el catolicismo tomó su posición final acerca de la autoridad de la iglesia, y el protestantismo tomó su primera posición acerca de la autoridad de la Biblia. El metodismo, sin comprender del todo, lo que estaba haciendo, cambió su autoridad final en la religión al último lugar y al correcto—la experiencia religiosa.[36]

Bett va un poco más allá al sostener que "no podemos dejar de ver que, para Wesley, la experiencia es siempre la prueba final, aunque probablemente él no siempre comprendió que así era".[37] En esto Bett no puede estar del todo correcto, porque Wesley nunca consideró la experiencia válida a menos que estuviera basada en las Escrituras. Pero las Escrituras se vuelven auténticas por "el testimonio seguro de la experiencia".[38] Aquí Cell correctamente hace de la Escritura más la experiencia, la autoridad final para Wesley.

Esta enseñanza de la experiencia por Wesley lo colocó en la tradición del misticismo, aunque muchos místicos no hacían hincapié en la autoridad de la Palabra.

> Ambos el misticismo y el metodismo edifican sobre el fundamento, no del argumento o de la observación, sino de la experiencia espiritual consciente. La doctrina de la seguridad no está muy lejos de una creencia en la "luz interna". Así que los místicos y los metodistas son uno en su afirmación de la certidumbre espiritual, aunque la afirmación es mencionada por los místicos en un lenguaje más descuidado que el de los metodistas.[39]

Es cierto que Wesley habló ásperamente de los místicos pero aparentemente él se refería a los quietistas.[40] Estos enseñaban que la lucha por lo moral y los medios de gracia no eran esenciales. Wesley no podía hacer a un lado las Escrituras, la razón, o los medios de gracia en su búsqueda por una experiencia más profunda. Wesley se oponía a un "entusiasmo" que descansaba totalmente en los sentimientos y que no reconocía ninguna otra autoridad.[41]

Para poder conocer bien las cosas divinas, Wesley creía que los "sentidos espirituales" de uno deberían ser abiertos. "Es necesario que tengáis el oído para oír, y el ojo para ver, así llamados enfáticamente." Estos se encuentran en una nueva clase de sentidos abiertos al alma que son diferentes de los órganos de la carne y la sangre. Son "avenidas para el mundo invisible" y "disciernen los objetos espirituales". Hasta que uno tenga estos "sentidos internos" no tiene idea alguna de las cosas divinas. Uno no puede cruzar el abismo a este conocimiento hasta que "el Todopoderoso venga en su ayuda y le dé esa fe que hasta ahora ha menospreciado".[42] En realidad nadie puede entender el amor de Dios hasta que no haya sentido las "obras internas del Espíritu de Dios".[43] En otras palabras nadie puede comprender el perdón, la nueva vida o la santificación hasta que éstas se experimenten en el alma. "Para la mayoría de la gente lo que más se necesita no es una definición, sino una experiencia, y después se puede encontrar una definición adecuada".[44]

En la teología reformada se da menos énfasis a la transformación en el creyente y más al cambio en relación con Dios. La verdadera experiencia del creyente es el don de fe por medio del cual él se ve a sí mismo como un pecador e incapacitado, y sin embargo, al mismo tiempo confía enteramente en Cristo para el perdón. Se hace poco énfasis, si acaso, sobre el cambio interno que se opera en el corazón del cristiano. Es más lo que Dios hace a través de Cristo *por* nosotros, que lo que El hace *en* nosotros. Obviamente este hecho conduce a restarle importancia a la experiencia. Ciertamente Lutero conocía una experiencia cristiana y reconocía la obra de Dios *en* el creyente. Hildebrant cree que Lutero era tan místico o entusiasta como lo era Wesley. Sin embargo, es muy evidente que Wesley hizo mucho más de la experiencia que Lutero. En la teología de Lutero la santidad del creyente se encontraba primordialmente fuera de él mismo— una santidad celestial. Había un principio de santificación, pero uno nunca podría experimentar una limpieza total.[45]

De acuerdo con Henry Thiessen, un creyente es santo en Cristo, así que tiene una santificación de posición la cual es perfecta. Lo que ahora tiene en Cristo lo ha de poner a trabajar en su propia vida. El proceso de la santificación se lleva a cabo por los hechos del hombre, no por un acto de Dios. Es el creyente quien se separa, no Dios.[46] Warfield vio esta obra continua de santificación como una obra de Dios, pero no había una experiencia de limpieza total que es o sea "obrada inmediatamente."[47] Juan Murray ve la santificación específicamente como la obra del Espíritu Santo que mora en el creyente. Pero tal obra es gradual en la experiencia y no se completará en esta vida.[48]

La Perfección Presente

Ninguno de estos escritores en la tradición calvinista deja lugar para una experiencia de completa santificación en esta vida.

Sin embargo, debe haber alguna explicación para esa experiencia que viene a algunas personas antes de la muerte y que es descrita en diversas formas por ellas mismas. Una cosa es dudar de la doctrina de una experiencia más profunda o completa en la gracia cristiana; y otra cosa enteramente diferente es limitar el poder de Dios para obrar una gran transformación en el creyente o negar que Dios lo haya hecho. Muchos testigos se levantan para declarar que Dios ha obrado una experiencia en ellos subsecuente a la primera experiencia de la justificación, que esta experiencia fue instantánea y produjo una victoria completa sobre el pecado. Podemos conceder que la persona que experimentó esta "segunda bendición" puede dar una definición defectuosa, pero es dudoso que uno que no haya experimentado lo mismo pudiera producir una mejor definición.

Cecil Northcott, al discutir el entusiasmo como una "religión del corazón" ve la experiencia religiosa como algo que se vuelve realidad en ambas maneras, personalmente y por medio de la ministración de la iglesia. El está de acuerdo con lo que dice Ronald Knox en su libro *Enthusiasm* de que había experiencias válidas en los valdenses, los husitas, los cataristas, los lolardos y también en Wesley. Este entusiasmo muy a menudo creaba una división fresca, pero también proveía una vida fresca y los ímpetus de una nueva dirección en la religión. Northcott afirma que en ambos lados de la "gran división" entre la experiencia personal y la tradición existe un entusiasmo que es "igualmente válido y vital". El cree que ha habido una separación entre las experiencias derivadas por medio de los medios tradicionales de la iglesia y aquellas que han venido personalmente a individuos. El pregunta: ¿Por qué no unir ambas clases de experiencias? Si bien esperamos en las experiencias religiosas derivadas por medio de la adoración tradicional cristiana, ¡busquemos un avivamiento de experiencia personal vital y auténtica!⁴⁹ Este punto de vista es análogo al de Wesley, quien insistía tanto en experiencias graduales como instantáneas.

Uno no puede hacer a un lado fácilmente las grandes experiencias de los místicos de todas las edades. En el evangelio de San Juan, en Pablo, San Agustín, Bernardo, Buenaventura, Tomás, Eckert, Tauler, Groote, Catarina de Siena, Juan de la

Cruz, Fox, Pascal y en muchos otros hay un testimonio común. Aunque varían en algo, todos ellos afirman "que en esta vida ellos han conocido de primera mano al Dios viviente; que El ha invadido sus almas y ha principiado la transformación de la base de su ser para venir a armonizar con su propio fundamento". Este cambio no es simplemente una fe, o esperanza, o aspiración o promesa, sino un "hecho que les ha acontecido a ellos". Estos místicos han visto esto como una gracia específica dada por Dios y nunca han postulado que si una persona no tenía esta gracia, no era hija de Dios. Esta experiencia es universal en su poder que tiene de atraer y no está limitada a nadie. Estos místicos han ido adelante hacia la tierra prometida antes de la muerte y han compartido su gozo con sus prójimos. Uno puede prepararse para este nivel profundo de transformación por medio del ayuno, la oración y la mortificación del cuerpo, pero estas prácticas no traen la experiencia; únicamente expresan el hambre por dicha experiencia. La gracia, que está por encima de todas esas prácticas, siempre ocupa el primer lugar para ellos.[50] Wesley no titubeaba un momento en declarar que esta experiencia de los místicos era posible para todos. Lo que los místicos y metodistas reclamaban como de ellos, Wesley trató de definir como la experiencia de una perfección presente.

¿Cómo puede un creyente entrar en esta experiencia de segunda crisis? Juntamente con los místicos Wesley creía que las obras preparan el camino para este don de Dios. Uno no se santifica a sí mismo por medio del ayuno, de la oración y la mortificación, sino que estas prácticas preparan el camino por la fe por medio de la cual uno es santificado. La fe es la única e inmediata condición para la experiencia, aunque las obras son "necesarias remotamente". En otras palabras, nadie puede esperar que Dios le dé la fe esencial para obtener esta experiencia si él no está luchando por ella con todos los medios posibles. Uno debe buscar la "bendición" cada momento, pero debe buscarla mientras que ejecuta las "buenas obras" por medio de las cuales él es "hecho nuevo en Cristo Jesús". Pero uno no debe sentir que primero deben hacerse ciertas cosas; él debe esperar esta experiencia instantánea tal *como es* y *ahora mismo*.[51]

Wesley estaba convencido de que muchos de sus seguidores habían entrado en esta experiencia de la perfección cristiana. Después de escuchar los detalles de dos testimonios de esta naturaleza, Wesley escribió en 1760:

> Observo que el espíritu y la experiencia de estos dos testimonios corren paralelos exactamente. La constante comunión con Dios el Padre y el Hijo llena sus corazones con un amor humilde. Esto es lo que yo siempre quise significar, y lo significo ahora, por perfección. Y creo que muchos la han alcanzado, basándome en la misma evidencia por la que creo que muchos han sido justificados. ¡Que Dios aumente su número a miles![52]

Pero no se crea que Wesley se permitió engañarse a sí mismo, cuando menos conscientemente. Sus averiguaciones del 12 de marzo de 1760 exhiben su meticulosidad:

> Teniendo el deseo de que se reunieran conmigo tantos como fuera posible de los pueblos vecinos, que creyeran que eran salvos del pecado, dediqué la mayor parte de este día examinándolos uno por uno. El testimonio de algunos no pude aceptar; pero en lo que toca a su mayoría, es claro (a menos que estuvieran diciendo mentiras deliberadas y voluntarias): 1. Que ellos no sienten pecado interno; y que hasta donde les era posible saber, no cometen ningún pecado externo; 2. Que ellos ven y aman a Dios a cada momento, y oran, se regocijan, dan siempre gracias; 3. Que ellos tienen constantemente un testimonio de Dios tan palpable de la santificación como lo tienen de la justificación. Ahora, en esto yo me regocijo, y me regocijaré, llamadle como gustéis; y ruego a Dios que miles hayan experimentado todo esto: y dejadlos que más tarde experimenten tanto más como a Dios le plazca.[53]

Wesley no vaciló en sostener que él había visto a "muchas personas cambiar en un momento... de deseos pecaminosos, que hasta entonces reinaban sobre ellos, a un deseo puro de hacer la voluntad de Dios". Estos eran, dijo él, hechos de los cuales él era un testigo casi a diario. El escribió esta carta en abril de 1738.[54] Con el paso del tiempo, Wesley se fue haciendo más lento en aceptar testimonios de la segunda experiencia. En 1747, aconsejó que "no debemos apresurarnos a creer, sino más bien debemos suspender nuestro juicio, hasta que tengamos una prueba completa y segura" de que las personas han obtenido la perfección.[55] Un estudio de las preguntas que él solía hacer a los que afirmaban haber recibido la experiencia, revela la exactitud de sus pruebas.[56] De todos los que él examinó, ninguno recibió la experiencia gradualmente, sino instantáneamente por medio de la fe. Esta clase de prueba fue final para Wesley.[57]

Obviamente estas personas contemporáneas de Wesley, y muchas más antes de esos días, y desde entonces, han entrado en alguna clase de experiencia personal después de que llegaron a ser cristianos y antes de su muerte. ¿Qué es lo que experimentaron? ¿Es similar este nivel alcanzado de gracia al ideal del Nuevo Testamento de la santidad y la perfección? Muchos así lo creen, al igual que Wesley. Otros dan varias explicaciones. Lo que quiera que haya sido lo que estas personas experimentaron en sus vidas, sus experiencias tienen un común denominador. Ahora están más conscientes de Dios; tienen una victoria interna sobre el pecado; tienen un grande y puro amor. Hacen especial hincapié en la obra del Espíritu Santo. Como quiera que expliquemos lo que les sucede a estos creyentes, Wesley le llamó perfección cristiana y la vio como la segunda bendición.

Wesley enseñó que era posible entrar en esta experiencia y luego dejar de conservarla, con el resultado de que el nuevo nivel que se había alcanzado se perdía. En realidad algunos de esos creyentes retrocedieron tanto que perdieron hasta la primera experiencia de la justificación. Esto le podía suceder al más fuerte de ellos cuando dejaban de continuar en esta gracia. Sin embargo, aunque perdían la experiencia de la santidad o la primera experiencia de la justificación, podían ser restaurados. "Han recibido la bendición que antes habían tenido, además de un aumento abundante." Aun los que lo habían perdido todo, incluyendo la regeneración, "habían de pronto, recobrado tanto el favor de Dios como la experiencia del puro amor de Dios".[58] La experiencia no era, para Wesley, "una vez obtenida, siempre retenida", sino más bien una obra interna de Dios que necesita preservarse si se ha de retener.

El hincapié de Wesley acerca de la experiencia puede ayudar a explicar tanto su entendimiento de la fe y la obra de Dios en el hombre. A los de la tradición calvinista les trastorna cualquier sugerencia de que el creyente pueda perder la vida espiritual o el perdón. Para ellos este don de fe es un don que se da para toda la vida. Puesto que es una obra de Dios permanece segura; nadie puede perderla.[59] Es evidente que quienes así creen ven la obra de Cristo más como algo hecho *por* el hombre, en lugar de *en* él. El creyente está seguro porque la obra hecha en Cristo no puede ser alterada. Wesley fue más allá de esto. El enseñó que lo que Cristo había hecho *por* nosotros debía obrarse o implementarse *en* nosotros. La fe en Cristo trae perdón, pero también produce un cambio en el creyente. Este cambio es experimentado. Puesto que el cambio es experimentado —un cambio subjetivo— necesita preservarse o se perderá. Si se pierde, se puede recobrar. Cuando Wesley hablaba acerca de la ganancia, la pérdida y la recuperación de las etapas en la experiencia cristiana, no estaba hablando acerca del hecho objetivo de Dios en Cristo Jesús. Estaba hablando acerca de la obra subjetiva del Espíritu en la vida del creyente.

D. Es Pureza

Al haber llegado a este punto debe estar bien claro que Wesley no tenía ninguna intención de confundir la perfección presente con una perfección final. El creía que la Biblia enseñaba una perfección presente a la cual le llamó perfección escritural o cristiana, y no creía que estaba rebajando el ideal al describir una perfección posible para la vida presente. Un significado esencial que él le dio a este concepto de lo perfecto era la pureza. Ser perfecto era ser puro. Un corazón limpio era un corazón perfecto.[60] Era perfecto en santidad.

> Sed ahora puros de corazón; purificados por la fe de todo afecto inmundo; "limpiándoos vosotros mismos de toda pecaminosidad de la carne y del espíritu, y perfeccionando la santidad en el temor de Dios". Siendo por el poder de su gracia purificados del orgullo por medio de una profunda humildad del espíritu; del enojo, de cualquier pasión turbulenta, por medio de la mansedumbre y la misericordia; de cualquier deseo menos el de agradar y gozarse con Dios, por medio del hambre y la sed de justicia; ¡ahora amad al Señor Dios de todo vuestro corazón, y con todas vuestras fuerzas![61]

Evidentemente para Wesley la purificación del corazón de los deseos malignos, de los enojos y el orgullo era lo mismo que perfeccionar el corazón en santidad. Desde el momento en que una persona experimenta el gran cambio cuando ya no hay más "orgullo, enojo, ego e incredulidad", tiene en ese mismo momento "toda la fe y todo el amor". Desde ese momento tiene un compañerismo continuo con Dios, "siempre regocijándose, orando y dando gracias".⁶² La perfección se encuentra en la ausencia de lo opuesto al amor y a la adoración.

J.A. Wood definió la pureza cristiana como "ese estado del corazón, en el cual todas las virtudes que componen el verdadero cristiano, existen en este estado sencillo y sin mezcla alguna". El sentido en el cual los creyentes enteramente santificados son hechos perfectos o completos es la pureza. "Los frutos del Espíritu son hechos perfectos cuando existen en el alma excluyendo todo *principio que se opone*, de cada *mal genio adverso* —perfecto en *calidad*." En este sentido la fe es perfecta cuando no hay incredulidad; el amor es perfecto cuando no tiene opositores; la paciencia es perfecta cuando se excluye la impaciencia.⁶³ Esto no equivale a decir que el amor ha alcanzado la madurez, que la fe no puede ya crecer, o que la paciencia no puede aumentar. Todos éstos son puros en cuanto a calidad pero pueden crecer en cantidad. Es en este sentido más limitado que Wesley comprendió la perfección cristiana, o presente.

Sobre este mismo asunto Jessop cita que lo que Tomás Cook escribe en su libro intitulado *New Testament Holiness:*

> Hay varios grados de impureza, pero, estrictamente hablando, no hay grados de pureza. El diccionario de Webster define la palabra "puro" como "entera separación de todo asunto heterogéneo o extraño, claro, sin mezcla; como el agua pura, el aire puro, la plata pura o el oro puro".
>
> La palabra en el Nuevo Testamento que más frecuentemente se traduce "puro" ocurre en algunas de sus formas casi 70 veces... La idea es que lo que es puro consiste de una cosa; es simple, sin mezcla o adulteración; tiene todo lo que pertenece a ella y nada más. Al oro que es libre de impurezas, que no está mezclado con ningún otro metal, le llamamos oro puro; la leche que contiene todo lo que pertenece a la leche y nada más, es leche pura; la miel que no tiene cera es miel pura, o virgen. De la misma manera, un corazón puro no contiene nada que sea contrario a Dios. Donde existe alguna mezcla, no puede haber pureza. Por pureza de corazón queremos decir aquello que es sin mancha, inmaculado, libre de toda maldad, sin impurezas terrenales... Pureza es remover cualesquier cosa que Dios no podría admitir en su inmediata presencia, y en su compañerismo con El mismo. En otras palabras, la abolición del pecado mismo.
>
> Por madurez queremos decir todo esto, y mucho más. El error de confundir la pureza de corazón con la madurez del carácter cristiano descansa en la base de casi todas las objecio-

nes hechas a la santificación instantánea y entera...

Las Escrituras siempre hacen una diferencia entre la pureza de corazón y la madurez y la plenitud de las virtudes cristianas. Una es la obra hecha dentro de nosotros en un momento, por el poder omnipotente del Espíritu santificador, y la otra es un proceso natural que involucra la cultura y la disciplina. La pureza tiene referencia a la clase o calidad, pero la madurez se relaciona al grado o cantidad... La santidad es un don y un proceso, y como tal, es tanto instantánea como gradual.[64]

En esta cita se da una expresión correcta, clara y explícita de una verdad que es implícita en la enseñanza de Wesley acerca de la santidad. El crecimiento ocurre desde el momento de la regeneración aunque la impureza todavía está presente en el creyente. El acto purificador de la gracia de Dios libra al cristiano de los obstáculos que le impiden crecer y hace posible una madurez más rápida de las gracias cristianas.

Sin lugar a dudas Wesley enseñó una perfección que es libertad del pecado. Como ya se ha enseñado, esta cesación del pecado no es solamente el final de hechos públicos o visibles o transgresiones voluntarias, sino también es la destrucción de los deseos y temperamento pecaminosos. La interpretación que Wesley hacía de 1 Juan 1:9, "Si confesamos nuestros pecados, él es fiel y justo para perdonar nuestros pecados y limpiarnos de toda maldad", era que esta liberación es obrada en este mundo; es para los cristianos que están vivos. También es una liberación de *toda* maldad, porque si alguna maldad permaneciere, el versículo perdería su significado. Tampoco puede aceptarse que el significado sea una limpieza de la culpa del pecado, porque ésta se lleva a cabo en el perdón, al cual alude la cláusula que le precede. "Por lo tanto, concluimos que los cristianos son salvos en este mundo de todo pecado, de toda maldad; que ahora son en tal sentido perfectos, como para no cometer pecado, y ser libres de malos pensamientos y de mal temperamento."[65]

Wesley tampoco podía concebir que esta perfección o pureza o santidad se encontraba sólo en Cristo y no en el creyente. Enseñar que sólo Cristo es puro y justo mientras que el hombre permanece impuro e injusto, es darle un "golpe a la raíz" de toda la santidad. Esta enseñanza, solía decir Wesley, había herido a Cristo en la casa de sus amigos.

> ¡Aquí hay sabiduría! Aunque no la sabiduría de los santos, sino sabiduría del abismo. Aquí está la obra maestra de Satanás. Más allá de esto no puede ir. ¡Los hombres son santos, sin un solo grano de santidad en ellos! Son santos en Cristo, aunque no sean santos en sí mismos; están en Cristo sin una pizca de la mente de Cristo en ellos; en Cristo, aunque su naturaleza es completa en ellos mismos. Ellos están "completos en El", aunque son, en sí mismos, tan orgullosos, tan vanos, tan codiciosos, tan apasionados como siempre. Basta: pueden ser todavía injustos, siendo que Cristo ha "cumplido toda justicia".[66]

Obviamente Wesley no tenía confianza alguna en una doctrina que no efectuaba ningún cambio en el cristiano. Y ese cambio era del pecado a la santidad. Ser perfecto en la santidad quería decir ser libre del pecado. ¡Esta libertad había de ser experimentada ahora!

El perfecto amor y la libertad cristiana eran lo mismo para Wesley. Estas dos experiencias son escriturales y significan lo mismo que la santidad. Tener esta libertad cristiana quiere decir que el pecado ha sido destruido. El amor a Dios y al prójimo es una buena disposición. Cuando este amor reina en el alma, las disposiciones opuestas —"mente carnal, malicia, crueldad, venganza"— son destruidas. "Uso la palabra *destruida* porque San Pablo la usa. En mi Biblia no encuentro la palabra *suspendida.*" Esta pureza se deriva de Cristo, pero está dentro del corazón del cristiano que ha sido enteramente santificado.[67]

Esta libertad del pecado es también expresada en la expresión: morir al pecado. Realmente esta muerte al pecado es una muerte a uno mismo y ocurre de tal manera que resulta en "pobreza de espíritu, lamentos, humildad, hambre y sed de justicia, amor a nuestro prójimo y pureza de corazón".

> ¡Sed, pues, humildes en espíritu; pequeños, y bajos, y malos, viles en vuestros propios ojos; asombrados y humillados hasta el polvo de la tierra, al contemplar el amor de Dios que está en Cristo Jesús vuestro Señor! Sed serios: dejad que la corriente completa de vuestros pensamientos, palabras y obras sea tal que fluya de la convicción profunda de que vosotros estáis a la orilla del gran abismo... Sed humildes: dejad que vuestra alma sea llena con suavidad, gentileza, paciencia, benignidad hacia todos los hombres, al mismo tiempo que todo lo que hay en vosotros tenga sed de Dios.[68]

Desde el momento de la justificación existe una mortificación gradual del pecado innato hasta el momento en que uno "experimenta una muerte total hacia el pecado". Este proceso de morir puede durar mucho, sin embargo, uno no está muerto al pecado "hasta que el pecado es separado del alma". En ese momento de muerte completa, o libertad del pecado, el alma "vive la vida del amor".[69]

¿Enseñó Wesley que el pecado era erradicado? El no estaba tan interesado con los términos que se usaban para expresar la verdad, como lo estaba en que la verdad fuera preservada. Cuando se le demandó que diera una definición, usó términos fuertes para expresar esta purificación. Dijo que ninguno, por la gracia que tiene, "puede expeler el orgullo, el ego o el pecado original". Puede "mortificar las obras del cuerpo", puede "*debilitar*" a sus enemigos, pero no puede "*expulsarlos*". No puede "*extirparlos*". No hay manera de que un cristiano pueda "limpiarse completamente" a sí mismo. "Lo que es más, en ninguna manera podemos nosotros limpiarnos hasta que le plazca a nuestro Señor decir... por segunda vez, 'sé limpio': Y entonces la lepra es limpiada. Es entonces cuando la raíz maligna, la mente carnal, es destruida; y el pecado innato no existe ya más."[70] Si erradicar quiere decir lo mismo que "expeler", "echar fuera", "extirpar", "limpiar completamente", entonces es una descripción válida del concepto de Wesley.

Pope no vacila en usar las palabras "extinguir enteramente" para describir esta limpieza de todo pecado.[71] El término "erradicación" tiene sus desventajas, como la mayoría de los términos que se usan para describir las cosas espirituales, pero también hay algo completo y decisivo en él.[72] Ciertamente no es más fuerte que las palabras que Wesley usó. Warfield describió esta limpieza como una erradicación.

> Ciertamente sería mucho mejor ser libres del "principio de pecado" en nosotros que meramente ser libres de sus efectos en nuestras acciones. Y esto es en realidad lo que las Escrituras proveen. Ciertamente lo que ellas enseñan es precisamente "erradicación". Tienen el propósito de liberarnos del pecado librándonos del "principio de pecado"... Es cierto que hay una contrarreacción*, y es cierto, que hay supresión; pero fundamentalmente, hay erradicación.

**counteraction.*

Esta erradicación continúa, y continúa, pero no se completa hasta "el más allá"[73] Warfield y Wesley estuvieron de acuerdo sobre la naturaleza de la limpieza pero difirieron entre sí en cuanto a cuándo se completaba. La definición de Wesley del pecado le permitía hacer esto.

Sangster cree que los términos "erradicación", "extinción", "suspensión" o "supresión" están todos equivocados y son engañosos. Puesto que el pecado no es una "cosa", estos términos no se aplican.[74] Pero cuano uno discute así como Sangster, tiene también que descartar tales términos escriturales como "limpiar" y "destruir". Wesley y sus contemporáneos deben ser considerados escriturales en cuestión de términos ya sea que uno esté de acuerdo o no con éstos. Lo que sea que estos términos signifiquen, algo le sucede al pecado.

> Creer que el corazón humano puede ser limpiado del pecado es algo atrevido y grande para creerse, y hemos protestado en contra de cualquier suposición fácil que se haya hecho porque está atestada de peligros terribles, no el más pequeño de los cuales es un desaliento sutil en contra de ser honesto con uno mismo. Pero la convicción opuesta, según le parece al escritor, no es menos terrible. El sostener la convicción determinada de que simplemente tal cosa *no puede* ser y de que uno necesita siempre mentalmente esperar que haya pecado en la vida de uno, sugiere toda clase de racionalizaciones a nuestras mentes pecaminosas. Con qué facilidad ignoramos el mandato de Pablo, "vestíos del Señor Jesucristo, y no proveáis para los deseos de la carne". Con qué vehemencia este deseoso corazón arregla una "inevitabilidad" como una excusa siempre lista. ¿Puede algún hombre confiadamente y sin desviarse continuar buscando lo absolutamente inalcanzable?[75]

Posiblemente hubiera menos objeción a estos términos que describen lo que le sucede al pecado en el acto de la limpieza si hubiera un acuerdo posible sobre una definición precisa del pecado que es limpiado. Ya se ha discutido el concepto de Wesley en relación con el pecado. Cuando uno no confunde la idea de la pecaminosidad como un mal carácter interno con todas sus flaquezas y errores, es fácil ver una limpieza presente que puede ser completa. Si el pecado es identificado tan estrechamente con la humanidad, o si se cree que consiste en defectos que resultan del pecado, entonces no es posible una limpieza total en esta vida. "Erradicar" estas faltas y limitaciones sería

La Perfección Presente

igual a removernos de la existencia humana. Wesley nunca vio el pecado de esta manera —al menos el pecado que necesitaba ser purgado— así que no es correcto acusarlo de tal cosa.

Tanto Sangster como Flew criticaron la definición de Wesley del pecado. Flew cree que "el énfasis en la intención concienzuda y deliberada del agente es el defecto más formidable en la doctrina de Wesley de lo ideal".[76] Flew y Sangster creen que Wesley pensó en el pecado como una "cosa".[77] No es tanto que Wesley haya pensado del pecado como una cosa, cuanto que él pensó del pecado en términos bíblicos que pudieran impartir tal significado. No estaba adherido al cuerpo humano o a alguna parte del cuerpo. El pecado no tenía existencia en la esencia material de la misma manera que el amor tampoco lo tenía. ¿Cómo podría la "intención consciente y deliberada" ser "cosas"? Claramente se ve que son nociones que se relacionan con el Espíritu, pero no con el cuerpo.

Cell está consciente de que el concepto de Wesley del pecado es idéntico al del cristianismo histórico desde San Pablo hasta Calvino: "No podría ser más negro."[78] El hecho de que en el proceso de la salvación el creyente podía alcanzar un punto de perfección que procedía de un corazón puro no quería decir para Wesley que el pecado debiera ser considerado como de menor importancia. Entre más negro era el pecado, más grande era la gracia por medio de la cual era limpiado. Cuando Wesley declaró que el corazón del hombre era "engañoso y perverso", él lo dijo sinceramente. Pero también declaró que el sacrificio de Cristo podía destruir ese engaño y esa flaqueza en el corazón. Lo que era aún más, él creía que las marcas de la pecaminosidad permanecían en la naturaleza humana que era libre del pecado. Esta distinción en el pensamiento de Wesley se investigará en los próximos dos capítulos.

"Cuando a Wesley se le permite definir sus términos y mencionar sus limitaciones, es muy posible que se conceda que esta parte de su doctrina tiene bases bíblicas."[79] Wesley sí enseñó que el pecado podía ser "inconsciente" y que sólo el Espíritu Santo podía despertarlo a uno a su necesidad más profunda. Flew no logró captar el significado más profundo en el concepto de Wesley si él pensó que éste excusaba a la "gente buena" que estaba "inconsciente de su propio egoísmo", o al "hombre vengativo" quien se creía "animado solamente por un respeto propio de sí mismo".[80] Un estudio cuidadoso del sermón de Wesley acerca del "Arrepentimiento de los Creyentes" revela que Wesley no excusó la voluntad propia, el amor al mundo, el orgullo, la venganza o alguna otra maldad en el corazón del creyente. El creyente debe ser *convencido* de estos pecados antes de que ocurra una limpieza total. Estos pecados son traídos a la superficie, por el Espíritu, para que uno esté consciente de ellos.[81]

Cuando el Espíritu ayuda al creyente a conocer el pecado profundo de su corazón, entonces el creyente puede ser completamente limpio por medio de la fe. Lo que le ha sido revelado puede ser removido. "El puede salvarte de todo pecado que permanece en tu corazón." El mismo Espíritu que trae convicción de pecado y que limpia el pecado, permanece constantemente para preservar el corazón "momento a momento". Mientras se tiene fe, hay victoria sobre el pecado.[82] En vista de estos hechos, la declaración de Flew de que el concepto de Wesley del pecado requiere que el grado de santificación obtenido por cualquier agente "dependerá de su desarrollo moral previo, de su propia intuición en cuanto al móvil, y de su conocimiento de sí mismo", pierde su pertinencia.[83] Flew no da lugar al despertamiento y el poder iluminador del Espíritu y a la profunda operación del Espíritu. Si el cristiano fuera dejado sólo a su propio discernimiento para verse a sí mismo y para limpiarse a sí mismo, estaría en peligro de una naturaleza engañosa. Pero en el punto de vista de Wesley, ¡el cristiano no ha sido dejado solo!

El pecado que ha de ser limpiado en esta vida, entonces, no es ese que fácilmente se ve y se hace a un lado. Es una enfermedad cuyos gérmenes han infectado la naturaleza total del hombre. Si se destruyen los síntomas esto no pondrá fin a la enfermedad. Es necesario llegar al corazón del asunto. La enfermedad misma necesita ser curada. La perfección significa muerte al pecado, no necesariamente un final a las marcas que el pecado ha hecho.[84] Por el poder sobrenatural de Dios el pecado "no debe existir más" mientras que el cuerpo quebrantado y la naturaleza humana continuarán en una condición debilitada hasta la muerte. Sólo cuando el pecado es visto así se puede aceptar una cura presente para el pecado.

El pecado, entonces, no está ubicado en el cuerpo como tal.

Pensar así debilita cualquier concepto que se tenga del pecado. La condición del cuerpo puede influir sobre el alma en su lucha, pero hacer del cuerpo la base o factor determinante en la lucha moral del hombre es inaceptable.[85] El pecado está "en la carne" (Ro. 8:3), pero aquí, *carne* debería entenderse como naturaleza humana aparte o separada de la gracia divina. Como tal, el pecado es "un intruso odioso" que está dentro y debe ser expulsado del corazón.[86] Este elemento extraño en la naturaleza del hombre debería ser visto como lo opuesto al amor. Cuando el amor es visto como lo vio Juan Wesley, como un don dado por el Espíritu Santo, entonces su contrario, el pecado, es aquello que puede ser expulsado. El amor no puede reinar supremamente sino hasta que lo contrario sea destruido. "El amor tiene entera posesión" de quien ha sido enteramente santificado.[87]

¿Cuáles son algunas de las marcas de este corazón puro? Wesley expresó esta pureza interna de diferentes maneras. Es "una voluntad permanente y uniformemente dedicada a Dios", o "un corazón y una vida enteramente dedicados a Dios".[88] El que está "muerto al mundo está vivo para Dios". Todo el corazón ha sido dado a Dios y no existe ningún placer excepto "en lo que se inclina hacia Dios".[89] En este corazón puro no hay pecado. El perfecto "no siente otra cosa más que amor". No siente temperamento alguno "contrario al amor puro".[90] Wesley no creía que uno podía ser engañado en cuanto a esta clase de amor, puesto que tal persona se había arrepentido verdaderamente de su pecaminosidad, y había confiado en El. Esta pureza interna no es una santidad externa, pero nos prepara para ella y resulta en ella.[91] Uno difícilmente podría ser puro de corazón y no demostrar alguna evidencia externa de ello. Pero uno no debe dar por sentado que la perfección está en las evidencias externas. La perfección está en el corazón.

Además, la perfección es una pureza de intención. Las obras externas son consagradas a Dios "por una intención pura y santa".[92] Las obras externas, no importa qué tan buenas parezcan, no pueden agradar a Dios aparte de un temperamento interno bueno y puro. Sin esta intención interna y santa, todas las obras externas aunque sean singularmente buenas, son sólo farisaicas. Es cierto que necesitamos la justicia de los fariseos, pero nuestra justicia debería "sobrepasar a la de ellos en pureza y espiritualidad". McConnell criticó la idea de Wesley de la intención pura con la sugerencia de que todos los hombres tienen la intención de hacer el bien y no quieren que se sospeche de ellos que tienen malas intenciones.[93] Pero esta clase de crítica no llega hasta el centro de la idea de Juan Wesley. El habló de algo "más profundo y de tiempo atrás". Esta perfección es "simplicidad de intención y pureza de afecto". Es "un diseño en todo lo que hablamos o hacemos, y un deseo que gobierna todos nuestros temperamentos". Es "una disposición habitual del alma". Es una "intención pura del corazón, un constante interés en su gloria en todas las acciones de uno".[94] Esto es algo diferente de una "intención cabal para hacer el bien" que carece de esfuerzo propio para determinar qué es lo correcto.[95]

Existen dos problemas con que se enfrentan los que no logran ver la doctrina de Wesley de la libertad del pecado. Un problema es creado cuando se piensa en la obtención (de ello) como un esfuerzo natural del hombre, el cual está ciego a su propio ego interno. Seguramente, "el problema del pecado" no puede ser resuelto por el hombre solo, y el problema del pecado permanecerá en él. El otro problema es creado al hacer que el pecado incluya todas las debilidades consecuentes de la pecaminosidad. Si la perfección como libertad del pecado implica la libertad de las debilidades, entonces la solución al problema del pecado está más allá de esta vida. Wesley no creó estos dos problemas en su mente. Para Wesley, el pecado era una enfermedad profundamente arraigada la cual no es natural en el hombre, y la cual puede ser curada. Además, este remedio es realizado, no por el esfuerzo humano o por crecimiento natural, sino por el poder purificador del sacrificio del Salvador. La perfección, para Wesley, era un don sobrenatural. Este don es dado en un momento, aunque existe un período de crecimiento gradual y de preparación que le antecede. Es seguido por un crecimiento continuo y una bendición que va en aumento.

Es una Obra del Espiritu Santo

Un rápido vistazo a la literatura teológica que tiene que ver con el Espíritu Santo o con la santificación, basta para revelar el acuerdo general de que la santificación es una obra especial del Espíritu Santo. Los escritores reformados enseñan que la santificación es una obra del Espíritu. Lutero enseñó que el

La Perfección Presente

Espíritu era dado "para invertir el tesoro". El Espíritu da a Cristo al corazón y hace todas las buenas obras necesarias. Estas obras no son completas porque el pecado y la ignorancia permanecen en la persona. Pero el Espíritu Santo habita en el creyente y lo hace sentir un amor hacia Dios. El lo liberta del pecado y del terror, pero la obra no es completa.[96] Aquí en Lutero, el principio de la verdadera santificación era la obra del Espíritu. Kuyper escribió diciendo que "la obra apropiada del Espíritu Santo es conducir a la criatura a su destino, causarle que se desarrolle de acuerdo a su naturaleza y perfeccionarla".[97] Similarmente, Berkouwer ve la santificación como una obra en el hombre hecha por el Espíritu Santo:

> Cualquier reflexión sobre la santificación tendrá que concentrarse en la naturaleza del "nuevo principio". Esta renovación de la vida humana en gratitud y amor siempre ha sido considerada la obra del Espíritu Santo. Sólo el Espíritu podría llevar a cabo los milagros de hacer al hombre andar en el camino de la santidad sin que éste se dé cuenta de su propio valor.[98]

Murrary sostiene que la regeneración es obra del Espíritu Santo y que por medio de este acto de Dios el creyente viene a ser habitación del Espíritu Santo. "La santificación es una obra de Dios *en nosotros*" y es "especialmente la obra del Espíritu Santo que mora y nos dirige".[99] Esta posición claramente asevera que el Espíritu es dado en el momento de la regeneración, y el proceso de la santificación es llevado a cabo por el Espíritu residente en el corazón. Debería mencionarse que estos puntos de vista no ven la santificación como un don especial del Espíritu subsecuente a la regeneración.

Nels Ferre sostiene que Wesley prácticamente consideraba que la gracia salvadora y la presencia del Espíritu Santo eran una y la misma cosa. El Espíritu es dado cuando uno es perdonado y vuelve a Dios. Pero la santidad es también un don de la gracia de Dios, por lo tanto, es una obra del Espíritu. Este don es dado solamente a los que se arrepienten de su propia justicia. Este don de gracia hace un pueblo puro.[100] De acuerdo con Wesley, el que no haya recibido el Espíritu Santo todavía no es cristiano. Un cristiano es uno que es "ungido con el Espíritu Santo y con poder".[101] Antes de 1738, Wesley enseñó que el

Espíritu Santo como un don, "tiene su cumplimiento en la resurrección; porque es entonces cuando la vida de Dios es completada en nosotros". Es entonces cuando Él será dado totalmente al redimido.[102] En 1744, Wesley creía que nadie era salvo hasta que recibía el Espíritu Santo.[103]

> Por ejemplo, yo aseguro que "hasta que un hombre 'reciba el Espíritu Santo', está sin Dios en el mundo; que no puede discernir las cosas de Dios, a menos que Dios se las revele por medio del Espíritu; no, ni tampoco tiene siquiera un genio santo o celestial, sin la inspiración del Santo Dios".[104]

Wesley creía que cualquier cambio llevado a cabo dentro del corazón de una persona era por medio de la inspiración del Espíritu Santo, y hasta que este santo amor era "derramado en todo el corazón", nadie podía entrar en el cielo.[105] Esta enseñanza de Wesley puede parecer extraña a algunos que insisten que el Espíritu Santo es dado subsecuentemente a la regeneración, en la ocasión de una "segunda bendición", pero en este concepto Wesley estuvo de acuerdo con la mayoría de la enseñanza reformada.[106]

Los que han abogado por la santidad generalmente han sostenido que el Pentecostés, o el bautismo con el Espíritu Santo, es idéntico con el don dado al momento de la entera santificación. C. E. Brown entiende la venida del Espíritu Santo sobre la iglesia en el Nuevo Testamento como una experiencia sólida para el creyente. Explica una cantidad de narrativas escriturales en relación con ese asunto. Todos los que recibieron el Espíritu Santo eran personas que inicialmente habían sido "salvas". En una segunda crisis de salvación, el creyente es bautizado con el Espíritu Santo, momento en el cual el corazón es purificado por medio de la fe (Hch. 15:9).[107] La mayoría de los escritores en el movimiento de la santidad moderna que siguen la tradición wesleyana están en un acuerdo sustancial con esta posición.[108] En toda esta investigación no se ha encontrado a nadie que se oponga a esta identificación, aunque no todos hacen el mismo énfasis,

Esta enseñanza es que la perfección cristiana o la entera santificación es el bautismo con el Espíritu Santo tal y como los discípulos lo recibieron el día del Pentecostés. En esta ocasión, los discípulos, que ya eran creyentes, fueron llenos con el Espíritu Santo y por tal acto sus corazones fueron purificados. ¿Es esta enseñanza, que ha llegado a ser explícita en los pregoneros de la santidad wesleyana, también sostenida por Wesley? No hay duda de que él vio la santidad y la perfección como una obra del Espíritu *en nosotros* pero, ¿era la crisis de la experiencia a la cual él llamó instantánea, equivalente a la experiencia pentecostal de Hechos, llamada muy a menudo el bautismo con el Espíritu Santo?

Wesley consideró que el propósito más excelente en la dádiva del Espíritu Santo en el día de Pentecostés no eran los dones sino el dar a los presentes (lo que nadie puede negar que es esencial en todos los cristianos de todas las edades) la mente que había en Cristo, esos frutos santos del Espíritu de los que si alguien carece, no es de El; para llenarlos con

> "amor, gozo, paz... benignidad, bondad... mansedumbre" (Gá. 5:22-24); de capacitarlos con fe... mansedumbre y temperancia;... y, en consecuencia de ese cambio interno, cumplir toda justicia externa, para "andar como Cristo anduvo".[109]

Por supuesto Wesley vio el principio de esta santidad en la regeneración y en la santificación inicial. Estas son obras del Espíritu realizadas en el corazón cuando el pecador arrepentido cree. Puesto que esa obra de santidad no es perfecta, ¿espera el creyente una infusión más grande del Espíritu cuando es enteramente santificado? En 1738, cuando Wesley se encontraba en Alemania, oyó que la renovación completa del creyente no se llevaba a cabo hasta que recibiera "el don del Espíritu Santo". Estos moravos en Alemania enseñaban que había un "estado intermedio" entre la esclavitud de Romanos 7 y la "completa libertad gloriosa de los hijos de Dios". Para ellos esta "libertad gloriosa" ocurría con "el derramamiento del Espíritu Santo en el día del Pentecostés".[110] Obviamente este concepto permaneció con Wesley, porque en 1762 escribió:

> Hace muchos años que mi hermano frecuentemente solía decir: "Tu Pentecostés personal no ha llegado todavía; pero no dudo que vendrá; y entonces oirás de personas santificadas, tan frecuentemente como ahora escuchas de personas justificadas." Cualquier lector sin prejuicios puede observar que ahora ya había llegado completamente y efectivamente oímos

de personas santificadas tan frecuentemente como de personas justificadas; aunque estos últimos casos eran mucho más frecuentes de lo que habían sido en los últimos 20 años. Que muchos de éstos no retenían el don de Dios no es prueba de que no lo habían recibido. Que muchos lo retienen hasta el día de hoy, es motivo de adoración y agradecimiento.[111]

Es muy claro que Wesley asoció en su mente de una manera muy palpable el Pentecostés y la santificación, con lo que él quiere decir entera santificación. También le llama el "don de Dios", dando a entender el don del Espíritu Santo.

Sin embargo, en 1770, Wesley vaciló en llamarle a esta segunda experiencia el "recibimiento del Espíritu Santo". Dijo que si querían, otros podían llamarle así, pero la frase "no es escritural, ni tampoco apropiada; porque todos, cuando fueron justificados, 'recibieron el Espíritu Santo".[112] Parece que Wesley temía que el uso del término "recibiendo el Espíritu Santo" exclusivamente para la segunda experiencia, disminuiría su significado para la regeneración. Wesley nunca quiso tampoco disminuir el contenido de la regeneración para dar lugar a la entera santificación. Sin embargo, como quiera que esto sea, es cierto que Wesley vio la "segunda bendición" como un don instantáneo de Dios, y la terminación del proceso de limpieza. Puesto que la santificación era una obra del Espíritu, esta segunda y más alta obra era grande y podía ser vista como una obra especial del Espíritu. Ciertamente esta idea es implícita en Wesley.

Lo que era implícito en Wesley era mucho más explícito en sus asociados. John Fletcher claramente enseñó que "la promesa del Padre" se cumplía en la perfección cristiana. Los discípulos eran conducidos hacia la perfección en el derramamiento del Espíritu Santo. Esta "promesa" es para los creyentes en el evangelio de Cristo que pueden recibir "un poder peculiar del Espíritu", el cual los capacita por medio de la fe para "aceptar la promesa de la entera santificación". "¿Qué tantos bautismos se necesitan para limpiar totalmente el corazón?" preguntó Fletcher. Si con uno basta, mucho mejor. Si dos o más son necesarios, la promesa es todavía buena.

> Sin embargo, puede que me aventure a decir, en general, que antes de que podamos clasificarnos entre los cristianos

La Perfección Presente

perfectos, debemos recibir tanto de la verdad y del Espíritu de Cristo por medio de la fe, como para tener el amor puro de Dios y del hombre, derramado en nuestros corazones por el Espíritu Santo que nos es dado, y ser llenos con la mente humilde y sencilla que tuvo Cristo. Y si un derramamiento del Espíritu, una manifestación brillante de la verdad santificadora, nos vacía a tal grado de nuestro ego, que nos llena con la mente de Cristo y con el amor puro, somos indudablemente cristianos en todo el sentido de la palabra.[113]

Wesley no tenía objeción alguna a esta posición. Adam Clarke, contemporáneo de Wesley, hizo hincapié en la obra de la entera santificación como "una grande efusión del Espíritu Santo."[114] Sin lugar a dudas él asoció la obra de la purificación de todo pecado con el derramamiento pentecostal del Espíritu Santo.[115] Siguiendo en las pisadas de Fletcher y Clarke, y sin dudar la adherencia de éstos a Wesley, los metodistas norteamericanos del siglo xix asociaron la experiencia de la entera santificación con el ser llenos con el Espíritu. Esto no significó que la obra del Espíritu en la regeneración se hacía a un lado. Significó que a esta obra especial e intantánea del Espíritu se le dio un énfasis especial, especialmente por aquellos metodistas que hicieron hincapié en la santidad instantánea.[116]

Pero lo que es más evidente en los escritos de Wesley es el hincapié que él hizo sobre el testimonio del Espíritu a la perfección cristiana. Wesley enseñó que el creyente podía saber que la obra de la entera salvación se había llevado a cabo en él mismo. El Espíritu Santo da testimonio acerca de la primera obra de Dios cuando uno cree primeramente. Uno no debe "descansar en ningún supuesto fruto del Espíritu" sino que debe buscar hasta que el Espíritu clame en su corazón: "Abba, Padre."[117] Lo que es más, este mismo Espíritu dará testimonio de la obra de la entera santificación. Uno puede estar tan seguro de la "segunda bendición" como lo está en la justificación. Tal vez este segundo testimonio no siempre sea claro al principio, pero puede ser ambos, tan claro y permanente como el primer testimonio. Es un testimonio directo del Espíritu Santo que lo hace saber a uno que es santificado totalmente.[118]

El vio la fe y el testimonio del Espíritu como dos elementos que necesariamente deben estar unidos. La fe desde luego implica una "seguridad" o "evidencia", y el que tiene fe verdadera tiene el "testimonio en sí mismo". Esta evidencia es el testimonio del Espíritu.[119]

> "¿Pero qué es esa fe por medio de la cual somos santificados, salvos del pecado y perfeccionados en el amor?" Es una evidencia divina y una convicción, primero, que Dios lo ha prometido en las Sagradas Escrituras...
> Es una evidencia divina y convicción, en segundo lugar, de que lo que Dios ha prometido, está capacitado para llevar a cabo...
> En tercer lugar, es una evidencia y convicción divinas de que El está capacitado y está dispuesto a hacerlo ahora...
> A esta confianza, de que Dios puede y está dispuesto a santificarnos ahora, es necesario agregar algo más, —una evidencia y convicción divinas de que lo hace ahora. En esa hora El lo hace: Dios le dice a lo más recóndito del alma, "conforme creíste, te sea hecho". Entonces el alma está pura de toda mancha de pecado; está limpia "de toda iniquidad".[120]

Esta "evidencia y convicción divinas" son el testimonio del Espíritu Santo al corazón del creyente.[121]

Wesley tuvo muchos discípulos que testificaron de esta seguridad interna de la entera santificación.[122] Habían buscado intensamente esta "bendición". Hubo un tiempo cuando creyeron en la salvación (completa) de sus almas. En ese momento, el Espíritu Santo llevó a cabo una gran obra en sus corazones. La misma obra y la fe llevaban su propia seguridad; ellos sabían que habían sido salvos. El Espíritu inspiró la fe; El hizo la limpieza, y El dio testimonio de la obra que se había hecho. Esta perfección presente para ellos era una obra del Espíritu.

F. Seguridad y Testimonio

Es muy claro que Wesley enseñó que uno podía saber que había sido hecho perfecto en el amor y de que había experimentado esta obra mayor del Espíritu, la entera santificación. ¿Creía él que uno que tenía tal seguridad debería dar testimonio de haberla obtenido? Wesley era muy cauteloso acerca de este punto, pero sostuvo que, una vez que uno la había obtenido, "difícilmente lograría restringirse, pues el fuego dentro de él sería demasiado ardiente". Sin embargo, después de un tiempo él se refrenaría de hablar acerca de ello a los que "no conocían a Dios". Ni tampoco hablaría a nadie acerca de ello "sin haber un buen fin en perspectiva". Aun entonces, cuando hablaría, lo haría sin dar ninguna apariencia de vanagloria y con toda humildad y reverencia. Hay tiempos cuando él debería hablar, dejar su luz brillar, y así animar a "otros a buscar la misma bendición". Tal vez fuese mal interpretado, pero hay tiempos cuando debería hablar.[123]

Wesley ha sido criticado severamente en relación con este punto del testimonio de haber obtenido el ideal, por algunos de sus alumnos que más simpatizan con él. Flew declara que la palabra "seguridad"* es un defecto en la doctrina de Wesley de la perfección. Cree que Wesley, aunque nunca testificó explícitamente tener la experiencia, "habló y escribió acerca de ella como si apreciara el don cabalmente, como si procediera del interior". Wesley empezó con el principio de que en la salvación, "la fe perfecta es acompañada por su evidencia interna".[124]

> La palabra *seguridad* conlleva en sí misma una de las marcas de la vida cristiana. El Nuevo Testamento ofrece a los que se arrepienten y creen, un conocimiento de Dios, una comunión consciente. El estar así consciente es parte de la misma esencia del nuevo compañerismo. Así como se espera que cada niño conozca a su padre, se espera también que cada hombre conozca a Dios. Pero si nuestra crítica de la doctrina de Wesley del pecado es válida, la palabra "seguridad" no es aplicable al desarraigo (o erradicación) de todo pecado que mora. Un hombre puede dar testimonio de su conocimiento de un Dios que está dispuesto y puede 'destruir lo último que permanece del pecado'. (Pero) no se conoce a sí mismo lo suficiente como para sostener que Dios ya lo ha hecho. Puede estar consciente de que está en las manos de Uno cuya presencia inunda su corazón con el espíritu de un amor sobrenatural. Pero no puede sin orgullecerse creer que ya no se encuentra en un nivel permanentemente bajo, sino en un nivel permanentemente alto. La primera clase de seguridad es una convicción acerca de Dios. La segunda clase de seguridad es una convicción acerca de sí mismo. El hincapié hecho en tal confianza se basará en una liberación particular en el pasado, en lugar de poner el énfasis en el Libertador experimentado en el presente.[125]

Este argumento es de peso, pero hay que usar cautela para no repudiar repentinamente el concepto de la seguridad de Wesley. En primer lugar, la crítica de Flew del concepto de Wesley del pecado no es válido del todo, como ya se ha demostrado. El "pecado residente" no es una "cosa", ni tampoco Wesley incluye en este "pecado" todo lo que Flew implica que aquel incluyó. Esto será más claro en el capítulo que habla de "los 'pecados' del santificado". En segundo lugar, Flew asevera que uno no se conoce a sí mismo lo suficientemente bien para sostener que Dios ya ha hecho la obra en él. Uno puede tener la seguridad de la voluntad y habilidad que Dios tiene pero no de cuando ejecuta la obra. Si Flew tiene la razón acerca de esta declaración, entonces el creyente no podría tener la seguridad de ningún cambio. Wesley vio esto cuando escribió concerniente al testimonio del Espíritu sobre la santidad:

> "Pregunta 17: ¿Pero qué necesidad hay de ello, siendo que la santificación es un cambio verdadero, no relativo únicamente, como la justificación?
> "Respuesta: ¿Pero es el nuevo nacimiento un cambio relativo únicamente? ¿No es éste un cambio verdadero?...
> "Pregunta 18: ¿Pero brilla la santificación por su luz propia?
> "Respuesta: ¿Y qué no brilla el nuevo nacimiento también? Algunas veces sí; y también la santificación; otras veces no. En la hora de la tentación Satanás oscurece la obra de Dios, e inyecta varias dudas y razonamientos, especialmente en aquellos que tienen un conocimiento muy débil o muy fuerte. En tiempos como éstos existe una necesidad absoluta de ese testimonio, sin el cual la obra de santificación no sólo se puede discernir, pero ni siquiera puede subsistir. Si no fuera por este testimonio, el alma no podría permanecer en el amor de Dios, mucho menos se podría regocijar perennemente, y dar gracias en todo. Bajo estas circunstancias, por lo tanto, se hace necesario, en el más alto grado, un testimonio directo de que somos santificados."[126]

Dos cosas deberán notarse en estas palabras de Wesley. La justificación, que incluye el nuevo nacimiento, es más que una relación con Dios; en un cambio verdadero. Además, el creyente no siempre puede conocer la condición de su corazón con sólo observarse a sí mismo —¡Dios necesita decírselo! Wesley razonaba que el hombre no necesita "conocerse a sí mismo lo suficientemente bien como para sostener que Dios ya ha hecho la obra en él"; lo que forzosamente necesita es conocer la voz de Dios. Esta "convicción acerca de sí mismo" se basa en una fuente más elevada de conocimiento que el mero "conócete a ti mismo".[127]

La Perfección Presente

Un tercer defecto de la crítica de Flew a Wesley sobre este asunto es el uso de la palabra "permanentemente" para los niveles inferior y y superior de la gracia, y en su sugerencia de que Wesley da énfasis a una liberación pasada, no a un "Libertador presente". Estos términos no le hacen justicia al énfasis que Wesley le dio a la vida de "momento a momento".[128] Si se le da la debida atención a la definición de Wesley al pecado que es limpiado en la entera santificación, y a su enseñanza de cómo obtener y mantener el amor perfecto, mucha de esta crítica pierde valor. Admitimos desde luego que muchos, con menos discernimiento que Wesley, dejaron de salvaguardar su enseñanza sobre este punto, pero Wesley vio los peligros y trató de evadirlos.[129]

Wesley no estaba ciego a los peligros inherentes en cuanto una persona testifica poseer un corazón perfecto. Sangster cree que los peligros son más grandes cuando se pone el énfasis en la idea negativa, "libertad del pecado".

> Si un hombre está convencido de que está libre de todo pecado; si, además, por algún capricho de fe es convencido también que el dudar de su libertad del pecado es un insulto a Dios, y es equivalente a dudar de la Biblia, él estará necesariamente más propenso a no reconocer la presencia del pecado cuando se suscite en su alma. Tal persona ha construido con sus propias manos una pared entre él mismo y el conocimiento de sí mismo. Pone una venda en sus propios ojos siempre que da una mirada introspectiva, a pesar de que cuando mira hacia afuera a los demás, muy a menudo parece que no sólo su venda es removida de sus ojos, sino que también parece que sus ojos se agudizan con críticas.[130]

Se ha de observar inmediatamente que, como lo admitiría el mismo Sangster, Wesley no dejó tal "trampa" en su enseñanza. Cada cosa real tiene su imitación, y una persona que puede hacer lo que se describe arriba, ni tiene fe ni está limpia. Tales imitaciones no son más que un argumento en contra de la "libertad del pecado" al igual que la doctrina de que los sacerdotes perversos y los monjes de la Edad Media son argumentos en contra de la iglesia cristiana, ¡o al igual que decir que los participantes hipócritas de la Cena del Señor son argumentos en contra de los sacramentos de la iglesia! La *sola fide* y la *sola gratia* pueden tener sus antinomianos, pero estas doctrinas también son los tesoros de muchos santos.

La razón por la cual la persona que Sangster describe se encuentra en peligro es que tal persona no ha seguido a Wesley ni a las Escrituras. Wesley nunca enseñó que una persona necesita verse introspectivamente para tener la seguridad de la "libertad del pecado". Este era el defecto fatal del fariseo que oró en el templo. Se vio a sí mismo y no a la misericordia de Dios. Todo aquel que busca dentro de sí mismo para encontrar la evidencia de la libertad del pecado se pone en peligro a sí mismo y a sus amigos. Admitimos inmediatamente que muchos han errado la enseñanza de Wesley en relación a este punto, y que necesitan la corrección que Sangster da. Además el hincapié que se hace en la idea de la "libertad del pecado" en lugar de la presencia del amor perfecto, conduce a un error peligroso. Es solamente en la vida de confianza que se vive "momento a momento", que se discutirá después, que este peligro puede evitarse.

Wesley no creía que uno podía conocer infaliblemente cuando otra persona era enteramente "libre de pecado". En realidad (dice Wesley) uno ni siquiera puede juzgar infaliblemente en lo que se relaciona a la justificación de otra persona. Pero él pensó que nadie debe oponerse a un testimonio claro cuando está acompañado con evidencia razonable.[131] Por supuesto que la presunción era una posibilidad, pero Wesley la descubría al instante:

> Y, primeramente, ¿cómo se ha de distinguir este testimonio de la presunción de una mente natural? Es cierto, uno que nunca ha sido convencido de pecado está siempre listo para lisonjearse a sí mismo, y para pensar sólo en él, especialmente en las cosas espirituales, más alto de lo que debe pensar. Y, por lo tanto, de ninguna manera es extraño, que, si uno que está hinchado vanamente debido a su mente carnal, cuando escucha de este privilegio de los cristianos verdaderos, entre los cuales, indudablemente, él se coloca, muy pronto llegará a persuadirse de que él también posee este cristianismo... Entonces, ¿cómo se puede distinguir el verdadero testimonio del Espíritu a nuestro espíritu, de esta presunción condenadora?[132]

La respuesta de Wesley a esta pregunta acerca de distinguir lo verdadero de lo imaginario, se encuentra en las Escrituras.

Ellas explican de una manera clara y sencilla las circunstancias que le anteceden al testimonio genuino, que le acompañan antes y después, para que nadie sea engañado. "Quienquiera que cuidadosamente pese y atienda estas circunstancias, no tendrá que aceptar las tinieblas en lugar de la luz."[133] William Townsend creyó que Wesley salvaguardó la doctrina de la seguridad. Escribe:

> La doctrina de Wesley de la santidad, del "perfecto amor", es realmente un corolario de su apelación a la experiencia. Porque si un hijo está consciente de su relación con su padre, puede existir la posibilidad de que ese conocimiento sea completo, "sin una nube de por medio", y como tal, será la fuente de gozo y de una confianza sin perturbaciones.[134]

Además, como ya es bien sabido, Wesley venció ciertos peligros al apelar a una "corte social". Las reuniones de clase, o grupos, eran una protección de algunas decepciones en lo que la gente aseveraba. Lo que Wesley proponía no era un individualismo puro.[135] Algunos se han alarmado porque no pueden encontrar en los escritos de Wesley ninguna declaración explícita de que él alcanzó la perfección cristiana. Algunos creen que Wesley nunca testificó haberla alcanzado.[136] Cell no está tan seguro así de que Wesley no dio testimonio de su experiencia cristiana. El alega que uno se desvía si infiere de la "objetividad constante de Wesley en su predicación pública y en sus escritos, que él no confesó en ocasión alguna su experiencia cristiana en el círculo íntimo de sus reuniones". Wesley difícilmente podría haber dejado de "compartir la experiencia" del avivamiento metodista, pero en realidad fue su fuente principal.[137] Preguntas muy difíciles se hacían en estas reuniones. Wesley no difícilmente pudiera haber salido adelante sin abrir su corazón a estos cristianos tan vehementes.

Con todas las salvaguardas que uno pudiese poner en contra de cualquier peligro presente en la enseñanza de la entera santificación, los peligros todavía se encuentran ahí, si no se le da al pecado una definición apropiada. Si el pecado del cual uno cree ser libre incluye la ignorancia, flaquezas y errores, entonces uno ha de estar ciego para profesar tal libertad. O si esta libertad significa que ya no habrá más tentación o si se cree que incluye la imposibilidad de pecar otra vez, sus peligros son muy evidentes. Si esta aseveración quisiera decir que ya no hay más necesidad de búsqueda espiritual, humildad ante Dios, confesión y una constante dependencia en Cristo, sería algo pagano. O si libertad del pecado significa libertad de imperfecciones exteriores y fracasos de tal manera que uno viva una vida ética perfectamente en toda conducta externa, entonces tal aseveración es una absoluta hipocresía. La libertad del pecado que predicó Wesley era la libertad de todo lo que se opone al amor puro en el corazón. Puesto que Dios da esta pureza, su obra es perfecta, y el corazón que ha recibido esta limpieza puede adherirse a Dios sin ningún rival interno. Pero hacer ese amor puro aparente en la conducta diaria de uno no es fácil, porque al hacerlo uno se encuentra con todas las limitaciones de una existencia terrenal y corrupta. La persona con un amor puro hacia Dios y el hombre puede valientemente atacar el medio ambiente hostil, pero su éxito no es la medida de su amor. El amor puede ser perfecto en presencia de muchas imperfecciones.

G. Obediencia a la Ley del Amor

La perfección en términos de la ley tiene varios significados porque la ley es definida de varias maneras. Uno podría definir la ley como algo idéntico con Dios, y solamente El podría perfectamente guardar esa ley. O uno podría muy fácilmente hacerse su propia ley, y fijar un modelo que guarda perfectamente. Los teólogos cristianos se han empeñado en definir la ley en conceptos escriturales, pero aún aquí existen las variaciones. Algunos consideran que la ley es el inmutable e inalterable modelo fijado por Dios para los mortales, y no hay manera de que hombres caídos lo guarden perfectamente. Otros sostienen que Dios sólo requiere lo que es posible, y el hombre que erra, puede, por medio de la gracia alcanzar la norma divina. ¿Cuál era la opinión de Wesley sobre este tema?

Wesley, al comentar sobre Romanos 7:12, "de manera que la ley a la verdad es santa, y el mandamiento santo, justo y bueno", declaró que esta ley es la ley moral. Existió antes que la mosaica, judía o ceremonial. Esta ley moral tenía su origen "antes de la fundación del mundo". Es una ley designada para criaturas morales, inteligentes y libres. Es la misma ley para los ángeles y los hombres, y fue escrita en el corazón "por el dedo de Dios". Si no hubiese habido la caída del hombre, esta ley hubiera sido entendida fácilmente y fuera sencilla todo el tiempo. En su rebelión, el hombre "casi borró completamente" esta ley "de su corazón". Pero Dios la "reinscribió" en el corazón del pecador "por medio del Hijo de su amor". Un conocimiento más claro de esta ley fue dado a Israel, pero está escrita en los corazones de los creyentes para que puedan entender su significado por medio del Espíritu.[138]

De acuerdo con Wesley, es correcto llamarle a la dispensación mosaica "la ley", pero esta ley es "imperfecta y oscura". Esta no es la ley que Dios escribe en el corazón. Pero la ley moral es "una imagen incorruptible del ser santo y elevado". "Es el rostro de Dios sin velo; Dios manifestado a sus criaturas en el grado en que éstas están capacitadas para soportarlo... Es el corazón de Dios revelado al hombre." Otra manera de decir esto es que esta ley moral es "la razón suprema e inalterable; es una rectitud inmutable; es la aptitud perenne de todas las cosas que existen o han sido creadas". Esta ley de Dios es una "copia de la mente eterna, una transcripción de la naturaleza divina".[139]

Esta ley tiene varios usos. El primero de ellos es "fulminar al pecador" al convencerlo de su pecado. El segundo es conducirlo a Cristo. "Toma la parte de un profesor de escuela muy severo." Otro propósito de la ley es "mantenernos vivos". Esta ley no desaparece. La ley judía ceremonial, o mosaica, es hecha a un lado. En cierto sentido hemos "terminado con la ley moral", (pues) no es un medio para procurar nuestra justificación. Pero, después de la justificación, la ley es útil "para convencernos del pecado que todavía permanece en el corazón", a fin de que busquemos la limpieza y "al confirmar nuestra esperanza de cualquier mandato que nos dé y que no hayamos todavía alcanzado".[140] Wesley consideró que la ley todavía estaba en vigencia en este aspecto, y que no fue abolida en Cristo. La ley nos conduce a Cristo; su amor nos ocasiona que amemos la ley.[141]

¿Es entonces la perfección una obediencia perfecta a esta ley de Dios que nos conduce a Cristo? Esta ley fue dada a Adán en el Edén, y requería obediencia en todas sus partes como una condición para vivir. Era una perfecta santidad interna y externa; no daba lugar alguno a quedar cortos, en ninguna manera, de la gloria de Dios. Esta obediencia perfecta "debería ser perfectamente sin interrupción" y debería "continuar sin ninguna intermisión" si el hombre iba a vivir eternamente.

> "Tú, hombre de Dios, permanece firme en el amor, en la imagen de Dios en la cual has sido hecho. Si has de permanecer con vida, guarda los mandamientos, que ahora están escritos en tu corazón. Ama al Señor tu Dios con todo tu corazón. Ama, como te amas a ti mismo, a toda alma que El ha creado. No desees ninguna otra cosa más que a Dios. Que tu meta sea Dios en todos tus pensamientos, en cada palabra y obra. No te desvíes, ni con el cuerpo ni con el alma, de El, quien es tu meta y el premio de tu más alto llamamiento. Y deja que todo lo que mora en ti glorifique su santo nombre, cada poder y facultad de tu alma, en cualquier clase, en cualquier escala, y a cada momento de tu existencia."[142]

En el caso de Adán la perfección hubiera sido obediencia perfecta a esta ley moral perfecta. Esta obediencia perfecta era perfección tanto en el corazón como en obra. Ninguna desviación era permitida. Este fue el primer pacto de Dios con el hombre.

Pero Adán cayó, así que Dios proveyó un nuevo o segundo pacto. Wesley enseñó que este nuevo pacto no requiere "obediencia impecable"*, porque si así fuera nadie podría ser salvo. "No requiere ninguna cosa que sea imposible para hacer... En realidad, estrictamente hablando, el mandamiento de *gracia* no requiere que *hagamos* ninguna cosa del todo, como absoluta e indispensable necesaria, para nuestra justificación." La fe se yergue en el lugar de la obediencia perfecta para nuestra aceptación con Dios.[143] El pacto de las obras requería de Adán que él mismo pagara el precio; en "el pacto de gracia, puesto que no tenemos nada que pagar, Dios, 'francamente nos perdona a todos' ".[144]

Todos los hijos de Adán están bajo el pacto de la gracia, aun los judíos en la dispensación mosaica. Esta fe que toma el lugar de la obediencia perfecta, obra por medio del amor y produce toda obediencia y santidad. Esta fe no sobrepasa la ley, sino que produce amor y como consecuencia cumple la ley. Todas las obras que se requerían de un hombre perfecto antes de la fe,

---
unsinning obedience.

son ahora tan necesarias como siempre. Sin embargo, para el creyente estas obras son consecuentes a la fe. Ningún grado de obediencia es hecho a un lado por el pacto de la gracia. A los creyentes se les pide ser santos, después que han sido justificados.[145]

En esta nueva relación o compañerismo Wesley creyó que el cristiano estaba "sujeto a la ley bajo Cristo". "Bajo la gracia ahora desempeña una obediencia universal voluntaria (lo que bajo la ley nunca pudo hacer)." Esta obediencia no es ocasionada por un temor servil sino por la gracia que causa que "todas sus obras sean hechas en amor". Este "noble principio" es evangélico y no es de menos poder que el legal. Uno no es "menos obediente a Dios movido por el amor filial" de lo que sería por "temor servil". Desde esta clase de plataforma Wesley lanzó sus feroces condenaciones del antinomianismo.[146] La gracia de ninguna manera destruye la ley como la norma para la obediencia; pero sí lo capacita a uno a cumplir con una obediencia amante a toda la ley moral.

Este significado espiritual, interno, de la ley de Dios estaba escondido a los judíos y paganos. Pero Wesley opinaba que tampoco era observable donde el catolicismo romano se había diseminado. Todavía más, Wesley escribió que la mayor parte de los "cristianos reformados son completamente extraños en este día a la ley de Cristo, en su pureza y espiritualidad".[147] El amor es el fin de todos los mandamientos. La fe no es para sobreponerse o ser superior, sino para producir santidad, o amor.[148] Obviamente, el concepto de la fe de Wesley era diferente del de los reformadores. "La fe es sólo el medio, el final es el amor."[149]

> En el estado original, se nos dice, el amor no tenía rival en el corazón del hombre. Así que el amor existió antes que la fe. La fe no llegó hasta que el amor se había perdido por medio del pecado, y la intención es que no sobrevivirá después de haber logrado su propósito: la restauración del hombre al amor del cual ha caído. Esto quiere decir que el compañerismo del hombre con Dios en la santificación es visto primordialmente como un compañerismo no de fe, sino de amor... En la vida eterna el compañerismo perfecto con Dios será únicamente de amor.[150]

¿En qué forma es esta nueva ley, la ley de Cristo, o la ley del amor, diferente del pacto antiguo? Se esperaba que Adán hiciera una ejecución completa en su obediencia porque estaba capacitado para hacerlo. Esto significó que él no solamente era movido por el perfecto amor, sino que necesitaba ejecutar las obras de la obediencia sin falla alguna. Por otra parte, el hombre caído nunca puede ejecutar una obediencia perfecta, sin defecto o falla, a la ley absoluta, aunque siempre permanece como una meta para él. Pero sí puede guardar la ley de Cristo la cual requiere un amor puro. Uno puede rendir una obediencia amante aunque la ejecución sea imperfecta. La obediencia es motivada por un amor perfecto, aunque el llevar a cabo la ley es obstruido por condiciones que el amor puro no puede remover. John Fletcher ilustró esta verdad de la siguiente manera:

> Nosotros no dudamos pero, de la misma manera que un padre amoroso, razonable, nunca demanda de su hijo de escasos 10 años de edad, lo mismo que de uno que tiene ya 30 años, así nuestro Padre celestial nunca espera de nosotros, en nuestro estado de debilidad, la obediencia de un Adán inmortal en el paraíso, o la ininterrumpida adoración en el cielo de ángeles que nunca duermen. Por lo tanto, somos persuadidos a que, por causa de Cristo, El se complace con una obediencia humilde a la luz presente que tenemos; y un ejercicio amoroso de nuestras habilidades presentes; aceptando nuestros servicios del evangelio "de acuerdo con lo que tenemos, y no de acuerdo con lo que no tenemos".[151]

Fletcher le llamó a esta ley "adaptada a nuestro estado y a las circunstancias presentes", una ley más mansa, "la ley de Cristo". Bajo esta ley, cuando uno obedece, no peca, aunque continúa pecando si se considerara bajo la ley adámica.[152]

Wesley estaba dispuesto a edificar su concepto completo de la perfección cristiana sobre el principio del amor perfecto. Hay muchos que prefieren el término "amor perfecto" en lugar de "perfección cristiana".[153] La palabra amor limita el concepto de perfección a cierta área y evade la aplicación de tal concepto al hombre total. Uno podría tener el amor perfecto y no ser un hombre perfecto en muchos otros aspectos. Un amor perfecto no necesita ser un amor incapaz de desarrollo posterior. Es un amor que está libre de cualquier mal temperamento.

Wesley definió lo que es amar a Dios. Es "deleitarse en El, regocijarse en su voluntad, desear continuamente complacerlo, buscar y encontrar nuestra felicidad en El, y tener sed día y noche por un gozo más completo en El". Esta clase de amor por Dios no prohibe otros deleites. Uno ha de amar al prójimo como a sí mismo, y amar a las demás criaturas de Dios. Estos otros amores nos preparan para gozarnos en Dios.[145] Tal amor perfecto por Dios lo capacita a uno para "regocijarse siempre, orar sin cesar y para dar gracias en todo".[155] El fruto de esta clase de amor es plenamente revelado en 1 Corintios 13.[156] El amor amable, paciente es "lo más necesario" para todos los verdaderos cristianos.[157]

Este amor por Dios no se produce debido a ningún don natural del hombre. Claramente es un don de Dios dado por el Espíritu Santo. El "hombre natural está totalmente sin el amor cristiano". El amor debe venir de arriba y el "amor del hombre debe nacer del amor de Dios".[158] *Agape* es primero el amor de Dios por el hombre, pero engendra un amor divino en el hombre por Dios. Este amor es perfeccionado cuando todos los amores opuestos desaparecen.

El amor perfecto lo capacita a uno para guardar la ley del amor. Wesley distinguió entre un amor puro y su habilidad para revelarse perfectamente a sí mismo:

> La llana realidad es esta: Conozco a muchos que aman a Dios con todo su corazón, mente y fuerzas. El es su único deseo, su único deleite, y están constantemente felices en El. Aman a su prójimo como a sí mismos. Sienten un deseo tan sincero, ferviente y constante por la felicidad de cada persona, sea buena o mala, amiga o enemiga, como para ellos mismos...
>
> Pero estas almas viven en un cuerpo destrozado, corruptible, y por lo tanto se encuentran tan abatidas que no pueden ejercer su amor como quisieran, al pensar, hablar y actuar siempre de una manera enteramente correcta. Por falta de mejor salud, o mejores capacidades, algunas veces es inevitable que piensen, hablen o actúen erróneamente. Aún así yo creo que necesitan la defensa de Cristo, aun por estos defectos involuntarios; aunque éstos no implican un defecto de amor, sino de entendimiento. Como quiera que esto sea, no puedo dudar el hecho. Estos cristianos son puro amor; empero no pueden andar como quisieran.[159]

Wesley admitió que el amor perfecto no era el guardar una ley perfecta. La ley perfecta fue la que se le dio a Adán. Implicaba "pensar, hablar y actuar correctamente en cada caso, la cual, entonces, él estaba capacitado, y por lo tanto, obligado a cumplir". Puesto que ninguno de sus descendientes puede ejecutar esta clase de obediencia, "el amor es el cumplimiento de su ley".[160]

Varias observaciones se pueden hacer ahora en cuanto a estas perspectivas de Wesley. Una es que Wesley vio el amor o la santidad, no como un acto, sino como una cualidad interna. Dios hace santo a un hombre antes de que éste pueda hacer actos santos. La santidad es el "estado correcto de nuestros poderes". Es la "disposición correcta de nuestra alma, el temperamento correcto de nuestra mente".[161] Si una persona no fuera santa de corazón, o si no tuviera el amor perfecto, su vida o sus acciones no serían santas por muy buenas o perfectas que parecieran. Además, uno podría ser puro en el amor, o santo de corazón, y aun entonces no dar la medida, o quedar corto en cuanto a actuación perfecta alguna, debido a un cuerpo y una mente imperfectos. El amor quiere decir un corazón santo con santas intenciones y propósitos, hechos santos por el Espíritu, y esto puede ser perfecto mientras que sus expresiones en la vida son imperfectas. La perfección cristiana no es vivir una vida perfecta, sino una fuente perfecta de donde fluye la vida. Los impedimentos a que esta vida mane se discutirán en los próximos dos capítulos. Aquí se insiste en que la obediencia a la ley del amor tiene que ver primero con el *ab quo* del amor y en segundo lugar, con su *ad quem*.

Pero a Wesley no se le puede acusar de enseñar una santidad que es un tesoro dentro de la persona sin tener interés en la vida externa. La realidad es todo lo contrario. "El que verdaderamente ama a Dios hará lo posible para hacer su voluntad en la tierra, como en el cielo." El es feliz al cumplir con esta voluntad. Lindstrom sostiene que Wesley reconcilió la idea de la ley con una aproximación evangélica. La "ley y el evangelio son simplemente dos puntos de vista diferentes". Si un mandamiento es considerado como una orden, es visto como ley; si es visto como una promesa, es parte del evangelio. "Así que cada mandamiento en las Escrituras es una promesa cubierta con un velo."[162] Lo que Dios le pide al hombre que haga, éste lo puede hacer por la gracia que le es dada. El amor lo impulsa a que cumpla con esta petición, y su esfuerzo es alegremente llevado a cabo.

Wesley tenía un gran optimismo por este amor perfecto:

> "Creemos que este amor es la medicina de la vida, el remedio infalible para todos los males de un mundo desordenado, para todas las miserias y los vicios de los hombres. Dondequiera que este amor se encuentra, la virtud y la felicidad van tomadas de la mano...
> "Anhelamos ver esta religión establecida en el mundo, una religión de amor, gozo y paz; teniendo su asiento en el corazón del hombre, en lo más recóndito de su alma, pero siempre exhibiéndose por medio de sus frutos; constantemente yendo hacia adelante, no sólo en toda inocencia (puesto que el amor no le hace daño a su prójimo), sino que de la misma manera en cada clase de beneficio, desparramando virtud y felicidad a su rededor."[163]

De la fuente del amor perfecto brotará la conformidad a la ley del amor. Esta obediencia amante producirá fruto en cada avenida de la vida. En esta vida presente uno puede llegar a ser perfecto al grado de rendir una obediencia amante a esta ley de Cristo.

En resumen, se puede decir que Wesley sí enseñó una perfección presente. El quería que esta perfección fuera lo que se enseñaba en las Escrituras y lo que se pudiera alcanzar durante esta vida presente. Esta perfección era una libertad del pecado, pero solamente cuando éste era definido como una falta en el amor. El obtener amor perfecto venía como una experiencia en la cual uno sabía que el don había sido dado. La obra era ejecutada por medio del Espíritu Santo. El amor perfecto obtenido lo capacitaba a uno a guardar la ley de Cristo, una ley apropiada al estado presente del hombre. Esta perfección presente no era una ejecución perfecta y sin falta de la ley perfecta, sino que era una ejecución iniciada y motivada por un corazón puro de amor.

NOTAS BIBLIOGRAFICAS

1. Henry E. Brockett, *Scriptural Freedom from Sin* (Kansas City: Kingshiway Press, 1941), p. 24.
2. Warfield, *op. cit.*, II, 451.
3. *Ibid.*, pp. 453-54.

4. McConnell, *op. cit.*, pp. 193-94.

5. Martin Foss, *The Idea of Perfection in the Western World* (Princeton: Princeton University Press, 1946), pp. 8-9.

6. *Works*, VI, 16-20.

7. Thompson, *op. cit.*, p. 45. Véase Turner, *op. cit.*, pp. 202-3.

8. Thomas Benjamin Neely, *Doctrinal Standards of Methodism* (Nueva York: Fleming H. Revell Co., 1918), p. 274.

9. *Works*, XI, 444-46.

10. W. E. Sangster, "The Church's One Privation", *Religion in Life*, XVIII, núm. 4 (1949), 493-507.

11. Sangster, *Path to Perfection, op. cit.*, pp. 51-52.

12. Gerald O. McCulloh, "Evangelizing the Whole of Life", *Religion in Life*, XIX, núm. 2 (1950), 236-44.

13. Leslie F. Church, *The Early Methodist People* (Londres: The Epworth Press, 1948), p. 130.

14. *Works*, XI, 424-26.

15. Roberts, *op. cit.*, pp. 124-27.

16. *Ibid.*, pp. 129-32.

17. Sangster, *Path to Perfection, op. cit.*, p. 68.

18. Niebuhr, *op. cit.*, II, 175.

19. *Works*, VI, 53.

20. Niebuhr, *op. cit.*, II, 173-74.

21. Sangster, *Path to Perfection, op. cit.*, p. 81.

22. Warfield, *op. cit.*, I, 278-79.

23. *Works*, VI, 7.

24. Sangster, *Path to Perfection, op. cit.*, p. 54.

25. Turner, *op. cit.*, p. 38.

26. *Ibid.*, p. 113.

27. *Works*, VIII, 294.

28. *Ibid.*, p. 296.

29. *Ibid.*, XII, 257.

30. *Ibid.*, XI, 373.

31. Robert E. Cushman, "Landmarks in the Revival Under Wesley", *Religion in Life*, XXVII, núm. 1 (1957), 105-18.

32. Henry Bett, *The Spirit of Methodism* (Londres: the Epworth Press, 1937), pp. 111-12.

33. Randolph S. Foster, *Philosophy of Christian Experience* (Nueva York: Hunt and Eaton, 1890), pp. 10-11.

34. *Ibid.*, pp. 21-25.

35. Cell, *op. cit.*, p. 72.

36. Bett, *op. cit.*, pp. 93-94.

37. *Ibid.*, p. 96.

38. Cell, *op. cit.*, pp. 135-36.

39. W. J. Townsend, *A New History of Methodism* (Londres: Hodder and Stoughton, 1909), I, 55-56.

40. Lee, *op. cit.*, p. 69.

41. *Works*, VIII, 110-12.

42. *Ibid.*, p. 14.

43. *Ibid.*, I, 249.

44. J. Baines Atkinson, *The Beauty of Holiness* (Nueva York: Philosophical Library, 1953), p. 73.

45. Hay, *op. cit.*, II, 441-58.

46. Henry C. Thiessen, *Introductory Lectures in Systematic Theology* (Grand Rapids: Wm. B. Eerdmans Publishing Co., 1951), p. 379.
47. Warfield, *op. cit.*, II, 582-83.
48. John Murray, *Redemption—Accomplished and Applied* (Grand Rapids: Wm. B. Eerdmans Publishing Co., 1955), p. 177.
49. Cecil Northcott, "The Great Divide: Experience Versus Tradition", *Religion in Life*, XX, núm. 3 (1951), 396-402.
50. Douglas V. Steere, "The Meaning of Mysticism Within Christianity", *Religion in Life*, XXII, núm. 4 (1953), 515-26.
51. *Works*, VI, 52-54.
52. *Ibid.*, II, 528.
53. *Ibid.*, p. 530.
54. *Ibid.*, XII, 30.
55. *Ibid.*, VIII, 297.
56. *Ibid.*, I, 476.
57. *Ibid.*, VI, 490-91.
58. *Ibid.*, pp. 526-27.
59. Murray, *op. cit.*, pp. 196-98.
60. *Works*, V, 278-80.
61. *Ibid.*, p. 432.
62. *Ibid.*, III, 75.
63. Wood, *op. cit.*, p. 26.
64. Harry E. Jessop, *Foundations of Doctrine* (Chicago: The Chicago Evangelistic Institute, 1938), pp. 131-32.
65. *Works*, VI, 19.
66. *Ibid.*, X, 367.
67. *Ibid.*, XII, 413.
68. *Ibid.*, V, 326-27.
69. *Ibid.*, XI, 400-402.
70. *Ibid.*, V, 165.
71. Pope, *op. cit.*, II, 68.
72. Turner, *op. cit.*, p. 249.
73. Warfield, *op. cit.*, II, 582-83.
74. Sangster, *Path to Perfection, op. cit.*, pp. 115-16.
75. *Ibid.*, p. 190.
76. Flew, *op. cit.*, pp. 332-33.
77. *Ibid.*, p. 335; Sangster, *op. cit.*, p. 113.
78. Cell, *op. cit.*, pp. 274-75.
79. Turner, *op. cit.*, p. 213.
80. Flew, *op. cit.*, p. 333.
81. *Works*, V, 161.
82. *Ibid.*, p. 165.
83. Flew, *op. cit.*, p. 333.
84. Brockett, *op. cit.*, p. 54.
85. McConnell, *op. cit.*, p. 198.
86. Brockett, *op. cit.*, p. 122.
87. Cannon, *op. cit.*, p. 241.
88. *Works*, XII, 398-400.
89. *Ibid.*, XIV, 270-71.
90. *Ibid.*, XII, 257.
91. *Ibid.*, V, 283.
92. *Ibid.*, p. 328.
93. McConnell, *op. cit.*, p. 194.

94. *Works*, XI, 367-69.
95. McConnell, *op. cit.*, p. 195.
96. Luther, *Compend, op. cit.*, p. 67-73.
97. Kuyper, *op. cit.*, p. 21.
98. Berkouwer, *op. cit.*, p. 78.
99. Murrary, *op. cit.*, p. 97.
100. Nels F. S. Ferre, "The Holy Spirit and Methodism Today", *Religion in Life*, XXIII, núm. 1 (1953), 36-46.
101. *Works*, V, 30.
102. *Ibid.*, VII, 515.
103. *Ibid.*, VIII, 49.
104. *Ibid.*, p. 106.
105. *Ibid.*, XII, 71.
106. Calvin, *Compend, op. cit.*, pp. 89-90.
107. Charles Ewing Brown, *The Meaning of Sanctification* (Anderson, Indiana: The Warner Press, 1945), pp. 104-15.
108. Asbury Lowrey, *op. cit.*, pp. 344-49; D. Shelby Corlett, *The Meaning of Holiness* (Kansas City: Beacon Hill Press, 1944), pp. 70-72; S. A. Keen, *Pentecostal Papers* (Chicago: Christian Witness Co., 1895), Wood, *op. cit.*, pp. 72-73; E. T. Curnick, *A Catechism on Christian Perfection* (Chicago: The Christian Witness Co., 1885), pp. 58-61.
109. *Works*, V, 38.
110. *Ibid.*, I, 117-18.
111. *Ibid.*, III, 116.
112. *Ibid.*, XII, 416; VI, 10-11; Sangster, *Path to Perfection, op. cit.*, p. 83.
113. Fletcher, *op. cit.*, pp. 630-33.
114. Peters, *op. cit.*, p. 107.
115. Adam Clarke, *The Holy Bible with a Commentary and Critical Notes* (Nueva York: Abingdon-Cokesbury Press), V, 682-83.
116. Peters, *op. cit.*, pp. 188-91.
117. *Works*, V, 133-34.
118. *Ibid.*, XI, 420.
119. *Ibid.*, VI, 47.
120. *Ibid.*, VI, 52-53.
121. *Ibid.*, XI, 420.
122. Sangster, *Path to Perfection, op. cit.*, p. 130.
123. *Works*, XI, 397-98.
124. Flew, *op. cit.*, p. 336.
125. *Ibid.*, p. 337.
126. *Works*, XI, 420.
127. Flew, *op. cit.*, p. 333.
128. *Works*, XI, 394, 443.
129. Sangster, *Path to Perfection, op. cit.*, p. 87.
130. *Ibid.*, p. 165.
131. *Works*, XI, 398.
132. *Ibid.*, V, 117.
133. *Ibid.*, p. 118.
134. Townsend, *op. cit.*, I, 31-32.
135. *Ibid.*, pp. 28-29.
136. Flew, *op. cit.*, pp. 329-30.
137. Cell, *op. cit.*, p. 181.
138. *Works*, V, 435-37.
139. *Ibid.*, pp. 438-39.

140. *Ibid.*, pp. 443-44.
141. *Ibid.*, p. 445.
142. *Ibid.*, p. 67.
143. *Ibid.*, pp. 68-69.
144. *Ibid.*, p. 70.
145. *Ibid.*, pp. 452-53.
146. *Ibid.*, pp. 455-57.
147. *Ibid.*, p. 460.
148. *Ibid.*, p. 462.
149. Lindstrom, *op. cit.*, p. 173.
150. *Ibid.*, p. 174.
151. Fletcher, *op. cit.*, II, 494-95.
152. *Ibid.*, p. 493.
153. Sangster, *Path to Perfection, op. cit.*, p. 147.
154. *Works*, VII, 495.
155. *Ibid.*, pp. 298-99.
156. *Ibid.*, pp. 46-49.
157. *Ibid.*, p. 57.
158. Lindstrom, *op. cit.*, pp. 174-75.
159. *Works*, XII, 235-36.
160. *Ibid.*, pp. 238-39.
161. *Ibid.*, IX, 292-93.
162. Lindstrom, *op. cit.*, pp. 179-80.
163. *Works*, VIII, 474.

CAPÍTULO V

LOS LÍMITES HUMANOS

Wesley estaba tan consciente como cualquiera otro podría estar de que había límites humanos más allá de los cuales la gracia de Dios no podía llevar a un cristiano en esta vida. La crítica continua de su doctrina de la perfección requería que él frecuentemente definiera su enseñanza en términos de necesidades humanas. Algunos han visto estas definiciones como limitaciones a la idea de la perfección y por ende, una enseñanza de la perfección que no es perfección.[1] Es de admitirse sin titubear que Wesley definió la perfección de una manera diferente a la de muchos de su día, pero al hacerlo se apegó a la usanza escritural. Además, no se ha encontrado ninguna otra palabra o frase que exprese mejor la verdad que él enseñó que "amor perfecto". Cuando las palabras "amor perfecto" son usadas para significar "ejecución perfecta", o "habilidad perfecta", o "naturaleza humana perfecta", la culpa no será de Wesley. Ciertamente es posible que una persona sea pura en su intención, propósito, y en la voluntad para obedecer, y al mismo tiempo que falle en el poder o habilidad para llevar a cabo ese intento o propósito.

Aunque la fuente de la corriente de vida ha sido limpiada, y el origen de la corriente de las acciones de vida ha sido purificado, sin embargo, la vida misma se vive todavía en un mundo caído y trastornado. Estas limitaciones humanas no son faltas en el amor perfecto sino restricciones en las expresiones y ejecuciones de este amor perfecto. Estas limitaciones no se encuentran sólo en el medio ambiente que rodea a la persona santificada, sino que se encuentran dentro de ella misma. Una persona humana es una alma o espíritu humano, y es también carne y huesos. Está limitada no sólo por su existencia humana y porque es finita, sino también por una situación limitada que ha sido dañada por las corrupciones presentes en una raza caída y pecadora de seres.

A. La Existencia Finita

Las preguntas de Wesley no eran: "¿Puede la raza humana ser perfecta?", o "¿puede la gracia de Dios perfeccionar los poderes y habilidades de la humanidad?", o "¿podemos crear un medio ambiente perfecto en el cual vivir?" Todo lo contrario, él preguntó: "¿Llenará Dios el corazón de una persona con su amor a tal grado que ésta pueda amar a Dios perfectamente, y a su prójimo como a sí misma?" Su énfasis está puesto en lo que la persona pueda llegar a ser en medio de un mundo hostil y adverso. Y aun con la persona, el énfasis no está en su habilidad como un amante perfecto sino sobre su amor perfecto. El amor perfecto es el deseo puro de mostrar amor hacia los demás, para transformar a los hombres, para traer justicia en la tierra. No es la dotación de un poder especial para alcanzar tal final.[2]

Algunas de las limitaciones del cristiano emanan del hecho de que es finito. El hombre no es Dios ni tampoco puede obtener el estado de infinito. Siempre depende, y siempre dependerá del Infinito y está limitado por su existencia finita. Hay límites que no puede sobrepasar. No ha sido fácil para los teólogos mantener separadas las dos ideas de la limitación humana y del pecado. Muy a menudo los que se oponen a la enseñanza de la perfección confunden la perfección con la infinidad, o cuando menos hacen de la perfección algo imposible para la existencia humana presente. Para ellos el ideal del cristiano perfecto es inalcanzable hasta que la existencia terrestre haya cesado. O creen que la existencia finita y la santidad son incompatibles, o que el pecado ha cambiado la existencia presente en una forma tan drástica que es esencial un cambio en la forma de la existencia antes de alcanzar la santidad personal. En cualquier caso, el pecado y lo finito son estrechamente asociados.

> Esta confusión entre lo finito o la característica de ser criatura* y el pecado, es responsable de mucha confusión del elemento patológico en la experiencia religiosa. Si esta confu-

---
*creatureliness.

sión pudiera ser eliminada, profundizaría la experiencia religiosa y fortalecería la responsabilidad moral.[3]

Graham Ikin dice algo más al escribir que la "aproximación moderna psicológica tiende a endosar la diferencia entre la característica de ser criatura* como tal y el pecado actual".[4] Este concepto es algo diferente al de McConnell, quien afirmó que "tal vez el cuerpo no sea suficientemente fuerte para suministrar las bases para cualquier cosa que intente ser una experiencia moral normal". O quizá el cuerpo esté "demasiado fuerte", o "demasiado salvaje", o "demasiado desenfrenado para una carrera moral ideal en forma alguna".[5] Tal vez Wesley estaría de acuerdo con McConnell en que el cuerpo en sus flaquezas o limitaciones deja de proveer cualidad alguna de amor perfecto en el corazón. El peligro en el punto de vista de McConnell es que las diferencias de las criaturas entre sí llegan a ser la base para juzgar la experiencia moral. Uno debe distinguir entre los instintos y los deseos naturales por un lado y la cualidad moral por el otro.

A Wesley no le fue difícil en forma alguna el entender el pecado como algo aparte de la característica* de ser criatura. Para él, Adán fue creado santo, sin embargo, era finito. En este estado original Adán caminó con Dios y guardó la ley perfecta. Al mismo tiempo era una criatura que dependía totalmente de Dios. Adán no pecó porque era finito, sino porque tenía la capacidad de escoger y porque podía ser tentado. El pecado para él no era inevitable, sino posible. Adán pudo haber permanecido finito y haber rechazado el pecado. La santidad no estaba obstruida por lo finito, sino que era perfectamente consistente con ella. La razón por la cual el hombre podía pecar no era porque era finito, o una criatura, sino porque fue creado como Dios, libre, un ser inteligente. Puesto que era como Dios en este aspecto, podía escoger lo malo, y lo hizo.[6]

Como hemos mencionado antes, Wesley enseñó que Adán tenía una semejanza a Dios en dos aspectos. Se asemejaba a Dios en la constitución de su ser como un espíritu ya que poseía inteligencia, sentimientos y voluntad. Esta era llamada la imagen natural de Dios en el hombre. También se asemejaba a Dios en su cualidad moral. El hombre era santo. Podía usar sus poderes —una inclinación moral a lo bueno. Esta era la imagen moral de Dios en él.

Cuando el hombre pecó, su semejanza moral se perdió completamente. La semejanza natural fue grandemente dañada, pero permaneció como algo que podía ser salvado por la gracia preveniente. Estos poderes racionales en el hombre forman su naturaleza humana y están íntimamente identificados con sus poderes físicos. Ambos, el cuerpo y la mente, han sufrido debido a la caída del hombre, y continúan llevando las consecuencias tanto de su pecado racial como personal. Así que el hombre en su existencia presente, no es solamente humano y finito, sino que está dañado en lo que toca a sus poderes racionales y físicos. Cuando uno habla de la existencia finita ahora, tiene que significar la existencia finita caída, o deteriorada. Ambas ideas no pueden ser separadas excepto en una forma abstracta.[7]

Ya sea que los poderes humanos sean perfectos como se supone que eran en el tiempo de Adán, o que estén deteriorados o imperfectos como se sabe que son en todos los seres humanos, no deben confundirse con el uso o la dirección que una persona le dé a esos poderes. La pérdida de la santidad no es la pérdida de los poderes, ni tan siquiera que éstos hayan sido dañados, sino que es la pérdida de la semejanza moral a Dios. Mientras que en la santidad, las intenciones de uno, los propósitos y sus deseos están inclinados solamente al bien, en la pecaminosidad están inclinados al mal. En la regeneración, cuando uno es nacido de nuevo, la semejanza moral de Dios es restaurada. Sin embargo, esta restauración no es completa hasta que toda pecaminosidad del corazón es limpiada, y sólo el amor perfecto reine. En la experiencia de la entera santificación, todo lo que Adán perdió en su semejanza moral a Dios es recuperado, para que el hombre caído pueda amar a Dios con un amor tan puro como el que Adán poseyó. La santidad perdida, o perfección, es recuperada en Cristo.[8]

Aunque Wesley enseñó que la semejanza moral del hombre a Dios era completamente restaurada al creyente enteramente santificado, también enseñaba con igual claridad que la imagen natural de Dios en él no se recuperaba en esta vida. Los poderes racionales del hombre y su cuerpo fueron afectados grandemente por la caída de éste y continúan afectados a través de la vida limitada y sus faltas. El cristiano puede ser perfecto en el amor, pero tiene este tesoro en un "vaso terrestre". El corazón puede ser puro y el amor perfecto, pero el cuerpo y la mente son imperfectos y han sufrido una pérdida.[9]

B. El Cuerpo Corruptible

El "tesoro celestial" de "toda justicia y santidad verdadera" se encuentra "en cuerpos corruptibles, terrenales mortales". Wesley no desaprovechó ningún término para describir este cuerpo de carne. Es "quebradizo" como el barro, sus órganos están "degradados y depravados". Su cerebro está "desordenado" y lo conducirá a "innumerables errores". Existen la "muerte", la "enfermedad, las debilidades y el dolor, así como mil flaquezas". Wesley consideró que este cuerpo destrozado sufría las consecuencias de la caída y que no tenía mucha esperanza de recuperación hasta que llegara la muerte. El conocía la identificación íntima que había entre el alma y el cuerpo cuando escribió que "el cuerpo corruptible oprime al alma".[10] El cuerpo humano era un obstáculo para cualquier expresión perfecta del amor puro. Sin embargo, en lugar de obstaculizar la santidad, tal estado quebrantado se vuelve una ganancia para el hombre y resulta en mayor gloria para Dios.[11]

Al discutir el estado del cristiano enteramente santificado, Wesley hizo esta obvia observación:

> Pero aun estas almas habitan en un cuerpo destrozado, y están tan agobiadas que no pueden siempre esforzarse como quisieran, al pensar, hablar, y actuar precisamente bien. Por falta de mejores órganos en el cuerpo, se ven en la necesidad algunas veces de pensar, hablar o actuar mal; seguramente no porque carezcan de amor, sino por falta de conocimiento. Y aunque así sea, no obstante esa omisión y sus consecuencias, cumplen la ley del amor.[12]
>
> Todo esto es cierto, que los que aman a Dios con todo su corazón, y a su prójimo como a sí mismos, son escrituralmente perfectos. Y seguramente lo son; de otra manera la promesa de Dios no sería más que una burla de la debilidad humana. Afírmate en esto, pero también recuerda, por otro lado, que tienes este tesoro en un vaso terrenal; habitas en una casa pobre, deteriorada, de barro, que oprime al espíritu inmortal. De ahí que todos tus pensamientos, tus palabras y acciones sean tan imperfectas; y que estén tan lejos de alcanzar la norma...[13]

Aquí Wesley estaba enseñando una perfección que no era externa. Los cristianos enteramente santificados no están capacitados para ejecutar lo que quisieran según sienten en su corazón. El cuerpo "destrozado" no logra responder al amor puro interno. De la misma manera que un músico falla aunque sea muy buen músico, cuando tiene un instrumento defectuoso, así el creyente de corazón puro muy a menudo fallará por su vaso terrenal quebrantado. ¡Pero las "notas amargas" del instrumento roto no refutan la perfección del amor que nos impulsa!

Otros escritores de "santidad" después de Wesley reconocieron esta corrupción física. H. A. Baldwin le llamó una depravación física, al igual que John R. Brooks:

> Mientras que vivamos en este mundo nunca estaremos totalmente libres de los deseos y apetitos físicos. Estos deseos en sí son legítimos y no son una señal de depravación, pero cuando los hombres cayeron, sus apetitos naturales se volvieron depravados, y en esta vida nunca alcanzarán tal estado que sus poseedores no estén forzados a negarse a sí mismos diariamente —a sujetar sus cuerpos. En otras palabras, mientras que en el momento de la santidad, la depravación moral es removida, la depravación física todavía permanece, y uno debe rehusar sus apetitos desordenados, sus gustos, deseos y predilecciones...[14]

Baldwin pide que se tenga cautela con el uso de las palabras "depravación" y "desordenado". Estas no significan algo "pecaminoso" en el sentido de depravación moral, sino que estos términos son usados por falta de mejores expresiones. Revelan la falta de perfección en los deseos naturales, que pueden ser muy fuertes y necesitan ser rehusados. Estos deseos naturales "pueden ser deformados en la dirección de los pecados que asedian a esa persona en particular". Tal condición no es un "pecado actual", sino una prueba de la "depravación física".[15]

> Por depravación mental se entiende el deterioro de la sustancia de la mente o el cuerpo, debido a la caída del hombre. Esta puede ser llamada la debilidad de la enfermedad de nuestra naturaleza, de la cual proceden muchos errores de juicio y errores consecuentes en la vida externa, ninguno de los cuales involucra una preferencia hacia el mal —una inclinación hacia el orgullo y la pecaminosidad— la inclinación hacia lo que es incompatible con el amor a Dios y al hombre.[16]

Wesley no vacilaba, según acabamos de mencionar, en describir el cuerpo como "degradado", "depravado", "destrozado" y "roto". El no vio esta "depravación física" como una condición que despojara a la persona del amor puro. Aun con este cuerpo mortal, corruptible, uno podía tener victoria espiritual y verdaderamente alcanzar un grado elevado de santidad. Es muy aparente que esta santidad no es una ejecución externa sino una intención interior y pura. Esta condición física afecta el alma, porque ésta tiene conexión con tal condición, y el cuerpo llega a ser un medio para la tentación. No obstante, el alma puede depositar toda su confianza en Dios y ser llena con el amor *puro*.[17]

Al criticar a E. Stanley Jones, Sangster expresa dudas en cuanto al uso de algunas frases como "instintos inconversos", "instintos contaminados por las corrientes de tendencias raciales" y "el veneno de los instintos antiguos".

>¿Están los instintos contaminados? ¿Pueden en un sentido exacto, estar envenenados? ¿Es devoto, o aun sensible, orar para que la gracia de Dios nos libre de los instintos que nos impelen a huir o los instintos de repulsión, de curiosidad, de pugnacidad, de autoaseveración, del sexo, del deseo de estar con otros... o de cualquiera otra disposición psicofísica innata que ha sido clasificada como instinto? Todos estos pueden ser motivos para pecar, ...pero nadie estaría de acuerdo en que estos instintos podrían ser "erradicados" de la naturaleza humana sin por eso mismo dejar dañada a la personalidad. Ser humano es tener vida en estos términos y en estas formas.[18]

Obviamente los deseos naturales e instintos no son erradicados ni podrían serlo a la vez que la humanidad fuera preservada. No se puede negar que estos deseos o instintos humanos hayan sido, o cuando menos están, despojados de las cualidades ideales a causa del pecado. Están "deformados" en la mayoría de las personas. De acuerdo con Wesley, el cuerpo, aun el del creyente enteramente santificado, está "expuesto a" muchos "males" cada hora. Las debilidades y los "desórdenes de mil clases" son sus "acompañantes naturales".[19] De acuerdo con Brooks, a quien se citó antes, uno podía tener un deterioro o daño en su naturaleza humana sin retener una "inclinación hacia el orgullo y la pecaminosidad". En otras palabras una persona puede tener una "deformación" en su amor. Cualquiera que haya sido lo que Wesley haya querido significar con su doctrina del "amor perfecto", él no quiso connotar deseos o instintos naturales perfectos, cuerpos perfectos o mentes perfectas. Definitivamente, los instintos no son "erradicados" ni están libres de daño. Este aspecto de los límites humanos se discutirá en la siguiente sección.

Wesley estaba al tanto de la necesidad de la disciplina. Hasta un Adán ideal perfecto necesitaba más disciplina de la que usó. ¡Cuánto más sus hijos caídos necesitan disciplina para sus cuerpos debilitados! Muchos llegan a fracasar espiritualmente porque no disciplinan sus cuerpos. Ciertos grupos de perfeccionistas del siglo XIX en los Estados Unidos dan testimonio del fracaso de algunas empresas utópicas, debido a ideas equivocadas en cuanto a debilidades humanas. Wesley aconsejo tener un cuidado propio y disciplinar el cuerpo.[20] Sus estudios de medicina nacieron del deseo que tenía de ayudar a la gente espiritualmente al ministrarles en sus enfermedades físicas.[21]

Wesley no creía que un cuerpo perfecto era necesario para la perfección cristiana o la santidad perfecta. Un amor puro en lo más recóndito del ser que produzca afectos puros y buenos temperamentos pueden experimentarse aun cuando las manifestaciones externas de ese amor estén dañadas y torcidas. Para él, este tesoro glorioso en este "vaso terrenal" exalta altamente la gracia de Dios. El cuerpo roto contribuye grandemente a la humildad personal.

C. La Mente Imperfecta

Ya se ha sugerido que tanto la mente como el cuerpo sufrieron las consecuencias de la caída del hombre al pecado. En realidad es difícil distinguir entre el espíritu y el cuerpo puesto que las facultades racionales son expresadas por medio de avenidas físicas. Uno difícilmente puede discutir las debilidades físicas sin tener que tratar con las faltas mentales, y uno no puede tratar las debilidades mentales sin tomar en consideración los órganos del cuerpo. Así que uno no debe sorprenderse por la confusión de términos al tratar con los temas de esta sección y la anterior.

Wesley creía que era muy razonable hablar del cuerpo y

del alma como entidades separadas. El creía que el ego no era el cuerpo. El ego tenía su centro en el alma y se "movía por sí mismo", era un "principio que pensaba", y que poseía "pasiones y afectos". Esta alma puede existir aparte del cuerpo después de la muerte. Sin embargo, Wesley admitía que en el estado presente el ego parece consistir tanto del alma como del cuerpo. "En mi estado presente de existencia, indudablemente estoy formado tanto del alma como del cuerpo: y así permaneceré después de la resurrección, por toda la eternidad."[22]

¿Enseñó Wesley en este concepto de dicotomía una perfección del alma en esta vida mientras que el cuerpo permanecía imperfecto? Hay algunas declaraciones que parecen implicar tal cosa. Por ejemplo, él habló de que el alma se encontraba en un cuerpo dañado, que a la vez oprimía el alma.[23] "También habló del cuerpo como un 'estorbo' para el alma."[24] ¿Quiere entonces Wesley decir que un corazón puro, es un alma pura restaurada a una perfección adámica en todo sentido menos en el cuerpo físico? Wesley no dijo esto. En realidad él indicó todo lo contrario. El enseñó, según ya se ha observado, que la semejanza del hombre con Dios consistía en sus poderes racionales. Estos fueron estropeados por la caída, y pueden ser recuperados solamente en la resurrección. Las facultades racionales son el pensamiento, el juicio, el razonamiento, la imaginación y la memoria. El alma puede "amar, odiar, gozarse, entristecerse, desear, temer, tener esperanza" y otras emociones internas.[25] Wesley habló del redimido de la siguiente manera:

> ¡Sin embargo, cuán débil es su entendimiento! ¡Qué limitada su extensión! ¡Cuán confusas, cuán inseguras son nuestras comprensiones, aun de las cosas que nos rodean! ¡Cuán expuestos están los hombres más sabios al error! —a crear falsos juicios—; a aceptar lo falso por lo verdadero, y lo verdadero por lo falso; la maldad por lo bueno, y lo bueno por lo malo. ¡Qué rápidas, y cuántas son las distracciones de nuestra imaginación a las que estamos continuamente sujetos! ¡Y cuántas tentaciones tenemos que confrontar, aun de estas flaquezas inocentes!²⁶

Alguien podría aducir que estas comprensiones "confusas", estos "falsos juicios", esta "vaguedad de nuestra mente" son causadas directamente por el cuerpo quebrantado. Pero él no podía decir sabiamente que el alma era perfeccionada en sus poderes, porque éstos todavía son defectuosos, aún después de la entera santificación. Hablando más acerca de estos santos, Wesley escribió:

> No son perfectos en conocimiento. No están libres de la ignorancia, no, ni tampoco de los errores. No podemos esperar que un hombre viviente sea infalible, más que lo que podemos esperar que sea omnisciente. No están libres de flaquezas tales como las debilidades o el ser lentos para el entendimiento, o no tener suficiente control de sus movimientos o de su imaginación.[27]

Aun los pensamientos que divagan, la asociación involuntaria de ideas, ocurren en el santificado.[28] Estas faltas o defectos en la mente son consecuencias del pecado, y permanecerán con el hombre por toda esta vida.

El abatimiento de espíritu es compatible con el enteramente santificado. Este abatimiento puede ser tan profundo como para "oscurecer toda el alma; para como quien dice, darle color a todos los afectos; tal y como aparecerán en toda la conducta". En casos como éstos, "el alma es la que agobia al cuerpo, y lo debilita más y más".[29] Aquí en este caso, Wesley reconoció una condición de alma creada, no por el cuerpo, sino directamente en el espíritu. Esta tristeza o abatimiento es causada por la tentación. Los desórdenes o enfermedades del cuerpo conducen a tal depresión. Las calamidades o la muerte de algún ser querido pueden ocasionar tal prueba.[30] Pero cualesquiera que sea la causa, aquí está una experiencia que revela las limitaciones del entendimiento natural de uno.

Daniel Steele enseñó que "el pecado ha perjudicado los poderes de toda la humanidad". Ese teólogo escribió que las debilidades "tienen sus raíces en nuestra naturaleza física y son agravadas por las deficiencias intelectuales". Están "sin remedio mientras que permanezcamos en este cuerpo".[31] En esta conexión Brockett cita los siguientes conceptos de H. C. Morrison:

> No profesamos ser ángeles cuando recibimos la gran bendición, sino solamente hombres y mujeres comunes, patéticamente débiles, todavía bajo la maldición de la caída en lo que concierne a la mente y los poderes físicos, pero puros y santos de corazón, y llenos con su amor perfecto.[32]

El día de hoy su pueblo fiel puede resolver el problema del pecado completamente, y venir ante su presencia con un corazón puro, pero todos estos días debemos cargar con nosotros los defectos de nuestros cuerpos caídos imperfectos, y las debilidades e imperfecciones de nuestra mentalidad dañada.[33]

Dos elementos han resultado especialmente claros hasta este punto en lo que respecta a la enseñanza de la perfección. No hay perfección ni del cuerpo como un instrumento del alma, ni del alma en sus poderes racionales o instintos naturales. La naturaleza humana como tal ha sufrido una enfermedad y las cicatrices permanecen. La enfermedad puede ser causada y la fiebre puede desaparecer, pero las cicatrices permanecen en las partes afectadas. Son las consecuencias naturales de una raza pecaminosa y de una persona que está pecando. Para la eliminación de las cicatrices, hay que esperar la perfección final.

Estas cicatrices de la naturaleza humana se encuentran en los poderes naturales estropeados. Sin embargo, estos poderes pertenecen al ego y forman a la persona. No se puede decir correctamente que, después de la entera santificación, todo conflicto es trasladado al exterior y que ya no existe el conflicto interno. "Cualquier batalla en la vida que sea una batalla para *mí*, se lleva a cabo internamente."[34] La pregunta que se debe hacer en cuanto a esta batalla es si la lucha se debe a deseos naturales e instintos que claman por la satisfacción, o con un deseo moral o inclinación que divide la lealtad de la voluntad. Obviamente hay una diferencia.

Paul Abel niega que la naturaleza humana como tal ha sido perjudicada por el pecado. Correctamente sostiene que "los elementos esenciales en la naturaleza humana dentro de cada individuo no son morales ni inmorales; son moralmente neutrales". Para Abel, la depravación es "el estado particular en donde la naturaleza humana puede estar, pero no se refiere a la naturaleza humana en sí misma". Abel escribe:

Una vez más, la depravación no quiere decir necesariamente que la naturaleza del hombre sea impura o corrupta; por el contrario, quiere decir que "todo en la vida humana es afectado por la relación fundamental equivocada con Dios que descansa en la raíz del ser del hombre". En una palabra, es el demérito que resultó del pecado principal (o primero) de Adán, por el cual la naturaleza humana perdió su principio organizador del compañerismo con Dios. Es la *condición* de los rasgos humanos esenciales lo que inevitablemente conduce hacia la maldad, pero no son los rasgos en sí mismos. Así que, la depravación no es en sí un defecto en los elementos primordiales de la naturaleza humana; sino que es un defecto en la organización de la naturaleza humana.[35]

Abel usa la palabra "depravación" aquí solamente en el sentido moral. En realidad él negaría una "depravación física", como se usó antes por Baldwin y Brooks, cuando él dice que "las facultades del hombre no están dañadas por el pecado". Su hincapié correcto sobre el hecho de que decir humanidad no equivale a decir depravación moral, lo ha conducido a concluir erróneamente que la naturaleza humana, como tal, no sufrió ninguna pérdida en la caída.[36]

Esta clase de error es muy fácil de cometer y conduce directamente a la conclusión de que cuando la depravación es removida en la santificación, el hombre es entonces restaurado a la perfección adámica. Porque, ¿qué impide que la persona que por medio de la gracia ha sido "reorganizada, integrada, y hecha completa" sea como fue Adán? Si esta "depravación es removida" en la entera santificación, y si "toma lugar la completa integración", y si "la humanidad encuentra su norma deseada original", sería fácil concluir que el resultado es que debe haber una ejecución perfecta sin ningún error. Admitir que existen errores que se cometen "por medio de la debilidad física y el malentendimiento" es reconocer un deterioro o daño en la naturaleza humana.[37] Las facultades humanas desde la caída no son tan fácilmente dirigidas y controladas como uno quisiera. Es por medio de una entrega completa al "Espíritu integrante" y en estar "unido alrededor del principio del amor perfecto" que uno encuentra la forma de sujetar la naturaleza humana quebrantada.

Paul Rees reconoce la posibilidad del conflicto que se suscita dentro de la naturaleza interna de la persona después de la "invasión y control del amor perfecto".

> El recibir el don de la plenitud del amor, por medio del cual somos internamente unidos en lealtad a la mente de Cristo, puede ser la crisis de una hora o de un momento; pero el resolver y el controlar esos conflictos que de tiempo en tiempo se suscitan en el área de los instintos naturales son

procesos que requieren la oración constante y una dirección inteligente. El mismo Pablo que dijo, "despojaos del viejo hombre", declaró "golpeo mi cuerpo". Se puede pensar del primer concepto como una liberación; el segundo como una disciplina. El lenguaje que Pablo usa, por ejemplo cuando habla de traer el cuerpo a sujeción, indica conflicto. Habla de tensión. No veo ningún punto para negarlo. Unicamente que sea recordado que el conflicto encontró su solución —su administración práctica si así se desea— en la continua sublimación y en el control propio.[38]

Ahora se puede decir que el pecado afectó a la naturaleza humana en dos formas. Primero, separó al hombre de Dios y destruyó su compañerismo con Dios y como resultado perdió la presencia integrante del Espíritu Santo. Su naturaleza moral se corrompió. En la redención, el compañerismo es restaurado, el Espíritu Santo llena una vez más el corazón y, en la entera santificación, la depravación moral es completamente removida y el perfecto amor es restaurado. En los términos de Wesley, esta es la completa restauración de la semejanza moral con Dios, o santidad.

Pero el pecado hizo algo más. Trajo la muerte a la naturaleza física del hombre. El cuerpo está roto y corrupto. También las facultades mentales y los rasgos naturales del hombre, aunque no fueron destruidos, están estropeados y defectuosos. En la redención esta naturaleza humana es asistida y controlada, pero no es restaurada a su perfección original sino hasta después de la muerte. El creyente enteramente santificado tiene necesidad de una constante vigilancia y disciplina.

D. Carnal o Humano

Muy a menudo en esta investigación se ha sugerido que existe una diferencia entre la semejanza moral y natural a Dios. De la primera carecemos por el pecado; de la segunda por nuestras flaquezas. El problema para determinar esta diferencia es muy evidente y causa considerable controversia para Wesley y sus sucesores. Mientras que uno puede decir que la diferencia es muy clara gracias al uso de los términos "interno" y "externo", o "debilidad" y "pecado", o "carnalidad" y "humanidad", o aun "alma" y "cuerpo", sin embargo, pensándolo bien, el problema permanece y la línea divisoria entre los dos es muy vaga. Una distinción teológica estática podría dejar de funcionar en la situación existencial.

Concedido que la carnalidad no es humanidad sino una depravación o desorden de la humanidad, uno debería poder separar la enfermedad de la sustancia. En la vida, sin embargo, ¿cómo puede uno saber cuando una urgencia natural o un deseo ardiente por alguna satisfacción es diferente del deseo moral? En la tentación, ¿cómo puede uno distinguir entre la urgencia del sexo por un objeto erróneo y la inclinación moral "más profunda"? ¿Cómo puede uno saber que el deseo natural por una satisfacción errónea no es también moral? El decir que hay una diferencia es una cosa; experimentar la diferencia en una situación de la vida es enteramente otra. ¿Es el deseo o instinto carnal, o solamente humano?

Es posible mencionar declaraciones de Wesley que parecen dar a entender no solamente una perfección de amor en la fuente de las acciones, sino también el realizar un acto perfecto. Especialmente algunas de sus puntiagudas preguntas parecen dar a entender eso.

> ¿No encuentras ninguna interrupción o disminución alguna en ningún tiempo del gozo en el Señor? ¿Ves constantemente a Dios, sin ninguna duda u oscuridad o niebla de por medio? ¿Oras sin cesar, sin permitir que te perturbe ninguna cosa interna o externa? ¿Has sido alguna vez estorbado por alguna persona o cosa, por el poder o la sutileza de Satanás, o por flaqueza o algún desorden del cuerpo, que oprime a tu alma? ¿Puedes estar agradecido con Dios por todo, sin excepción? ¿Y crees que todas las cosas obran para bien? ¿No haces nada, sea grande o pequeño, solamente para complacerte a ti mismo? ¿No sientes ningún deseo o afecto sino solamente aquel que brota del amor puro de Dios? ¿Hablas aquellas palabras que tienen como principio el amor y bajo la dirección de su Espíritu?[39]

En "El Carácter de un Metodista", las preguntas son declaraciones de hecho:

> (El metodista) guarda todos los mandamientos de Dios de conformidad, y eso con todas sus fuerzas. Puesto que su obediencia está en proporción con su amor, la fuente de donde fluye... Todos los talentos que ha recibido, los emplea constantemente de acuerdo con la voluntad de su Maestro; cada poder y facultad de su alma, cada miembro de su cuerpo...

> No puede unirse o tolerar ninguna diversión que tenga la más mínima tendencia de vicio de cualquier clase. No puede "hablar maliciosamente" de su vecino, como tampoco puede mentir a Dios o al hombre. No puede musitar ninguna palabra cruel acerca de nadie, porque el amor mantiene la puerta de sus labios...
> Está conforme, interna y externamente a la voluntad de Dios, según se revela en la palabra escrita. Piensa, habla y vive de acuerdo con el método establecido en la revelación de Jesucristo...[40]

Si estas fueran las únicas declaraciones que uno leyera de Wesley, ¡muy bien se podría decir que no dejó lugar para errores, debilidades o fracasos humanos!

Mientras que el cristiano o "metodista" vive de esta manera en lo que concierne a la motivación en el amor, intento y el deseo puro, esto no quiere decir que ha triunfado en un desempeño u objetivo que es perfecto tanto en sus propios ojos como en los de otras personas. En realidad Wesley tiene dos metas en mente. Una es una acción perfecta tal como la describió en las líneas anteriores, y la otra es un perfecto amor que lo incita, que le da el deseo y el propósito de ejecutar la acción. La primera meta nadie puede posiblemente obtenerla en esta vida, como ya se ha indicado; la segunda todos la pueden alcanzar. Que esta conclusión es un juicio verdadero de Wesley se puede encontrar en su respuesta a una crítica de "El Carácter de un Metodista", que fue escrita en 1767 y que se menciona en una carta:

> Hace 25 ó 26 años, se me ocurrió la idea de dibujar yo mismo tal carácter, sólo que en una manera más escritural, y mayormente con las mismas palabras de la Escritura: Le intitulé "El Carácter de un Metodista", creyendo que la curiosidad incitaría a más personas a leerlo y también para que algunos prejuicios pudieran ser removidos de algunos hombres cándidos. Pero para que nadie se imaginara que mi intención era hacer un panegírico de mí mismo o de mis amigos, me protegí en contra de esto con el mismo título diciendo, tanto en mi propio nombre como en el de ellos, "no que ya lo haya alcanzado, como si ya fuera perfecto". Por la misma razón digo en la conclusión: "Estos son los principios y prácticas de nuestra secta; estas son las marcas de un metodista verdadero; o sea, de un cristiano verdadero, como inmediatamente después expliqué yo mismo: 'Por estas marcas solamente a

aquellos que están en división, *deseo* ser distinguido de otros hombres'. 'Por estas marcas es que *trabajamos* para distinguirnos nosotros mismos de aquellos cuyas mentes o vidas no están de acuerdo con el evangelio de Cristo'."[41]

Al no profesar la clase de perfección descrita en "El Carácter de un Metodista" tanto en él mismo o en otros, Wesley hizo de esta perfección la meta final hacia la cual el creyente de corazón puro le apunta. El amor perfecto se encuentra en el *"deseo"* que le ocasiona a uno a "trabajar" para tener este "carácter"; el amor perfecto no yace en el desempeño perfecto deseado. Hay los que insisten que Wesley personalmente negó haber obtenido la perfección cristiana cuando negó haber alcanzado el "carácter de un metodista".[42] Enfáticamente escribió: "Ya le he dicho a todo el mundo que no soy perfecto... les digo sin rodeos, no he alcanzado el carácter que trazo." El negó que cualquier metodista hubiese alcanzado este carácter.[43] Sin embargo todas estas obras, aunque no alcanzan la meta de la perfección, son hechas santas y aceptables ante Dios por una "pura y santa intención".[44]

Wesley reconoció que había tales cosas como "gozo animal" y "amor natural".[45] El consideraba como muy natural el estar libre de preocupaciones y el no tener ningún peso sobre su mente.[46] Por otro lado, sostenía que el enojo era natural en él, aun el "enojo irregular, sin razón". Wesley escribió: "Tengo la tendencia natural de inclinarme hacia esto, según lo experimento cada día."[47] Sin enbargo, en otro lugar escribió: "Un hombre me golpea. Aquí está una tentación para enojarme. Pero mi corazón rebosa de amor y por lo tanto no siento ningún enojo; de lo cual puedo estar tan seguro, como de que el amor y el enojo no son lo mismo."[48] ¿Qué quiere decir Wesley cuando dice que "experimenta" un enojo natural todos los días y, sin embargo, en la tentación cuando el amor rebosa "no siente enojo del todo"? Ojalá Wesley hubiera sido más explícito en este punto. ¿Acaso quiso decir que, como un instinto natural, el enojo lo asediaba, y en la tentación él podía experimentarlo en forma irrazonable e irregular? Pero en su corazón en donde el amor era puro y rebosante, ¿no sentía él enojo, y acaso este perfecto amor le daba completa victoria sobre la tentación del enojo? Así parece ser. Experimentaba enojo al mismo tiempo que no sentía un enojo pecaminoso. Un instinto ciego y natural era atraído por la tentación satánica, pero el corazón, lleno de amor, lo rechazaba y no le daba respuesta moral. El amor puro o la intención en la naturaleza moral no le daba lugar al impulso malo e impedía que el enojo natural llegara a ser un temperamento maligno.

¿Es válida esta diferencia entre la tentación y la corrupción, entre lo pecaminoso y lo natural, y entre lo carnal y lo humano? Hay que admitir que Wesley sostuvo tal diferencia. El creía que en general uno podía distinguir entre la tentación al enojo, al orgullo o la lascivia por una parte, y la corrupción de corazón por la otra. Sin embargo, algunas veces, se necesitaba el testimonio directo del Espíritu Santo para hacer tal distinción.[49]

> La verdad y la falsedad, así como el mal genio y el bueno, muy a menudo son divididos por una línea casi imperceptible. Es más difícil distinguir el mal genio, el bueno, o las pasiones, porque en varias ocasiones, la misma circulación de la sangre y del espíritu animal acompañarán tanto a uno como a otro. Por lo tanto, en muchos casos, no podemos distinguirlos sino con la unción del Santo. En el caso que usted menciona, no toda complacencia propia o aprobación propia es orgullo. Ciertamente debe haber cierta aprobación propia o de uno mismo que no es pecado, aunque ocasiona un grado de placer.[50]

Wesley fue más allá al enseñar que podía haber una "declinación" del "gozo sincero" mientras que había una constante "humildad, gentileza, amor paciente". El estaba dispuesto a resumir este último (el amor paciente) en la palabra "resignación".[51] La diferencia entre una naturaleza atribulada y un corazón perfecto era muy clara para Wesley. Escribió:

> Uno puede tener una convulsión, temblar, cambiar de color, o tener algún otro desarreglo físico, mientras que el alma está tranquila en Dios, y permanece en perfecta paz. Lo que es más, el alma misma puede estar profundamente perpleja, puede estar atribulada en exceso, puede estar perpleja por la pesadez y la angustia, aun en agonía, mientras que el corazón se adhiere a Dios por medio del perfecto amor, y la voluntad está totalmente resignada a El.[52]

Seguramente si hay alguna cosa como una entrega total a Dios, como un amor puro a El, como un corazón puro y una voluntad resignada, entonces tal diferencia de Wesley es válida. Hasta para el mismo y perfecto Hijo de Dios hay que hacer algo de esta distinción, durante su carrera terrenal.

J. R. Brooks estaba dispuesto a admitir que hay algo "vago e indefinido" hasta cierto grado acerca de esta diferencia entre lo natural y lo carnal, pero insistió que esto era cierto en cuanto a muchas doctrinas de la Escritura.[53] Lo "morboso y anormal" puede ser eliminado mientras que los "apetitos ciegos y las pasiones" son "controlados por medio de la vida de Cristo" en nosotros.[54]

> Todos los hombres concienzudos comprenden la dificultad que hay para distinguir ciertas virtudes y vicios —las expresiones pecaminosas e inocentes de algunos de nuestros afectos naturales, propensidades, etc. Por ejemplo, la línea de separación entre el amor inocente a uno mismo y el egoísmo propio, entre la estimación propia y el orgullo, entre el deseo legítimo de adquirir y la codicia, entre un sentimiento propio de resentimiento u oposición a lo malo y el enojo pecaminoso o venganza, entre un deseo loable de ser útil y una ambición no santa —la diferencia entre éstos a veces no siempre es captada fácilmente.[55]

Un resumen hecho por Richard Taylor sobre la diferencia entre la depravación moral y la debilidad natural nos ayuda:

> El resultado del pecado de Adán y la separación de la presencia de Dios fue una naturaleza moral depravada o degenerada. Al perder su salud y perfección, su naturaleza se volvió enfermiza, deformada y desordenada. Inevitablemente, la mente del hombre y su cuerpo fueron grandemente estropeados debido a esta depravación y a su continuo pecado; de tal manera que el hombre ha quedado sujeto a infinidad de errores de juicio, deficiencia de conocimiento, falto de memoria, razonamiento y facultades perceptivas defectuosas; deformidades físicas, anormalidades y peculiaridades de temperamento, enfermedad, dolor y decadencia. Pero puesto que ninguna de estas flaquezas tienen una cualidad moral en ellas, no deben ser consideradas como parte de la naturaleza depravada moral de Adán, o del pecado original... Por otro lado, un genio incontrolable es decididamente un problema moral, puesto que engendra odio, conduce al crimen y produce toda clase de acciones feas, y de miseria. Entonces, no decimos que un hombre puro siempre hablará en ese tono de voz, o que demostrará justamente la expresión facial, o que actuará justamente con ese grado de prudencia y discerni-

miento que la ocasión demande; pero su omisión en cualquiera de estos aspectos no se deberá a que no es como Cristo en su espíritu o en su motivo, sino a que no es como Cristo en cuanto a entendimiento y equilibrio emocional. Cuando se debe a la primera falta, es pecaminosidad; cuando se debe a la segunda, es humanidad.[56]

Tenemos que concluir que la línea exacta entre lo carnal y lo humano es muy difícil de definir. Obviamente, no podemos juzgar propiamente el motivo o la intención pura de otra persona por mera observación. Aun en uno mismo no siempre es posible distinguir entre el motivo moral y la inclinación natural sin la voz del Espíritu Santo. ¿Por qué se ha dejado que la línea que divide a los dos sea tan vaga? Tal incertidumbre conduce a mayor dependencia en el Espíritu, a la necesidad de buscar a Dios de todo corazón, y a ser un testigo humilde de la obra de Dios en el alma.

E. Santidad Externa

Cuando Juan Wesley dijo que la verdadera religión es interna y consiste de una intención pura y santa y de un amor perfecto, no terminó allí. La religión es también social. El amor puro es para Dios y para el hombre. Debe haber una efusión del corazón que ama. La santidad interna debe "proyectarse a sí misma" en la conducta externa. Los cristianos no sólo deben *ser* sino que también deben *hacer*. Deben ser "pacificadores".[57] Por medio de la gracia uno puede ser "perfecto" en el amor que impulsa las obras. Aunque la obra tendrá sus limitaciones, *habrá* obra.

El hombre vive en el mundo —y es un mundo lleno de maldad. Los límites humanos de la expresión del perfecto amor se encuentran no sólo en el cuerpo y en las deficiencias mentales del individuo, sino también en una sociedad mala y depravada.[58] Como ya se ha visto, estas condiciones personales y sociales no impiden que uno obtenga un amor perfecto interno, pero sí impiden la adquisición de una coducta perfecta en el individuo o de un perfecto orden social. Sin embargo, el cristiano debe *hacer* todo lo que esté en su poder para cambiar y reformar a los pecadores, aunque muchas veces él mismo parece fallar. La luz dentro del cristiano brillará y debe brillar en las buenas obras.[59]

Existen dos aspectos de la santidad externa. Uno tiene que ver con la disciplina y la mejoría de la vida propia de la persona en su cristianismo diario. Hay que traer a sujeción los poderes físicos y mentales, y existe el crecimiento en las gracias cristianas. El otro aspecto tiene que ver con el orden social, y la responsabilidad individual de desarrollar una sociedad mejor. En cualquiera de estos dos aspectos, de acuerdo con Wesley, la justicia o la santidad se obtiene primero, y después el desarrollo cristiano es un proceso *"subsecuente"* a ese logro. Con los reformadores era al contrario, el desarrollo cristiano es un proceso *"previo"* a la obtención de la justicia.[60]

De acuerdo con Wesley, antes de que se pueda crear una sociedad mejor debe haber hombres mejores. "La sociedad cristiana se concibe en términos de sus miembros individuales."[61] La luz que brilla en el alma del individuo no se puede esconder sino que brillará. Para que la luz pueda brillar debidamente, debe haber disciplina moral. Es muy significativo que el manual de reglas y reglamentos de los metodistas fue llamado *Disciplina*. La santidad externa vino, no por una experiencia de crisis y fe, sino por una santificación gradual en el crecimiento cristiano por medio de una disciplina vehemente.

Aunque Wesley creía que un cristiano no debería ser "peculiar, meramente por ser peculiar", en su atavío, sino que debería conformarse a las costumbres aceptables, él urgía que tal vestimenta fuera sencilla. Uno no debería usar ropa costosa, ni tampoco su vestido debería ser "llamativo, vanidoso u ostentoso".[62]

> No uséis oro (no importa lo que los oficiales del Estado hagan; o los magistrados, como una insignia de su posición), no uséis perlas, o piedras preciosas; no uséis rizos o vestimenta costosa, por seria que sea. Amonesto a aquellos que están capacitados para aceptar esta enseñanza. No compréis terciopelo, sedas, lino fino ni trivialidades, tampoco meros ornamentos, aunque siempre estén de moda. No uséis nada, aunque ya lo poseáis, que sea de colores brillantes o que sea llamativo, o provocativo; nada que sea hecho de acuerdo a la moda más reciente, nada que atraiga los ojos de los transeúntes.[63]

Wesley enseñó a sus seguidores a comer "alimentos simples, baratos, naturales, que ayudan a la salud tanto del cuerpo como del alma". Sus conversaciones deberían ser "medidas para edificar" y edificar la "fe, el amor o la santidad". El descanso es necesario. "Necesitamos intervalos de diversión de los negocios." Algunas diversiones, de acuerdo con Wesley, son claramente erróneas, tales como "la pelea de gallos, corridas de toros y otros residuos impuros de la barbaridad gótica". También rechazó el "teatro inglés", con sus profanaciones y corrupción". Los bailes públicos fueron vistos con desagrado. Otras clases de diversiones, tales como los sainetes, las novelas, el juego de azar, la caza, aunque ésta fuera inocente, no eran de lo mejor. ¿Por qué no cultivar jardines, visitar a los necesitados, leer historia, buena poesía, filosofía o si no escuchar música? Wesley buscaba el "camino mejor".[64]

Wesley tuvo mucho que decir acerca de las riquezas. Le temía mucho más al amor al dinero, que a cualquiera otra maldad. El dinero es necesario para pagar las deudas, proveer para las necesidades —no "antojitos" o "trivialidades"— y para continuar en el mundo de los negocios. Las riquezas en sí no son malas pero el deseo por las riquezas es pecado. Uno no debería buscar la felicidad en las riquezas ni confiar en ellas.[65] Wesley creía que muchos metodistas habían caído y muchos más caerían porque no atendían a sus amonestaciones del peligro que hay en el dinero.[66] Está bien que uno gane todo lo que pueda y que ahorre todo lo que pueda, siempre y cuando dé todo lo que pueda. Wesley sentía que él, personalmente, no podía acumular tesoro en la tierra para él mismo. No debía tener nada al finalizar cada año. Para Wesley, era casi una obsesión el temor de que las riquezas estaban arruinando el avivamiento metodista.[67]

¿Por qué se sentía así Wesley hacia las cosas naturales de la vida humana? El tenía un deseo profundísimo de conformar al hombre completo a la imagen de Dios. El conocía la sutileza de la tentación y los peligros que había en las cosas de la naturaleza. Sabía que la ropa fina "engendra orgullo", "tiende a engendrar y aumentar la vanidad", "tiene la tendencia natural a engendrar el enojo" y "tiene la tendencia también a crear y a inflamar la lascivia". Además, el gastar dinero en uno mismo sin necesidad impide la capacidad de alimentar al pobre y de vestir al desnudo. Aun si uno pudiera ser tan humilde usando ropa costosa como ropa barata, no sería de mucho beneficio, puesto que había gastado mucho más dinero que lo necesario en sí mismo.[68]

¿Era el ascetismo de Wesley un defecto en su concepto de la perfección, según piensa Flew?[69] Fácilmente se puede admitir que un énfasis riguroso sobre su punto de vista conduce a falsos conceptos del cristianismo. Demasiadas personas han hecho que la santidad consista de "negaciones" y han medido la gracia de un cristiano por sus negaciones a sí mismas. Pero el punto de vista opuesto, que le da un curso libre a los deseos naturales nunca ha conducido a la santidad de vida ni al cristianismo del Nuevo Testamento. La disciplina y la autonegación son obviamente ingredientes permanentes de la vida cristiana y son esenciales para el ideal perfecto. Wesley era humano y por lo tanto erraba acerca de ciertos factores al hacer demasiado hincapié en ellos. Sin embargo, ¿quién negará que cierta disciplina era necesaria entonces, y ahora también?

Wesley quería hombres santos. El conocía la depravación de la raza y la debilidad de la naturaleza humana. También conocía el poder de la gracia de Dios para redimir al individuo y a la raza. Pero él creía que la cooperación del hombre era necesaria, tanto en la purificación de su propio corazón como en la disciplina de su naturaleza humana. La manera más rápida y segura para dejar que el amor perfecto se manifieste a sí mismo era mediante la disciplina de la negación propia. Esta no era una nota desabrida de Wesley; era su concepto del camino hacia la más grande felicidad.

¿Qué se espera que estas personas enteramente santificadas hagan con el mundo en el cual viven? Es claro que no se han de retirar del mundo. Son parte del mundo aunque ciertamente los posee un espíritu diferente. ¿Cuáles son las implicaciones sociales? ¿Se puede esperar que esos creyentes hagan de este mundo pecaminoso uno nuevo?

Wesley no soñaba con una sociedad utópica. Sus principios requieren una persona transformada antes de una sociedad transformada. La tarea es hacer mejores individuos antes de que la sociedad pueda llegar a ser mejor. Wesley no veía barrera alguna que impidiera que el poder de la gracia transformara al individuo. No había nada que le impidiera amar a Dios perfectamente, y a su semejante. Pero esta persona con este perfecto amor necesitaba de todos sus años sobre la tierra para dejar que este perfecto amor *emergiera* en acciones exteriores de piedad y caridad. Pero éstas nunca podrían ser perfectas. Aun los hombres más santos no podrían crear una sociedad perfecta.[70]

En su sermón acerca de "El Misterio de la Iniquidad", Wesley hizo hincapié en la "levadura" maligna que continuamente ha acosado a la iglesia. "El misterio de la iniquidad" estaba presente en la iglesia del Nuevo Testamento.[71] Se manifestó una y otra vez en los días de Tertuliano, de Cipriano y Constantino. De Constantino a la Reforma, el estado de la iglesia fue deplorable.[72] En la Reforma las costumbres no fueron reformadas y la apostasía era universal. Wesley escribió que "el mundo entero nunca mostró, ni puede hacerlo ahora, un país o una ciudad cristiana".[73] Wesley tenía esperanzas para el futuro, pero no antes que "la corrupción moral y natural" fuera removida, y el pecado y el dolor no existieran ya más.[74] Es obvio que debe haber un cambio en la existencia humana antes que se pueda ver una sociedad perfecta. Es muy clara la enseñanza de Wesley que por mala que sea, una sociedad no puede impedirle a los individuos cristianos que sean "santos y sin mancha".

¿Puede existir una iglesia santa? Sí, Wesley creía que la iglesia es santa porque sus feligreses son santos.[75] Nadie es un feligrés verdadero de la iglesia a menos que haya nacido de nuevo. Los verdaderos creyentes son santificados inicialmente, por lo tanto la santidad ha principiado en ellos. Así que todos los feligreses son santos aunque solamente santos en grados. Dentro de esta iglesia santa existen cismas y herejías. Estas son causadas por malos temperamentos en los feligreses verdaderos de la iglesia que no han sido santificados completamente.[76] Wesley nunca tuvo mucha esperanza de que muchos cristianos alcanzaran la perfección cristiana mucho antes de la muerte. La iglesia se compone, en su mayoría, de creyentes que todavía tienen los "residuos del pecado" en ellos.[77]

Pero si todos los feligreses de una iglesia fueran completamente santificados, ¿sería esa iglesia perfecta? Si tal iglesia jamás existiera, sería extraordinaria, pero tendría sus propios problemas peculiares. Aun los que son "verdaderamente perfectos en el amor" están "rodeados por debilidades". Wesley escribe:

Tal vez sean lentos en su comprensión; pueden ser descuidados por naturaleza, o pueden tener una memoria infiel; pueden tener una imaginación demasiado activa, y cualquiera de estas cosas les puede causar ser culpables de algunas acciones indebidas, ya sea en el hablar o en el comportamiento, las cuales, aunque no sean pecaminosas en sí mismas, ponen a prueba toda la gracia que uno pueda tener: especialmente si las atribuimos a lo perverso de la voluntad (como es muy natural hacer), cuando verdaderamente se deben a algún defecto de la memoria o a alguna debilidad del entendimiento; si a ti te parecen ser errores voluntarios, cuando son realmente involuntarias. Muy apropiada fue la respuesta que me dio hace algunos años una santa de Dios (que ahora está en el seno de Abraham); cuando yo le dije: "Jenny, seguramente ahora tu patrona y tú no son una prueba la una para la otra, puesto que Dios las ha salvado a las dos del pecado." "Ay, señor Wesley", dijo ella, "si somos salvas del pecado, todavía tenemos bastantes debilidades, como para poner a prueba toda la gracia que Dios nos ha dado."[78]

Es aparente que la distancia entre el amor perfecto en el corazón de un cristiano y la santidad perfecta externa en la vida cotidiana es suficientemente grande como para requerir toda una vida de crecimiento y desarrollo cristiano. Obviamente el orden social sería mejorado si todos los hombres fueran cristianos. Sería todavía mucho mejor si todos los cristianos fueran perfectos en amor. Pero aún así dicha sociedad de seres santos en este mundo dejaría mucho que desear. Podrían ser santos, pero su mundo sería imperfecto.

¿Es posible vivir una vida perfecta en un mundo imperfecto? ¿Necesitamos recordar que Cristo lo hizo? Cristo fue hecho "en la semejanza de las criaturas caídas" y fue hecho un "verdadero hombre".[79]

Y así, aun aquí, debemos tener cuidado para aclarar lo que queremos decir. Cristo sólo vivió una vida perfecta en el sentido de que siempre actuó con un motivo perfecto. No siempre hizo lo que un hombre perfecto haría en un mundo perfecto. En este último, por ejemplo, no habría necesidad de un látigo para los cambiadores de monedas en el templo, ni "ayes" para los fariseos, ni tributo pagado al conquistador. Ni Cristo hubiese ido a la cruz.[80]

Tampoco es válido decir que no somos perfectos porque estamos involucrados en los pecados de la sociedad. En ese sentido

Cristo hubiese sido también imperfecto. Esta participación en los "pecados sociales" es una consecuencia desafortunada de la "sociedad inmoral", pero no necesita destruir la posibilidad del amor perfecto.

Wesley predicó en contra de las violaciones de la justicia que El vio. Se opuso a la opresión de las viudas y de los huérfanos y a la vida lujosa mientras que existan necesidades en el mundo. Hizo un llamado al arrepentimiento por los pecados causados por la nación de uno. Pedía que hubiera paz, terminando con las guerras y la contención.[81] Al mismo tiempo Wesley enseñó que el hombre del mundo que no teme a Dios debía ser evadido. No debería haber nada que lo atara a uno, ni aun matrimonios con personas perversas.[82] El cristiano debe rechazar las relaciones estrechas con hombres perversos e impíos.[83]

Por otro lado, el pesimismo de Wesley en relación a la sanidad de un mundo perverso no debería impedirnos ver la pasión del teólogo inglés en remediar el sufrimiento. Su primer interés era el bienestar espiritual de los hombres, pero un resultado de su gran obra fue que las necesidades materiales del hombre fueron recordadas. Rees escribe:

> Algunos historiadores han dicho que los líderes del Avivamiento Evangélico del siglo XVIII no tenían interés en los cuerpos de los hombres —pero no es difícil refutar esta crítica. Esos hombres tenían un profundo interés en los cuerpos de los seres humanos. Fomentaron un centenar de filantropías —orfanatos, hospitales, dispensarios, casas de hospicio para los ancianos pobres, sociedades de préstamo y muchas obras de misericordia semejantes a éstas. Lucharon en contra de la esclavitud, del contrabando, de la intemperancia, las condiciones malignas de las prisiones y toda clase de vicio que ellos reconocían como tal. Es cierto que la mayoría de estas obras eran de tipo de salvamento social —aun en el caso del gran *Lord* Shaftesbury, quien alegremente atribuye su inspiración a Juan Wesley. Pero quejarnos de que estos hombres no eran constructivos, y de que no tenían una grande sociología cristiana, es perder todo el sentido del tiempo y acusarlos de no haber nacido un siglo o dos después del siglo en que nacieron.[84]

Para Wesley la santidad era ambas cosas, interna y externa. La santidad interna es pureza de corazón o amor perfecto y es la esencia verdadera de la religión pura. Esta santidad interna está acompañada de la santidad externa, pero estas acciones externas de piedad están limitadas por la fragilidad humana. En la fuente de la acción de uno, ahí uno es perfecto en motivo e intención; pero en las acciones en sí, al expresarse por medio de la ejecución externa, hay limitaciones e imperfecciones. Estas imperfecciones se encuentran tanto en el individuo que es perfecto en el amor, como en su medio ambiente social. La persona enteramente santificada se ha de disciplinar a sí misma y sujetar sus poderes al perfecto amor, y ha de revelar su amor al mejorar el orden social. La sociedad imperfecta y las limitaciones humanas de la naturaleza son terrenos de prueba para la pureza del corazón lleno de perfecto amor. Es en dicho medio ambiente donde el perfecto amor brilla.

Notas Bibliograficas

1. McConnell, *op. cit.*, p. 198.
2. *Works*, VI, 149-67.
3. Graham Ikin, "Sin, Psychology and God", *Hibbert Journal*, XLVIII, 368.
4. *Ibid.*, p. 369.
5. McConnell, *op. cit.*, p. 198.
6. *Works*, VI, 215.
7. *Ibid.*, pp. 216-18.
8. *Ibid.*, pp. 64-65.
9. *Ibid.*, VII, 347.
10. *Ibid.*, pp. 345-46.
11. *Ibid.*, p. 348.
12. *Ibid.*, XI, 419.
13. *Ibid.*, XII, 178-79.
14. H. A. Baldwin, *Holiness and the Human Element* (Louisville: Pentecostal Publishing Co., 1919), pp. 88-89.
15. *Ibid.*, p. 89.
16. John R. Brooks, *Scriptural Sanctification* (Nashville: Publishing House of the M. E. Church, South, 1899), p. 15.
17. *Works*, VI, 477-78.
18. Sangster, *Path to Perfection, op. cit.*, p. 114.
19. *Works*, VI, 477.
20. *Ibid.*, XII, 340.
21. Prince, *op. cit.*, p. 24.
22. *Works*, VII, 228.
23. *Ibid.*, XI, 419.
24. *Ibid.*, p. 415.
25. *Ibid.*, VII, 226-27.
26. *Ibid.*, VI, 477-78.
27. *Ibid.*, XI, 374.
28. *Ibid.*, VI, 30-31.

29. *Ibid.*, p. 94.
30. *Ibid.*, pp. 95-97.
31. Citado en Jessop, *op. cit.*, p. 129.
32. Brockett, *op. cit.*, p. 48.
33. *Ibid.*, p. 49.
34. Paul S. Rees, "Our Wesleyan Heritage After Two Centuries", *Asbury Seminarian*, II, núm. 2 (1948), p. 56.
35. Paul F. Abel, "Human Nature", *Asbury Seminarian* III, núm. 3 (1948), p. 114.
36. *Ibid.*, pp. 114-15.
37. *Ibid.*, pp. 120-21.
38. Rees, *op. cit.*, pp. 56-58.
39. *Works*, XII, 217-18.
40. *Ibid.*, VIII, 345-47.
41. *Ibid.*, III, 273.
42. Peters, *op. cit.*, p. 202.
43. *Works*, III, 273.
44. *Ibid.*, V, 328.
45. *Ibid.*, I, 330.
46. *Ibid.*, pp. 481-82.
47. *Ibid.*, IX, 273.
48. *Ibid.*, XI, 419.
49. *Ibid.*, p. 419.
50. *Ibid.*, XII, 443.
51. *Ibid.*, XIII, 130-31.
52. *Ibid.*, XI, 399.
53. Brooks, *op. cit.*, pp. 321-23.
54. *Ibid.*, p. 372.
55. *Ibid.*, p. 355.
56. Richard S. Taylor, *A Right Conception of Sin* (Kansas City: Nazarene Publishing House, 1939), pp. 96-97.
57. *Works*, V, 283.
58. *Ibid.*, pp. 298-99.
59. *Ibid.*, pp. 307-8.
60. Cannon, *op. cit.*, pp. 222-23.
61. *Ibid.*, pp. 234-36.
62. *Works*, XI, 467.
63. *Ibid.*, p. 468.
64. *Ibid.*, VII, 32-35.
65. *Ibid.*, V, 367-72.
66. *Ibid.*, VI, 334.
67. *Ibid.*, VII, 9-11.
68. *Ibid.*, pp. 17-21.
69. Flew, *op. cit.*, p. 338.
70. *Works*, VI, 479.
71. *Ibid.*, pp. 255-60.
72. *Ibid.*, pp. 261-62.
73. *Ibid.*, pp. 263-64.
74. *Ibid.*, p. 267.
75. *Ibid.*, p. 400.
76. *Ibid.*, p. 403.
77. *Ibid.*, pp. 478-79.
78. *Ibid.*, p. 479.

79. *Notes,* pp. 508-9.
80. Sangster, *Path to Perfection, op. cit.,* pp. 176-77.
81. *Works,* VII, 404-8.
82. *Ibid.,* VI, 454-58.
83. *Ibid.,* p. 473.
84. Sangster, *Path to Perfection, op. cit.,* p. 89.

CAPÍTULO VI

LOS "PECADOS" DEL SANTIFICADO

Cuando uno habla de los pecados del santificado, es necesario definir su significado. Wesley creía que un hecho acerca del problema del pecado es resuelto cuando el pecador es regenerado. El que es nacido de Dios no comete pecado. El recién convertido así como el más débil de los hijos de Dios ha terminado con esta clase de pecado. En tanto que él posea esta fe viviente, no traspasa voluntariamente una ley conocida de Dios. La única forma como el creyente podría pecar otra vez en este sentido es reincidiendo* y perdiendo su fe justificadora.

Los pecados del santificado tampoco se refieren a esa pecaminosidad que permanece en el creyente después de la justificación, pero que es purificada en la experiencia de la entera santificación. Wesley consideraba el "pecado en los creyentes" como algo muy real y que necesitaba la sangre purificadora. Esta clase de pecado está presente en el creyente que ha sido santificado inicialmente pero ya no permanece en el que ha sido enteramente santificado. El enteramente santificado puede perder su estado de gracia y retroceder a la pecaminosidad del creyente, pero mientras que conserve esta "segunda gracia" está libre de esta segunda clase de pecado.

Pero Wesley vio una tercera clase de pecado a la que llamó "pecados" de ignorancia, o "pecados" de flaqueza o errores. Estos pecados son compatibles con el perfecto amor y el cristiano enteramente santificado los experimenta constantemente. De esta clase de pecados ningún santo es liberado en esta vida. Wesley se oponía a aquellos que interpretaban la perfección

---

**backsliding;* también se traduce caer de la gracia, o retroceder.

como algo que incluía la libertad de esos pecados. El hacer de la perfección algo más elevado que un amor perfecto compatible con un cuerpo terrenal y corruptible, es "minar el fundamento de ella y borrarla de la faz de la tierra".[1]

> Todavía digo, y sin contradecirme en forma alguna, que no conozco a seres vivientes que estén tan profundamente conscientes de su necesidad de Cristo tanto como profeta, sacerdote y rey, como aquellos que se creen, y de quienes yo también creo, que son limpios de todo pecado. Quiero decir, de todo orgullo, enojo, deseos malignos, idolatría e incredulidad. Estas mismas personas sienten más que nunca su propia ignorancia, su pequeñez en la gracia, quedando cortos de la cabal mente que hubo en Cristo, y andando con menos exactitud de lo que deberían haberlo hecho si hubieran seguido el ejemplo divino; están más convencidos de la insuficiencia de todo lo que son, tienen o hacen, para soportar la mirada de Dios sin un Mediador; están más compenetrados que nunca de que necesitan a su Mediador más y más.
>
> Aquí hay personas que exceden en gozo y felicidad; se regocijan siempre, oran siempre y dan gracias en todo; sienten el amor de Dios y del prójimo a cada momento; sin sentir orgullo o algún otro mal temperamento... "¿Pero no son ellos pecadores?" Expliquemos el término de una manera, y yo digo: *Sí;* y de otra manera y digo: No.[2]

Wesley, juntamente con la mayoría de los líderes de la iglesia cristiana, enseñó que el creyente más santo es todavía un pecador. Es obvio que no es un pecador en el mismo sentido que lo era antes de la regeneración ni tampoco en el mismo sentido que antes de la entera santificación. Pero no puede negarse que él es todavía un pecador en el sentido de aborrecerse a sí mismo y de ser penitente.[3] Un énfasis de la definición clara de Wesley del pecado como una "transgresión voluntaria de una ley conocida", no debe cegarnos a este aspecto claramente definido del pecado que también se encuentra en la idea de Wesley.

A. Pecados de Ignorancia

Estos pecados del santificado pueden estar ocultos a la consciencia de la persona. Una vez más, uno debe obrar aquí con cautela. El mezclar la idea de un "pecado inconsciente" que es de naturaleza inocente, con esos pecados engañosos que ciegan los corazones de los hombres porque éstos no han sido despertados por el Espíritu, acarrea confusión. Es precisamente en este punto donde tanto Flew como Sangster erróneamente acusan fuertemente a Wesley.[4] Wesley reconocía móviles escondidos e inconscientes de acción en el corazón humano que solamente el Espíritu Santo podía descubrir. Nadie era santificado hasta que esta clase de pecado era descubierto, y limpiado por medio del Espíritu Santo. Wesley sabía que el corazón del hombre era engañoso.[5]

Pero existen otra clase de pecados que no son de esta rama engañosa, y sin embargo son pecados de ignorancia. Wesley anhelaba que sus seguidores tuvieran más conocimiento para que fueran más estables.[6] El vio la conexión tan estrecha que había entre el juicio justo y la acción justa. Si una persona, debido a la ignorancia, juzgaba equivocadamente, sus acciones necesariamente serían equivocadas.[7] Esto quiere decir que una persona enteramente santificada que todavía es deficiente en su conocimiento, equivocadamente juzga su camino del deber, y por ende actúa de una manera equivocada. Y sin embargo, todo el tiempo creerá que está haciendo lo recto a menos que reciba nuevo conocimiento. Este pecado, debido a la ignorancia, puede ser peligroso y necesita del mérito expiatorio de Cristo. Sin embargo, el cristiano enteramente santificado que ha cometido este acto deficiente o equivocado lo ha hecho motivado por el amor perfecto y por un corazón puro que está listo y deseoso de recibir más luz. Tal persona puede ser engañada por su propia ignorancia, pero no puede ser egoísta, "pendenciera" o egocéntrica, mientras que el amor perfecto rige sus motivos. La ignorancia y el engaño perverso no son lo mismo. El enteramente santificado puede ser ignorante y actuar guiado por la ignorancia, y, por lo tanto inconscientemente hace lo malo, pero dentro de él mismo no puede haber ningún motivo egoísta ni malvado.

Debe recordarse que la profesión de esta perfección cristiana no lo hace a uno santo. El que un hombre testifique que su corazón es puro no lo hace puro. Es posible que la decepción esté presente en la mente de una persona cuando piensa que es pura, cuando en realidad no lo es. Tales profesiones falsas acarrean reproche a cualquier enseñanza, pero la falsificación no destruye lo verdadero. Es un error cancelar o negar la santidad del corazón porque muchas personas que hacen profesión de tenerla en efecto no la tengan. Como tampoco cada acción equivocada inconsciente de una persona con tal profesión debe ser interpretada como que indica un corazón que se engaña a sí mismo.

Wesley sabía que había peligros en esta alta profesión de la gracia, y constantemente amonestó a aquellos que decían que tenían la exaltada bendición.[8] Por otro lado, el santo necesita "simplicidad", una gracia "que aparta al alma de las reflexiones innecesarias sobre sí misma". Es posible llegar a ser tan sensible uno mismo, que uno cede a la sugerencia satánica y pierde la confianza en la obra de Dios en el alma.[9] Por una parte, Wesley buscó un equilibrio apropiado entre un corazón sincero e indagador, y una sensibilidad sin razón y demasiado cautelosa por la otra. El secreto era una dependencia sencilla y vehemente en la misericordia de Dios.

El dejar de reconocer los límites en conocimiento es desastroso para cualquiera que testifique que tiene el amor perfecto. El afirmar que uno posee un conocimiento más grande conduce a la persona al orgullo, el cual es el primer enemigo de todo amor perfecto. Los enteramente santificados saben que son debiles, ignorantes y que dependen completamente en su Santificador. Una de las primeras marcas del amor puro es la ausencia de cualquier clase de orgullo del conocimiento o de lo obtenido. Los santificados están conscientes de que actúan muy a menudo guiados por la ignorancia, razón por la cual todavía son pecadores en este sentido.

B. Flaquezas del Cuerpo

Nadie puede negar las flaquezas del cuerpo. El asunto es si estas flaquezas deberían ser llamadas pecados. Calvino no vaciló en llamarlas pecados, afirmando que San Agustín puso los cimientos para tal designación, aunque parece que San Agustín hacía una diferencia entre pecado y flaqueza. Hablando de San Agustín, Calvino escribió:

> Entre él y nosotros se puede discernir esta diferencia, mientras que él admite que los creyentes, en tanto que posean

un cuerpo mortal, están tan atados por la concupiscencia que no pueden menos que sentir deseos irregulares, sin embargo, él se aventura a no llamarle a esta enfermedad con el nombre de pecado, sino que satisfecho con designarla con la apelación de flaqueza, enseña que únicamente viene a ser pecado en esos casos en que, o la acción o el consentimiento se agrega a la concepción o la comprensión de la mente, es decir, donde la voluntad cede al primer impulso del apetito. Pero nosotros, por el contrario, lo consideramos pecado, siempre que el hombre sienta cualquier deseo maligno contrario a la ley divina; y también aseguramos que la depravación misma es pecado, que es la que produce estos deseos en nuestras mentes. Por lo tanto, sostenemos que el pecado siempre existe en los santos, hasta que son despojados del cuerpo mortal; porque su carne es la residencia de esa depravación de la concupiscencia, la cual es repugnante a todo lo que es recto. Sin embargo, (Agustín) no siempre se ha refrenado de usar la palabra *pecado* en este sentido; como cuando dice: "Pablo da la designación de pecado a esto, de donde todos los pecados proceden, es decir, a la concupiscencia carnal. Esto, en lo que se refiere a los santos, pierde su reino en la tierra, y no tiene existencia en el cielo." Con estas palabras él reconoce que los creyentes son culpables de pecado, puesto que son objetos de la concupiscencia carnal.[10]

Este problema de la diferencia entre pecado y flaqueza, el cual creó una tensión en la mente de San Agustín, y que fue hecho a un lado por Calvino como que no tenía importancia, fue resuelto al menos parcialmente por Wesley. Es muy claro que Wesley, en armonía con San Agustín, no llamó a las flaquezas que resultaban de un cuerpo mortal, pecados en el sentido propio. Llegarían a ser pecados solamente cuando "la acción o el consentimiento fuese agregado", y la "voluntad ceda". Además, Wesley no hizo de los "deseos irregulares" que son parte del cuerpo corruptible, una depravación moral. Los deseos irregulares son sólo "depravación del cuerpo" a menos que haya una disposición correspondiente de la voluntad para ceder a los deseos erróneos. Esta disposición errónea de la naturaleza moral es la depravación pecaminosa, o moral, o "concupiscencia carnal". Juntamente con San Agustín, aunque en contra de Calvino, Wesley distinguió entre los "deseos irregulares" y la "transgresión voluntaria". En desacuerdo con ambos, Agustín y Calvino, Wesley distinguió entre "flaquezas inocentes" y "concupiscencia carnal".

Wesley nunca vaciló en llamarle la "depravación moral", o, usando los términos de Calvino, la "concupiscencia carnal", por el nombre de pecado. Esta depravación es el "pecado en los creyentes", los temperamentos malignos y deseos, y es purgado en la entera santificación. Pero, ¿y las flaquezas inocentes, y los "deseos irregulares" del cuerpo? ¿Son también pecados? Sí, en cierto sentido también son pecados.

Estas "partes en la maquinaria animal" son las bases para un considerable ataque satánico que Dios permite.[11] El cuerpo "está expuesto" a muchas "maldades" cada día y cada hora. Las tentaciones acosarán constantemente al hombre que "habita en este cuerpo corruptible".[12] Habrá "aflicción", "pesar" y "pesadumbre conectada con esta existencia terrenal".[13] Existe un "grado de enojo" que no es "enojo malicioso" ni tampoco es lo opuesto al amor y a la compasión.[14] Este enojo que no es pecaminoso "es muy a menudo acompañado con mucha perturbación de los espíritus animales". Sólo con la luz de Dios se puede distinguir claramente este enojo pecaminoso.[15] Esta "casa de barro" tiene el poder de "entorpecer u obscurecer el entendimiento" y de "desanimar y deprimir al alma, y de hundirla en el desastre y la pesadumbre". Es posible en esta condición que el "temor y la duda" "surjan naturalmente", y que Satanás "perturbe" el corazón limpio, aunque no pueda "contaminarlo".[16]

Además, puede haber la "divagación" de los pensamientos y muchas otras "deficiencias" sin que haya un rompimiento en el amor puro.[17] Una madre puede tener niños pequeños y "cuidado mundanal" y un "cuerpo débil", y por algún tiempo no tener "ningún gozo" sino mucho "sufrimiento y pesadumbre", sin embargo, puede poseer una gracia grande.[18] Uno puede hablar "cortante o toscamente" con una aparente "falta de humildad". Tal situación es difícil de reconciliar con la perfección pero uno no debe condenar "a quien Dios no ha condenado".[19] Uno podría agregar a estas declaraciones de Wesley muchas más donde él deja lugar para la flaqueza humana que resulta de la debilidad en la existencia presente. Wesley sostenía que estas debilidades no eran pecados voluntarios, ni tampoco eran necesariamente marcas de una depravación moral. Sin embargo, todos ellos eran pecados en un cierto sentido y necesitaban la expiación de Cristo.[20]

Los pecados en este tercer sentido no son removidos del enteramente santificado, y no es correcto hablar de "erradicación" en relación con ellos. Muchos que han enseñado la perfección cristiana se han equivocado en relación con este punto, y han esperado ser libres de sueños perturbadores, de pasiones humanas, de temperamentos malos, de ansiedad y hasta de la timidez.[21] Daniel Steele, al hablar de los sueños escribió que "el más pacificador, se pelea; el más amable y gentil, comete un crimen; el más satisfecho con la vida, planea el suicidio; el temperamental, se embriaga; el más puro, se torna impuro".[22]

Es obvio que no es correcto acusar a Wesley de enseñar una perfección que da libertad de todo pecado cuando nos referimos a esta tercera clase de pecado. Wesley habría concordado con Lutero cuando éste escribió:

> Hermano, no es posible que lleguéis a ser tan justo en esta vida, como para no llegar a sentir ningún pecado del todo, como para que vuestro cuerpo sea tan claro como el sol, sin mancha ni defecto; sino que todavía tenéis manchas y arrugas y, sin embargo, y no obstante, sois santo.[23]

La lucha de Wesley con Lutero estribaba en que éste dejaba de distinguir entre el pecado que es una "mancha o defecto" en el cuerpo, y el pecado de un mal temperamento o disposición de la voluntad. Uno puede en esta vida ser "tan justo" como para ser libre de lo último, pero no de lo primero. Sin embargo, Wesley todavía consideraba que estas "manchas y defectos" en el cuerpo corruptible, requieren el sacrificio expiatorio. En ese sentido todavía son llamados pecados.

C. Pecados Sociales

Debido a los "pecados de ignorancia" y a las "flaquezas del cuerpo", los creyentes cometerán errores y tendrán fracasos en sus relaciones sociales. Uno debe de tener cuidado de no juzgar a Wesley por las normas de la consciencia social que se desarrollaron en el siglo pasado. Sin embargo, es interesante observar el principio de Wesley del amor perfecto tal como éste se relaciona con el comportamiento social. Ya se ha mencionado antes que el funcionamiento del enteramente santificado no llega a la misma norma del amor en sí. Uno puede poseer el perfecto amor sin tener la habilidad de expresar ese amor en forma perfecta. Mientras que uno permanezca en el cuerpo, nunca llegará a ser completamente lo que debiera ser. Existirán "infinidad de defectos", y la imperfección de las "mejores acciones y temperamentos" de uno.[24]

Como ya se vio, el más santo de los hombres falla en lo que toca a la ley perfecta de Dios. Ningún hombre es capaz de guardar una ley que le requiere que "siempre piense, hable y actúe precisamente en forma recta". Desde la caída "es tan natural para el hombre... errar como respirar". Ningún hombre puede ejecutar lo que la ley adámica requiere, ni tampoco está obligado a hacerlo. El hombre se encuentra ahora bajo una nueva ley— "la ley de la fe". La fe produce el amor que cumple la ley de Dios.[25]

Pero, ¿falla uno en esta ley del amor? Ante la presencia de Dios no hay fracaso porque toda acción es impulsada por el amor puro que santifica la acción ejecutada. Sin embargo, puesto que la persona así impulsada comete errores, falla al no responder en sus acciones sociales como parece que debería hacerlo cuando es impulsada por el amor. Es precisamente aquí donde aún los creyentes enteramente santificados fallan en la ley del amor.

> Los mejores hombres necesitan a Cristo como su Sacerdote, su Expiación, su Abogado con el Padre; no solamente porque la continuidad de sus bendiciones depende de su muerte e intercesión, sino porque ellos no pueden cumplir con la ley del amor. Lo cual es cierto de cada persona viviente. Vosotros que sentís todo amor, comparaos vosotros mismos en que quedáis cortos en muchas cosas.
> Pero si todo esto ha de ser compatible con la perfección cristiana, esa perfección no es libertad de todo pecado; puesto que el pecado es la transgresión de la ley: y los que son perfectos infringen la misma ley a la cual están sujetos. Además, necesitan la expiación de Cristo, y El es la expiación sólo de pecado.[26]

El "no cumplir con la ley del amor" puede significar que el amor no es tan fervoroso como lo fue en otro tiempo.[27] Además las imperfecciones en el "pensamiento, palabra y obra" quieren decir que uno no está "al nivel de la norma".[28] Por consecuencia, uno peca en su comportamiento social todos

Los "Pecados" del Santificado

los días, no porque no tenga el perfecto amor, sino porque no puede obrar tan perfectamente como debiera.

Entonces, es natural, aun para el más santo el ofender a otros con su conducta. Aun cuando todas las acciones broten del amor, uno no es infalible.

> Porque ni el amor ni la "unción del Santo" nos hacen infalibles: Por lo tanto, debido al defecto inevitable del entendimiento, no podemos menos que cometer errores en muchas cosas. Y estos errores frecuentemente ocasionarán algo malo, tanto en nuestro temperamento, como en las palabras y acciones. Podemos amar a una persona menos de lo que se merece, por equivocar su carácter.[29]

Obviamente esta clase de error no es sólo un defecto dentro de la persona que lo comete, sino que es un fracaso social. La persona falla al no tratar a otra persona también como debiera hacerlo. Este es un pecado social y como tal necesita la "sangre expiatoria".[30] Estos errores son "deficiencias" "omisiones" y "defectos de varias clases". Estos errores son ambas cosas, "en juicio y en práctica". Son "desviaciones de la ley perfecta". No son pecados en el sentido correcto, escritural, pero son pecados "así llamados impropiamente". Son "transgresiones involuntarias" que resultan naturalmente de la ignorancia y la mortalidad. Wesley rehusaba usar el término "perfección impecable" debido a esta clase de transgresión; y sin embargo, estas transgresiones, en su opinión, no eran verdaderamente pecados. Lo que Wesley quiere decir es que no son pecados en el mismo sentido y clase con las transgresiones voluntarias y con la depravación corrupta, pecaminosa. Sin embargo, sí involucran a la persona en acciones erróneas.[31]

¿Por qué rehusó Wesley llamar a estos defectos "pecados" en el sentido correcto? El temía que si se permitía que "algunos pecados" fueran "consistentes con la perfección, muy pocos limitarían la idea sólo a esos defectos acerca de los cuales la declaración podría ser veraz".[32] En otras palabras, si el término "pecado" es usado para describir ciertos fracasos en la vida cristiana, es muy fácil para las mentes que no pueden discernir, permitir más que los fracasos inocentes. Si los errores y los fracasos son llamados pecados, ¿cómo llamaremos a los actos de hombres perversos y rebeldes? Cuando ambas clases de acciones son llamados pecados, la historia de la doctrina revela lo vago de cualquier diferencia. Como en Calvino, el pecado es pecado si es solamente un juicio erróneo.

Sin embargo, existe el peligro en la posición opuesta. Cuando los errores y los fracasos no son llamados "pecados", sino son llamados debilidades y flaquezas inocentes, ocurren dos posibilidades. O los pecados en sí son clasificados como errores y fracasos inocentes, y por lo tanto, tienen excusa; o los fracasos inocentes son reducidos al mínimo y excusados con el resultado de que no son corregidos. En cualquier caso, existen serias implicaciones sociales.

Wesley vio que una persona perfectamente santificada podía amar a una persona menos de lo que debía amarla, o su amor por una persona podía hacerle pensar que esa persona era mejor de lo que era.[33] Aquí tenemos las bases para el conflicto en las decisiones de una persona y conducta. Aquí está un padre que ama a su hijo. Este amor lo lleva a darle rienda suelta a su amor y, por ende, a fallar al no disciplinarlo apropiadamente. Por el otro lado, en su deseo de entrenar propiamente a su hijo, lo juzga equivocadamente y le administra un castigo erróneo. En cualquier caso el padre "peca" en contra de su hijo aunque lo hace movido por puro amor. Esta es solamente una área en la que el santificado puede cometer "pecados sociales". El llamarlos inocentes e insignificantes es peligroso. Creer que no necesitan la expiación es irreligioso. Sin embargo, decir que estos pecados son semejantes a los que emanan de un corazón malvado y un deseo orgulloso sería igualmente peligroso.

Existen pecados sociales de los cuales todos son culpables y que todos hemos cometido. Wesley vio la participación de los ciudadanos en los pecados nacionales. El pidió un arrepentimiento nacional.[34] Pero él no vio esta participación como algo opuesto a su doctrina del amor perfecto. Si todos los individuos poseyeran el amor perfecto, aún entonces habría el juicio imperfecto que conduciría a acciones malas. Por ejemplo, la acción equivocada de una persona al votar puede ayudar a elegir a un representante quien más tarde contribuirá con su voto a que el país declare la guerra. No obstante la persona y su representante político pudieron haber obrado con puro amor, aunque con un juicio erróneo. Lo que es más, el haber obrado de otra manera para tratar de evitar la guerra habría podido dar valor a algún agresor en contra de la nación y los hogares de las personas de quienes hablamos. En ambos casos, se ha incurrido en una forma de culpa de la cual una persona no se puede librar a sí misma. Hay que recordar que aun Jesucristo estuvo involucrado en esta clase de pecado social, aunque El siempre actuó motivado por el amor perfecto.

Extender el significado de la palabra pecado para incluir los "pecados sociales" y el significado de la perfección para incluir la "redención de la vida social" no implica o requiere la destrucción de la idea wesleyana del perfecto amor.[35] La redención de la sociedad depende en el individuo redimido. No importa cómo se sienta uno en relación con sus fracasos en el orden social, todavía puede ser lleno con el amor puro y ordenar su conducta apropiadamente. "Existen situaciones en donde debemos culpar de sus errores a los que los cometen", y seguramente el perfecto de corazón *quiere* cargar con su responsabilidad. Tal vez no se alcance "ningún ideal alto" que permita no cometer errores que lastiman a otros en lo que concierne a la conducta social, pero es un "ideal alto" el que se obtiene cuando una persona con muchos errores actúa motivada por el amor y se esfuerza por corregirlos. No es correcto criticar el concepto de Wesley de la perfección sin el reconocimiento de estos factores.[36]

Los cristianos santos saben que cometen errores. Son "afligidos con un sentido de fracaso en sus ocupaciones".[37] Aunque estos errores no lo condenarán a uno delante de Dios, aun así "no pueden soportar el rigor de la justicia de Dios", y por lo tanto necesitan la "sangre expiatoria". "Nadie siente tanto la necesidad de Cristo como estos cristianos; ninguno depende enteramente de Cristo tanto como éstos."[38] Los cristianos enteramente santificados reconocen humildemente sus errores y fracasos, aun aquellos que les ocasionan problemas a otros, y por lo tanto buscan el perdón humano y el divino: deberían esforzarse por corregir su comportamiento cuando sea posible y mantener el perfecto amor constantemente.

D. Caídas de la Gracia

Un problema que existe en las mentes de muchos que no están de acuerdo con el punto de vista de Wesley de la perfección, ha sido el de volver a pecar. Para ellos ha parecido imposible que el cristiano enteramente santificado ceda a la tentación. Es interesante notar que esto que parece una imposibilidad no era un problema para Wesley. A él le preocupaba el asunto opuesto: cómo mantener al cristiano enteramente santificado sin caer de la gracia. El nunca vio la perfección que enseñó como un estado de impecabilidad, a menos que haya sido en los primeros años de Wesley. Cristo fue santo y fue tentado. Adán fue santo; fue tentado y cayó. El cristiano enteramente santificado es santo, pero es tentado y puede caer.

Es fácil entender por qué Wesley creía que el más santo de los hombres estaba en peligro de caer cuando se recuerda que la perfección que Wesley enseñó no es absoluta o final. No es la perfección de la resurrección. El amor puro, consecuencia de una limpieza total del creyente, es una experiencia. Esta experiencia no es estática, debe mantenerse diariamente. La ausencia de pecado del corazón puro viene con la presencia gloriosa del Espíritu Santo. Si ese Espíritu es contristado, su luz se aleja, al menos parcialmente, y las "tinieblas" regresan. Para Wesley, uno debe vivir en completa sumisión al Espíritu Santo para mantener su pureza.

Wesley criticaba a aquellos que con mentes severas dudaban de los testimonios de los que sostenían haber alcanzado el perfecto amor. Wesley enseñó que en lugar de dudar si "el don había sido verdaderamente dado", es más sabio creer lo que un hombre sincero sostiene. No lo observéis para ver "si *tiene* tal bendición, sino para ver si la *conservará*".[39]

> Sé que algunos de estos hombres, en el proceso de tiempo, cambiaron de esa posición firme. Esto no me sorprende, no es más que lo que se esperaba que sucediera. Lo que sí me sorprende es, que no hayan sido más los hombres movidos de esa manera. Pero tampoco esto altera mi juicio de ninguna manera, en relación con la gran obra que Dios ha hecho.[40]

Es obvio que Wesley creía que es fácil perder este elevado estado de gracia. Inclusive él sostuvo que, aunque muchos reciben el don, solamente unos cuantos, "muy pocos son los que lo retienen un año, casi uno en diez; no, uno en treinta."[41] Wesley hizo este juicio en 1770, después de haber observado a sus convertidos por muchos años. Aparentemente para Wesley, el pecado más común del santificado consistía en no mantener el don. El no podía creer que uno que estaba pecando, o que tuviera temperamentos pecaminosos, era perfecto en el amor. La "doctrina de la necesidad de pecar" es "subversiva de toda santidad".[42] Cualquier desviación de una entrega perfecta en la lealtad de uno le ocasionaba perder la gracia del perfecto amor. ¡Pero esto de ninguna manera quiere decir que toda gracia estaba perdida!

Una de las causas de caer de la gracia, o al menos una marca de ello, era el descenso en la asistencia a las devociones diarias. Wesley le daba mucha importancia a levantarse temprano en la mañana, aun en el invierno, y con mucho entusiasmo ejercer ejercicios espirituales.[43] El veía poca santidad aparte de una disciplina ruda y austera. En contraste, cualquier santidad en la sociedad "suave" y moderna de hoy parece ser sólo un pálido reflejo de lo que Wesley tenía en mente. Como quiera que esto sea, el perfecto amor sólo se mantiene por medio de la oración constante y velando fielmente con una entrega constante, ininterrumpida y completa al Dador de toda santidad.

Si, tal como Wesley creía, el más santo de los hombres puede caer, ¿cómo sucede? La tentación del santificado se discutirá en la siguiente sección, y ocupa un lugar importante en el proceso del caído de la gracia. Aquí se puede mencionar que el cristiano enteramente santificado es tentado y puede por la gracia de Dios, no pecar. Sin embargo, existe un punto en la tentación en el que, si no se resiste totalmente, uno "cede en cierto grado", el "Espíritu Santo es contristado", y "su amor hacia Dios se enfría". Cualquiera que continúe en esta relación con Dios habrá perdido su santidad perfecta. Este pecado no será todavía un "pecado voluntario", porque éste puede sólo ser cometido por aquellos que han perdido completamente tanto el amor como la fe.[44]

Wesley nunca creyó que aquellos que habían perdido su entera santificación, habían necesariamente perdido también su justificación. En el proceso del reincidente, el amor se enfría antes de que se pierda; la fe se debilita antes de que cese de funcionar. Es posible, aunque no necesario, y ciertamente no es común, que los que se alejan de una experiencia de la santidad perfecta, pierdan completamente su fe.[45] Las observaciones y la creencia de Wesley eran que los cristianos santificados en efecto se alejaban de Dios y voluntariamente pecaban. Cuando lo hacían, Wesley los clasificaba como perdidos, porque él sabía que no podía existir la justificación, o la santificación consistente con el pecado voluntario. Además, él no concebía de santidad completa alguna que fuese compatible con temperamentos malignos y deseos opuestos al amor.

Aunque la gracia santificadora se pierde, se puede recobrar nuevamente, aun con ganancia sobre la primera experiencia. Algunas veces, aquellos que han perdido su gracia justificadora habían recuperado ambas, la gracia justificadora y santificadora en un solo momento. Sin embargo, Wesley generalmente mencionó a aquellos que, habiendo fallado al no mantener su perfecto amor por algún tiempo, habían recobrado su perdida bendición con "aumento".[46] Desde el punto de vista de Wesley, no era tan serio perder el refulgir en el amor de uno, como lo era permanecer indiferente y no procurar alcanzar más. En sus muchas cartas él urgía a quienes les escribía a que buscaran más amor y a que no se enfriaran en la búsqueda activa de más del amor de Dios en sus vidas.

Wesley consideraba los "pecados de omisión" como los primeros pasos para alejarse del amor perfecto. Puede haber negligencia en la oración privada, en no reprochar o amonestar a otro cristiano por su pecado, puede haber fallas al no "despertar el don de Dios", puede haber descuido o pereza.[47] El continuar permitiendo estas omisiones parece ser la marca del enfriamiento en el amor. ¿Están los que son enteramente santificados, y que mantienen su perfecto amor, alguna vez conscientes de estas omisiones? Indudablemente que sí están, y muy a menudo reconocen que permitieron tal negligencia. Pero al reconocer la negligencia, la corrigen, pero están conscientes de haber fallado. Confiesan su fracaso o fracasos y buscan la asistencia divina para sus debilidades al mismo tiempo que mantienen el amor perfecto. Estos "pecados" de los santificados siempre están presentes, pero, cuando se cometen "indulgentemente", a propósito o descuidadamente, le quitan la pureza al amor. Wesley puso mucha insistencia en la misericordia y en la paciencia que Dios tiene al tratar con las debilidades del hombre.[48]

Aunque Wesley concedía que cierto grado de debilidad humana y fracaso era consistente con el ideal del amor perfecto, él trazó una línea, aunque fuese imaginaria, entre el fracaso ocasionado por la flaqueza o debilidad del ser humano y el fracaso permitido por la voluntad. Su insistencia en que el pecado, estrictamente hablando, es voluntario, lo deja a uno con la idea de que el principio del consentimiento de la voluntad a una debilidad o un fracaso, es el principio del pecado para el enteramente santificado.[49] Una negligencia ocasionada por la debilidad, aunque es pecado en cierto sentido, no es pecado en el sentido propio. Sin embargo, cuando una persona es convencida de su negligencia, y luego la consiente, aunque sea parcialmente, sin ninguna corrección, la omisión viene a ser un pecado en todo el sentido. La primera negligencia no es contraria al amor perfecto; la segunda sí lo es.

Si este juicio de Wesley es correcto, entonces el "pecado en el sentido propio" tal como se usó anteriormente no es el mismo que el "pecado voluntario" del inconverso. Probablemente la diferencia se encuentre en el grado. En el creyente existe una tendencia parcial a la debilidad o a la tentación. Solamente en el inconverso puede esa tendencia ser completa.[50]

Los pecados del santificado en relación con la caída de la gracia son de dos clases. Primero, todos los que están enteramente santificados cometen errores constantemente y están conscientes de sus fracasos y omisiones en su vida diaria. Estos pecados involuntarios no contristan al Espíritu ni tampoco destruyen la fuerza del amor. Segundo, si la persona santificada cede, y sólo cuando cede, a cierto grado de consentimiento a estas omisiones, vienen éstas a ser pecado en el sentido propio, y el amor tiene un rival. Una persona que esté empezando a deslizarse así, puede recobrar su bendición perdida, pero ella ha pecado al perderla.

E. Tentaciones

Si el ser tentado fuera pecado, o si la base para cualquier tentación fuera la depravación moral del hombre, entonces no viene al caso hablar del amor perfecto o de la libertad del pecado. Para creer que la tentación es pecado, es necesario enseñar que había una depravación moral en Adán antes de su tentación, y, todavía peor, que tal depravación se encontraba también en Cristo cuando El fue tentado, o de otra manera insistir que la tentación de Cristo no fue real, y de que El era sin pecado, es sostener una posible tentación aparte de cualquiera pecaminosidad.

Wesley no creía que la tentación fuera pecado ni tampoco que una tentación fuerte era una marca de pecaminosidad. En efecto, la corrupción de corazón y la tentación no son idénticas.[51] Pero él enseñó que las imperfecciones o debilidades humanas son las ocasiones para las tentaciones. El cuerpo humano con sus flaquezas, sus enfermedades y desórdenes, juntamente con el dolor, implican la tentación. El conocimiento, con su entendimiento confuso e impreciso, y sus juicios falsos, es una fuente de tentación. Las tentaciones pueden proceder de hombres perversos en el mundo, y de cristianos, aun de los que son enteramente santificados. Además, "Satanás y sus ángeles" buscan constantemente alejar a los hombres de Dios.[52]

Por lo tanto, los creyentes enteramente santificados no están libres de la tentación. No hay perfección en la tierra que eleve a la persona por encima de la tentación.[53] En realidad, las mismas cosas que ocasionan la tentación —enfermedad, dolor, aflicciones—, no son una pérdida para los hombres sino que son una ayuda para que éstos lleguen a ser "vencedores" al final.[54] Conforme pasa el tiempo, la tentación les otorga algo bueno positivo a los hombres al aumentar la gloria de su corona celestial.

Lutero vio el pecado en el creyente de la misma manera que Wesley vio la tentación.

> Así que la impureza, por medio de sus ataques, hace al alma tanto más casta. El orgullo la hace mucho más humilde. La indolencia la hace más industriosa. La avaricia la hace más generosa. El enojo hace que el alma sea más amable. La glotonería la hace más obediente. De esta manera la tentación resulta ser una gran bendición. Ciertamente que el pecado gobierna sobre nuestro cuerpo mortal si cedemos a él; pero debemos resistirlo y hacerlo nuestro siervo.[55]

En este pasaje Lutero estuvo a punto de identificar la tentación con la pecaminosidad, y uno tiene la impresión de que él creía que la tentación al orgullo era orgullo. Wesley enseñó que uno podía ser tentado a ser orgulloso, sin serlo.[56] La presencia del pecado en el corazón no hace a un cristiano ser humilde. El

Los "Pecados" del Santificado

orgullo lo exalta a uno en sus propios ojos, mientras que su destrucción lo hace a uno ser manso.[57] Sin embargo, una persona puede ser humilde y calmada, aunque sea tentada con el orgullo y con el enojo. Uno no necesita ser orgulloso para ser tentado por el orgullo.

¿Está Wesley en lo correcto cuando distingue entre el orgullo y la tentación al orgullo? Parece que Sangster no está de acuerdo con él. El afirma que nunca ha conocido a alguien que sostenga tener una limpieza total que "nunca haya experimentado un ataque de celo, o un estado de irritación, o un sentido de orgullo, o un pensamiento de lascivia". Cuando una de estas maldades aparece, "Ya se trata de 'mí' en el momento que me doy cuenta". No hay oportunidad para decir "sí", o "no". "Tal maldad se clava *en* mí. *Yo*, en ese momento, soy vano. Se posesiona de mí en los primeros segundos que me doy cuenta de ello. Repudiarlo es arrojarlo, porque ya se encuentra dentro de mí."[58] En realidad, lo que Sangster hace aquí es hacer de la tentación al orgullo, un "sentido de orgullo". El, tal como Lutero hace que la presencia de los sentimientos malos en la tentación sea pecado.

¿Se debe entonces conceder que la "lascivia" o el deseo que es hecho atractivo por la tentación, es verdaderamente pecado? ¿Debe uno concluir que un "rasgo de celo, o un estado de irritación, o un sentido de orgullo, o un pensamiento de lascivia" es pecado en el sentido moral correcto? ¿No puede una persona distinguir entre un "sentido de orgullo" y un consentimiento al orgullo? ¿Podría haber un celo en el cual la voluntad participa, al menos parcialmente, como por ejemplo en el caso de una "puñalada de celo" ocasionada por la tentación? En el momento en que uno está consciente de que la pasión se despierta debido a la tentación, ¿es uno poseedor de la "maldad" porque la pasión no es buena?

La respuesta a estas preguntas no es fácil. Sostener, al igual que Sangster, que estos sentimientos son pecados haría necesario culpar a Cristo de pecado. Ciertamente Jesús fue tentado por los deseos naturales. ¿Era el deseo que Jesús vio como una sugerencia satánica, pecado porque era el "Yo" quien se dio cuenta de ello en el primer momento? Ciertamente Satanás apeló al propio deseo de Cristo. Además, es menester creer que Cristo sintió la atracción del deseo hacia lo malo. Sin embargo, El era sin pecado.

Con los hombres caídos, aun los enteramente santificados, el discernimiento es lento y el conocimiento que uno tiene de sí mismo es muy limitado. Tal vez en el momento de la tentación no sea posible discernir rápidamente la influencia satánica, y, por consecuencia, el deseo atractivo o la pasión que se ha despertado puede continuar por un periodo de tiempo. Sin embargo, debe haber un momento en la tentación cuando la voluntad rechaza el impulso erróneo, o cede a él. No importa qué tanto dure o cuán atractivo parezca el deseo engañoso, aunque es mi propio deseo, no necesita recibir aprobación alguna de la naturaleza moral. Si no la tiene, no puede ser pecado en el sentido propio, o estricto.

> Creemos que es precisamente en este punto, cuando el alma está consciente de una disposición para ceder a lo que se supone sea pecado, que se descubre la pecaminosidad y el principio del pecado. Y nuestra doctrina consiste en que un alma puede estar tan completamente muerta al pecado y viva para Dios, que no importa qué tan atractivo pueda ser el objeto del mal a la naturaleza, el alma no corresponderá con ningún movimiento hacia ella. El apetito o la pasión natural puede sentir el impulso ciego, pero la naturaleza moral no la siente en forma alguna, sino que le da la espalda, rechazándola.[59]

¿Qué hay en el cristiano que lo hace retroceder de un impulso ciego por un objeto equivocado? Carnell hace la siguiente interesante observación:

> Nuestra lucha moral es un asunto complejo. Parece ser que tenemos dos voluntades, aunque en efecto sólo hay una; misma que asiente afectuosamente a la palabra y voluntad de Dios, y otra que asiente afectuosamente también a las persuasiones del pecado. Muy a menudo uno llega al borde de la pecaminosidad, confesando que los afectos que lo gobiernan se encuentran al lado de la justicia y que se odia tanto a sí mismo como a sus acciones, para al final ceder a la trampa de la voluntad menor al capitular ante la tentación. Esta ambivalencia se experimenta todos los días en los corazones de los que luchan con un pecado acosador. ¿Y a quién excluye esta categoría? Ni una sola vez triunfamos sobre el pecado sin que echemos una furtiva mirada sobre nuestro hombro izquierdo, con una leve, pero definitivamente real, pesadumbre de que no podemos permanecer santos ante Dios y gozarnos también con nuestro pecado.[60]

Carnell, teólogo calvinista, está describiendo aquí al cristiano que todavía tiene una lealtad dividida y por lo tanto, un amor imperfecto. Pero hay en su descripción una verdad para los que son enteramente santificados. Para ellos no existe una voluntad dividida; no existe ninguna otra cosa más que un aborrecimiento completo a la idea de disfrutar de un deseo erróneo. ¡No hay ninguna "pesadumbre" en su victoria! Sin embargo, aun ellos sienten el llamado atractivo que tira de ellos hacia el objeto prohibido. Es en este punto donde uno es tentado. Cuándo llega ese deseo seductor a ser pecaminoso no es fácil determinarlo.

Steele escribió que cuando la "voluntad le da rienda suelta al deseo, o tan siquiera lo fomenta en contra de la protesta de la conciencia", el pecado está presente.[61] El término "deseo" es usado aquí como algo separado de la voluntad. Peck postulaba que quien experimenta la tentación peca "cuando la tentación engendra en la mente un deseo por el objeto prohibido". Un "deseo perfectamente formado" en la mente es "prueba definitiva de una alienación de los afectos (que los separa) de Dios".[62] El término "deseo" usado aquí es algo en la mente o en la voluntad. Parece ser que estos teólogos postulan que un impulso ciego o un deseo en la naturaleza animal no es el mismo que un "deseo" en la mente, o como un "movimiento" de la voluntad.

Wesley tenía algo de este concepto cuando discutió los pasos que conducen a perder la gracia santificadora. David amaba a Dios en forma perfecta, sostenía Wesley. Pero llegó un tiempo cuando *sintió* una tentación— un pensamiento que tenía la tendencia hacia la maldad. Aquí está una persona santificada que siente un tirón hacia el mal. Entonces, agregó Wesley, David "cedió en cierto grado" a la tentación, la cual empezó a prevalecer sobre él.[63] Al discutir Santiago 1:14, Wesley vio que el deseo que es "sacado a la superficie" es el deseo de uno mismo.

> Al principio de la tentación, *él es alejado,* alejado de Dios, su refugio fuerte, *por su propio deseo* —por eso debemos buscar la causa de todo pecado en nosotros, no fuera de nosotros. Aun las inyecciones de Satanás no pueden herir, antes de hacerlas nuestras. Y todos tienen deseos que surgen de su propia constitución, temperamentos, hábitos, y su manera de

vivir; *y cada uno es tentado,* conforme avanza la tentación, mordiendo el anzuelo; según el significado de la palabra original.[64]

Es obvio que una persona no puede ser tentada a hacer algo para lo cual no tiene inclinación o deseo alguno. Las bases para cada tentación deben encontrarse en las pasiones, los instintos, los impulsos, los apetitos para hacer algo y los deseos de la naturaleza humana. Si al momento en que uno se da cuenta que es tentado por tal deseo, el pecado de corazón está presente, entonces no existe tal don como el amor perfecto. Sin embargo, si el deseo erróneo no es admitido en el corazón, no se comete ninguna maldad en el corazón (Mateo 5:28). El corazón puro repele la tentación del deseo natural seductor. La mente vivificada del cristiano enteramente santificado rechazará las pasiones malvadas y se mantendrá completamente descansando en Dios.

Sin embargo, la línea divisoria entre los instintos naturales o impulsos y los deseos que fluyen de un amor perfecto no es clara debido al entendimiento limitado. Los creyentes enteramente santificados necesitan la dirección constante del Espíritu y su ojo que todo lo escudriña. Deben reconocer que están en peligro y descansar completamente en los méritos de Cristo. Cualquier participación en el momento de la tentación requiere una confesión humilde y fe de parte del puro de corazón.

F. Momento a Momento

Wesley declaró vez tras vez que la santidad que él predicaba era una vida de "momento a momento". El nunca vio la perfección como algo que se obtenía por gracia y por la cual la persona llegaba a ser la fuente de su propia santidad. La perfección no es una luz en el corazón que se sostiene por medio de recursos dentro del individuo, sino que es luz que mana de la única Fuente de luz, y la santidad del individuo depende totalmente de esa Fuente. Por esta razón Wesley siempre insistió en que uno es santo, o puro, o perfecto sólo mientras esa santidad se derive de Dios. El insistió en una santidad inherente, pero sólo en el sentido de que una persona verdaderamente tiene justicia en sí misma. El hombre, y esto quiere decir el enteramente santificado, siempre depende de la única verdadera Fuente de su santidad.

Sangster cree que la súplica de Wesley para la vida de "momento a momento" es justificada por la investigación y es escritural.[65] Sobre este punto él está de acuerdo con la posición de la Reforma (en cuanto al sentido del cristiano de que es indigno). El no enseñó una santificación que "va a producir una autoestimación insidiosa".[66] La santidad de que Wesley hablaba era una que produce humildad y un sentido de completa indignidad. Sin estas cualidades, uno no poseía tal santidad.

Una persona es santificada por la fe, pero la pureza que se obtiene es conservada por la fe.[67] Ningún estado que se obtiene por la fe llega a ser las bases para la fe, o para la seguridad de la aceptación con Dios. La vida de santidad se lleva a cabo a diario por las buenas obras.[68] Uno no puede vivir en lo que Dios hizo en el pasado. Dios viene hoy y cada día a nuestras vidas a destruir las tendencias a la maldad.[69] Uno debe seguir adelante, de fe en fe, si ha de mantener la entera santificación.[70]

Hay un crecimiento diario en el conocimiento.[71] Los creyentes enteramente santificados necesitan conocer más para que puedan ejemplificar mejor al Cristo a quien siguen. A diario deben usar la gracia que Dios les da, y deben buscar constantemente más gracia.[72]

> Sí, supongamos que Dios ha limpiado ahora completamente nuestro corazón, y ha desparramado los últimos residuos del pecado; aún así, ¿cómo podemos ser suficientemente sensibles de nuestra propia incapacidad; de nuestra más absoluta inhabilidad hacia todo lo bueno, a menos que estemos cada hora, sí, y cada momento dotados del poder de lo alto? ¿Quién es capaz de pensar un buen pensamiento, o de formar un buen deseo a menos que no sea por medio de ese poder de lo alto que obra en nosotros para desear y hacer todo lo que a El le place? Tenemos necesidad, aun en este estado de gracia, de estar completa y continuamente compenetrados con un sentido de esto, de lo contrario estaríamos en peligro perpetuo de robarle a Dios su honor, de gloriarnos en algo que hemos recibido, como si no lo hubiésemos recibido.[73]

Wesley insistía en la necesidad de una voluntad firme. No hay un estado de santificación sin una "voluntad constante y uniforme dedicada a Dios". El "corazón y la vida están enteramente dedicados a Dios".[74] Al hablar de los santificados, Wesley escribió que "continuamente" presentaban su alma y cuerpo en sacrificio.[75] Es obivio que Wesley nunca tuvo la intención de que se pensara en la santidad como algo que se logra o recibe en una experiencia de crisis en la que la consagración es tan completa que resulta innecesaria cualquier presentación futura. Uno puede llegar a un punto en donde no hay reserva alguna en su consagración, pero esta consagración se sostiene por medio de una ofrenda diaria y continua. ¿Por qué es esto así? ¿Qué no es un don, obsequiado sin reservas, y dado de tal manera que hace imposible una presentación futura? Para cierta clase de dones, sí, pero la naturaleza del don del hombre a Dios es tal que se hace necesaria una entrega diaria. Es un sacrificio *vivo* que se lleva a cabo en una consagración continua.

Desde el punto de vista de Wesley, los creyentes enteramente santificados necesitan a diario el sacrificio de Cristo. Nadie siente tanto la necesidad de Cristo como ellos. La vida de Cristo está "en El y con El" y no aparte de El.

> En cualquier estado necesitamos a Cristo en los siguientes aspectos: (1) Cualesquiera que sea la gracia que recibimos, es un don gratuito que proviene de El; (2) Lo recibimos como algo que El compró, meramente en consideración del precio que El pagó; (3) Tenemos esta gracia, no únicamente de Cristo, sino en El, porque nuestra perfección no es como la de un árbol, el cual crece por la savia que proviene de sus propias raíces, sino como se ha dicho antes, como la de un pámpano que, unido a la viña, da fruto; pero, separado de ella, se seca y se marchita; (4) Todas nuestras bendiciones temporales, espirituales y eternas, dependen de su intercesión por nosotros, que es una parte de su oficio sacerdotal, de la cual por lo tanto siempre tenemos necesidades iguales; (5) Los mejores hombres todavía necesitan a Cristo en su oficio sacerdotal, para hacer expiación por sus omisiones, sus fracasos (como algunos impropiamente hablan), sus errores de juicio y en práctica y sus defectos de varias clases. Todas estas son desviaciones de la ley perfecta, y por consecuencia, necesitan una expiación.[76]

Wesley no vio ninguna inconsistencia entre la perfección y la necesidad diaria de la expiación. Si hubiera sido necesario, Wesley habría preferido olvidar la perfección como una doctrina, que enseñar una perfección sin una expiación constante, pero, dijo Wesley: "No tenemos necesidad de dejar ni una ni otra."

Los más santos de los hombres todavía necesitan a Cristo, como su Profeta, como la luz del mundo. Porque El no les da la luz, a menos que sea momento a momento. En el instante que El se aleja, todo se torna en tinieblas. Ellos todavía necesitan a Cristo como su Rey; porque Dios no les da un depósito de santidad, sino que a menos que reciban santidad a cada momento, lo único que permanecerá será la pecaminosidad. Ellos todavía necesitan a Cristo como su Sacerdote, para hacer expiación por sus acciones santas. Aun la perfecta santidad es aceptable ante Dios sólo por medio de Cristo Jesús.[77]

Esta expiación en Cristo por el santificado no es solamente para suplir la gracia necesaria, y para mantener una victoria y una santidad presentes, sino también para el perdón diario.

Al hablar usando las palabras, "en muchos casos ofendemos a muchos", he observado lo siguiente: 1. Mientras vivamos, nuestra alma permanecerá unida con el cuerpo; 2. Mientras que esté así unida al cuerpo, no puede pensar sino con la ayuda de los órganos del cuerpo; 3. Mientras que estos órganos sean imperfectos, estamos propensos a cometer errores, tanto especulativos como prácticos; 4. Sí, y un error puede ocasionar que ame a una buena persona menos de lo que debo amarla; lo cual es un defecto, es decir, un mal temperamento; 5. Por todas estas cosas necesitamos la sangre expiatoria, así como por cualquier defecto u omisión. Por lo tanto, 6. Todos los hombres tienen la necesidad de decir a diario: "Perdona nuestros pecados."[78]

Aunque Wesley encontró en su tiempo sólo a unos cuantos que enseñaban que la perfección ponía punto final a la necesidad del perdón diario, aparentemente muy pocos de los pregoneros modernos de "santidad" han estado de acuerdo con Wesley en este aspecto. A Wesley no se le hace difícil ofrecer oraciones de confesión, cualesquiera que haya sido el curso de acción de sucesores.[79] Turner insiste en que Wesley era inconsistente al enseñar que los pecados de ignorancia demandan arrepentimiento y perdón. "En este caso, sin embargo, el perdón que se necesitaba era para los efectos, no para la intención."[80] Pero uno debe recordar que entre la "intención" y los "efectos" está esa participación de la naturaleza humana caída y débil de uno, por lo cual uno necesita la misericordia y el perdón.

Ciertamente que este "perdón" no está exactamente en el mismo nivel como el que se recibe por las transgresiones voluntarias, pero es un perdón verdadero. En cierto sentido el arrepentimiento está en orden. Uno necesita estar convencido y tener convicción de sus errores. Cuando estos errores se ven, traen humillación y confesión. También hay el abandono de estos "pecados", en el sentido que uno debe corregirlos lo mejor que pueda. Nuestros fracasos de conducta necesitan el perdón de Dios.

Wesley comprendía que las transgresiones involuntarias no acarreaban condenación ante Dios. Uno no está bajo una maldición cuando erra.[81] En lugar de ser condenado, es puesto bajo convicción.[82] El estar "bajo convicción" lo hace a uno estar consciente de su completa necesidad de Cristo, de disciplina y de misericordia. Si dejamos de ver nuestra constante necesidad de la expiación de Cristo, y de obtener su perdón, esto es ya en sí un error craso. Puede conducir a una santidad falsa que desacredita la verdadera obra de Dios.

Hay muchos peligros que se encuentran en el camino de la consagración completa a Dios. Wesley advirtió en contra del orgullo, hacia el cual uno se desliza inconscientemente, con particularidad si piensa que no hay peligro. El temía el "entusiasmo",* con lo cual quería decir el suponer que uno tiene un conocimiento especial de Dios. Hay el peligro constante del engaño satánico. El deseo de uno de crecer en la gracia puede conducirlo a desear tener dones de una nueva clase. El advirtió en contra de los pecados de omisión, en contra de los cismas, en contra de la autoindulgencia. Los hombres más santos están constantemente enfrentándose a peligros que amenazan sus almas. Deben (por lo tanto) tener celo y ser activos y no desear ninguna otra cosa más que a Dios.[83]

En vista de estas amonestaciones de Wesley, uno debe concluir que en la perfección cristiana no hay lugar para gloriarse excepto en Cristo. Nadie tiene nada de sí mismo en la gracia más elevada que haya alcanzado de la cual él pueda enorgullecerse. Todo lo que tiene viene de Cristo, y en Cristo, y proviene de su grande misericordia. Ningún testimonio de ninguna

---

*Una traducción más fiel del término tal como lo usó Wesley sería *fanatismo*.

gracia obtenida debería incluir más que el testimonio de la obra grandiosa de Cristo en el alma. Por lo tanto, toda autoexaltación queda excluida.

¿Están en lo correcto Sangster y Flew al decir que nadie debería aseverar que está libre de pecado? Ciertamente están en lo correcto si los pecados incluidos en dicha aseveración eran las transgresiones involuntarias. Nadie está libre de ellas. Pero, como hemos visto, Wesley no quiso decir los pecados involuntarios. ¿Se puede testificar sabiamente que el pecado en el sentido propio, moral, es limpiado? Wesley así pensaba. Pero él creía que una persona que declarara tal cosa debería estar segura de lo que estaba haciendo.

Es obvio que cualquier testimonio que atestigüe de la gracia poderosa de Dios en el corazón está en orden. Pero uno debe cuidarse del orgullo espiritual. El hincapié debería estar en la plenitud de Cristo dentro del hombre y no en la *impecabilidad* de éste. En lugar de decir, "soy enteramente santificado", lo cual hace del "yo" el "trampolín del anuncio", uno debería testificar: "Cristo es ahora, por la fe, mi Santificador."[84] Cuando uno sabe que Dios ha hecho una gran obra en su vida, quiere que toda la gloria sea para Cristo. No tomará la gloria que le pertenece a otro. La realidad es que no puede hacerlo mientras dependa "momento a momento" en su Señor, y mientras sepa que, aparte de Cristo, no hay nada bueno en él.

Notas Bibliograficas

1. *Works*, XIII, 49.
2. *Ibid.*, XII, 366.
3. Atkinson, *op. cit.*, pp. 78-79.
4. Flew, *op. cit.*, pp. 411-12; Sangster, *Path to Perfection, op. cit.*, pp. 135-39.
5. *Works*, VII, 341-42.
6. *Ibid.*, III, 420.
7. *Ibid.*, XII, 287.
8. *Ibid.*, p. 219.
9. *Ibid.*, pp. 483-84.
10. Calvin, *Institutes, op. cit.*, I, 659.
11. *Works*, XII, 483-84.
12. *Ibid.*, VI, 477.
13. *Ibid.*, VI, 94-96.
14. *Ibid.*, XII, 290-91.

15. *Ibid.*, pp. 390-91.
16. *Ibid.*, p. 292.
17. *Ibid.*, p. 385.
18. *Ibid.*, p. 379.
19. *Ibid.*, p. 334.
20. *Ibid.*, XI, 419.
21. Sangster, *Path to Perfection, op. cit.*, p. 116; Baldwin, *op. cit.*, pp. 78-79; Randolph S. Foster, *Christian Purity* (Nueva York: Eaton and Mains, 1897), pp. 66-69.
22. Daniel Steele, *Love Enthroned* (Nueva York: Phillips and Hunt, 1881), pp. 86-87.
23. Luther, *Compend, op. cit.*, pp. 87-88.
24. *Works*, XII, 495.
25. *Ibid.*, XI, 414-15.
26. *Ibid.*, pp. 417-18.
27. *Ibid.*, XII, 385.
28. *Ibid.*, pp. 278-79.
29. *Ibid.*, XI, 417.
30. *Ibid.*, III, 68-69.
31. *Ibid.*, XI, 395.
32. *Ibid.*, pp. 396-97.
33. *Ibid.*, pp. 396-97, 419.
34. *Ibid.*, VII, 406-8.
35. Sangster, *Path to Perfection, op. cit.*, pp. 183-84.
36. McConnell, *op. cit.*, p. 195.
37. Steele, *op. cit.*, pp. 88-89.
38. *Works*, XI, 394-96.
39. *Ibid.*, III, 136.
40. *Ibid.*, pp. 105-6.
41. *Ibid.*, XII, 375-76.
42. *Ibid.*, XI, 453.
43. *Ibid.*, IV, 269-70.
44. *Ibid.*, V, 230.
45. *Ibid.*, VI, 525-26.
46. *Ibid.*, p. 526.
47. *Ibid.*, pp. 80-82.
48. *Ibid.*, pp. 83-84.
49. *Ibid.*, XII, 394.
50. *Ibid.*, V, 232.
51. *Ibid.*, XI, 419.
52. *Ibid.*, VI, 477-80.
53. *Ibid.*, p. 5.
54. *Ibid.*, VII, 348.
55. Luther, *Romans, op. cit.*, pp. 88-89.
56. *Works*, XI, 419.
57. *Ibid.*, X, 327-38.
58. Sangster, *Path to Perfection, op. cit.*, pp. 136-37.
59. Foster, *Purity, op. cit.*, pp. 73-74.
60. Carnell, *op. cit.*, pp. 424-25.
61. Steele, *op. cit.*, pp. 325-26.
62. Peck, *op. cit.*, p. 436.
63. *Works*, V, 231-33.
64. *Notes*, p. 598.

65. Sangster, *Path to Perfection, op. cit.*, p. 112.
66. Berkouwer, *op. cit.*, p. 129.
67. *Works*, X, 333.
68. *Ibid.*, VIII, 337-38.
69. *Ibid.*, XII, 276.
70. *Ibid.*, XII, 62.
71. *Ibid.*, III, 420.
72. *Ibid.*, XII, 323.
73. *Ibid.*, VI, 398.
74. *Ibid.*, XII, 398, 400.
75. *Ibid.*, VI, 526.
76. *Ibid.*, XI, 395-96.
77. *Ibid.*, p. 417.
78. *Ibid.*, III, 68-69.
79. Spalding, *op. cit.*, pp. 45-46.
80. Turner, *op. cit.*, p. 238.
81. *Works*, XII, 227-28.
82. *Ibid.*, p. 276.
83. *Ibid.*, XI, 427-32.
84. Rees, *op. cit.*, III, 12.

CAPÍTULO VII
RESUMEN Y CONCLUSIÓN

En esta investigación del concepto de Wesley de la perfección, se ha hecho un atentado vehemente para descubrir y examinar los problemas principales que confronta cualquier doctrina de la perfección. No ha habido ninguna evasiva intencional de dificultad alguna con que la enseñanza se enfrenta. Las ideas de Wesley, según fueron expresadas por él mismo en su amplia experiencia con la gente, se han reunido y relacionado a su enseñanza especial acerca del amor perfecto. Estas ideas fueron expresadas por él en varios términos. Sin embargo, estos términos deben ser entendidos a la luz del significado que Wesley les dio, y de acuerdo con sus definiciones. Atacar su doctrina sobre las bases de cierto significado atribuido al término o términos que Wesley usó, no arroja luz sobre la discusión. Wesley sabía que los términos verbales transmiten significados diferentes. El trató de expresar lo que él entendía que los escritores de la Biblia enseñaron, y estaba siempre dispuesto a ser corregido por las Escrituras. Concluyó que el término "amor perfecto" expresaba mejor lo que él creía que significaba la "perfección cristiana". No hemos encontrado ninguna razón para hacer a un lado esta conclusión.

A. Resumen de la Doctrina de Wesley

La enseñanza de Wesley es una doctrina de gracia. Siguiendo la teología tradicional, él creía en la corrupción total de la naturaleza del hombre. Podía usar los términos más negros para describir la caída del hombre. Es en contra de esta corrupción que Wesley pone la gracia preveniente de Dios, la cual es dada a todo hombre. Esta gracia realmente redime a la raza en el sentido de que cualquier culpa racial es removida, un grado de libertad es restaurado a cada individuo, un principio de la luz divina está presente en cada alma, y todos los hombres son hechos salvables. En realidad ninguna persona está en el mero estado de naturaleza, pero la salvación ya ha principiado en cada ser humano.

Esta gracia preveniente eleva a cada ser humano al lugar donde él puede escoger o rehusar más gracia. Al escoger más gracia una persona puede ser guiada al arrepentimiento y a la fe, que son las condiciones para la justificación. Toda obra que precede a la fe es de gracia, y la fe es de gracia. La habilidad para cooperar es por gracia. En este sentido, la *sola gratia* es retenida en Wesley. También la justificación, y por ende la salvación, son solamente por la fe. Ninguna obra, ni siquiera la que es de gracia, puede justificar. La condición inmediata de la justificación es la fe. Sin esta fe nadie es justificado: con ella, la persona es justificada. En este sentido Wesley mantuvo la *sola fide*.

Wesley creía en una expiación universal y sostenía que la gracia es dada a todos los hombres. De esta gracia viene una "habilidad benigna" por medio de la cual todo hombre puede cooperar con Dios. Ningún hombre será arrojado al infierno porque no tenga la gracia, sino porque se niega a usar la gracia que tiene. Por medio de la gracia son hechas las obras, tanto antes como después de la fe. Estas obras son esenciales porque nadie puede obtener la fe, o mantenerla, sin ellas. Esto es el sinergismo, pero un sinergismo nacido del monergismo —Dios obra, por lo tanto el hombre está capacitado para obrar.

Para Wesley, el pecado puede ser considerado en una de dos maneras. El pecado original fue el pecado de Adán, y puesto que éste representaba a la raza humana, su pecado vino a ser de la humanidad entera. Este pecado es responsable por las flaquezas naturales y las maldades inherentes en la raza humana. Sin embargo, la culpa de este pecado es removida en todos los hombres por la gracia preveniente, aunque los resultados pecaminosos y desastrosos permanecen. De esta naturaleza caída fluyen las corrupciones y las tendencias pecaminosas en los hijos de Adán. Pero la gracia de Dios también fluye hacia esta naturaleza pecaminosa, hecho que cambió la definición de Wesley del pecado. Puesto que el hombre posee la gracia, es el rehusar esta gracia lo que viene a ser el pecado que lo condena. La definición de Wesley de un pecado propiamente hablando es clara y distinta. Es una transgresión voluntaria de una ley conocida. Al rehusar la gracia gratuita, el hombre continúa en sus pecados y por el hecho de rehusarla, llega a ser un "pecador voluntario". Por estos pecados él sufrirá la muerte eterna, a menos que se arrepienta y crea. La persona que por medio de la gracia es convencida de pecado, se arrepiente y cree, deja de pecar en este sentido. No puede pecar mientras tenga la fe. Es bien claro que Wesley no quiso decir con esta clase de pecado los malos temperamentos y los deseos en el corazón del creyente, ni tampoco los errores desafortunados e involuntarios que brotan de una naturaleza humana caída. El se refería a los pecados personales de un individuo que voluntariamente sigue su propio camino lejos de una fe verdadera en Cristo.

Para Wesley, la salvación, la perfección y la santidad tienen el mismo significado. Principian en un sentido con los primeros rayos de luz de la gracia preveniente. Cuando una persona es justificada, también es regenerada e inicialmente santificada. La justificación es completa en el sentido que el individuo es perdonado y aceptado como hijo de Dios, aunque el perdón continuo depende de su fe continua. La regeneración es completa en el sentido de que principia la vida nueva, y todas las gracias de Dios son implantadas en el alma. Al momento de la regeneración, hay también un rompimiento del poder del pecado y una limpieza de la contaminación del corazón. La limpieza es santificación, pero está incompleta. La entera santificación viene en una etapa posterior de la perfección.

Wesley consideró la santificación tanto gradual como instantánea. Cuando la santificación era vista como una limpieza, principiaba en la regeneración, continuaba en el creyente hasta que, por medio de la fe, llegaba la entera limpieza, o pureza total. El punto en donde la entera limpieza se completaba era una crisis, o una experiencia especial, en la cual el Espíritu Santo terminaba esa limpieza del pecado que antes había iniciado. Cuando la santificación era vista como un crecimiento, era un proceso que principiaba cuando el amor y otras gracias eran implantadas en el corazón del creyente. Estas gracias continúan creciendo, antes y después de la entera santificación. No hay tal punto al que se pueda llegar más allá del cual no haya crecimiento posible de estas gracias. En este sentido, la santificación es gradual.

Entonces, en Wesley, hay dos perfecciones. Una se alcanza cuando el corazón es hecho puro y sólo el amor reina. Esta es la perfección cristiana, o el amor perfecto. La otra perfección es la meta que siempre se encuentra más allá del cristiano y nunca se alcanza en esta vida, aunque se experimentan el crecimiento y el mejoramiento. La primera tiene que ver con la corrupción moral que queda en el corazón del creyente, después de su conversión; la segunda tiene que ver con el crecimiento de las gracias y su manifestación en la conducta diaria del cristiano.

Para entender la diferencia entre ser perfecto en un sentido y no ser perfeccionado en el otro, se ha hecho necesario hacer una distinción singular entre dos clases de pecado en el creyente. El pecado que es limpiado o destruido en la entera santificación es una depravación moral. Esta depravación es una disposición errónea de la voluntad, un mal temperamento, una voluntad propia, o un deseo moral maligno, que se opone al amor hacia Dios y al hombre. No es idéntico con las flaquezas, debilidades, o instintos naturales, que son parte de una existencia humana caída. Esta maldad en el corazón que se opone a Dios y al amor se ausenta cuando uno ama a Dios perfectamente. Este amor perfecto no es una ejecución perfecta sino una intención pura. En la entera santificación la semejanza moral del creyente con Dios es restaurada totalmente.

Este amor perfecto, o perfección cristiana, es la única perfección posible en esta vida presente. Es una pureza que deja en libertad a la voluntad de las inclinaciones al mal. Es libertad de la depravación pecaminosa del corazón o de la voluntad. Viene en una experiencia que puede ser llamada la plenitud del Espíritu, y es llevada a cabo por el Espíritu en respuesta a la fe del creyente. Para Wesley es un concepto bíblico y es asequible aquí y ahora para todos los creyentes. Lo capacita a uno para cumplir con la ley de Cristo. No es perfección en el sentido adámico o angélico. El amor perfecto tampoco es la perfección de la resurrección. Hay mucho más por delante para aquellos cuyo amor es hecho perfecto.

Es obvio que hay límites humanos para esta perfección

presente. La existencia finita es tal que nunca se debe pensar del perfecto amor como una perfección infinita. En el estado caído del hombre, él es agobiado por un cuerpo corruptible y debe actuar por medio de una mente imperfecta. Con conocimiento limitado y flaquezas humanas, ningún hombre, aunque sea perfecto en el amor, puede obrar perfectamente. Aunque cada acción es motivada por el amor perfecto, las reacciones imperfectas de un cuerpo y una mente imperfectos crean toda clase de imperfecciones. Estas imperfecciones humanas nunca deben confundirse con una naturaleza moral pecaminosa, aunque la línea entre las dos no siempre esté muy clara.

Estas imperfecciones que fluyen de una naturaleza humana débil son consistentes con el amor puro. Es claro que éstas no son desviaciones de la ley del amor; como también es claro que son desviaciones de la ley perfecta dada a Adán. Wesley estuvo de acuerdo con los reformadores en que estas desviaciones de la ley perfecta son pecados. Pero no son pecados en el mismo sentido que lo son las desviaciones de la ley del amor. Puesto que Wesley hizo esta distinción, él podía hablar de la libertad del pecado que es una desviación del amor puro. Él sentía que ésta era la libertad del pecado que enseñan las Escrituras. Para esa libertad más grande de todos los pecados, incluyendo los fracasos para mantener perfectamente la ley perfecta, tenemos que esperar hasta la resurrección.

Wesley no pasó fácilmente por alto esta área de imperfección entre un amor perfecto y una ejecución perfecta. Hubo tiempos cuando no vaciló en llamar a estas imperfecciones "pecados". El hecho de que no siempre las llamaba pecados era porque la gente las confundía con las otras clases de pecados. Sin embargo, él creía que estos "pecados" o flaquezas necesitaban la expiación de la sangre, y que uno debería orar a diario por el perdón de sus pecados. La vida de santidad era una confianza de momento a momento en el sacerdocio de Cristo.

B. La Perfeccion en el Metodismo Norteamericano

Este mensaje de santidad fue proclamado por Wesley sin interrupciones. Es cierto que hubo tiempos en que se hicieron preguntas. Pero éstas no eran para ver si la perfección era el mensaje que se debía predicar —Wesley estaba seguro sobre este punto. El siempre buscó maneras más claras para predicarlo, y siempre intentó evitar los peligros. Cuando alguien sugería la posibilidad de "olvidar este asunto", eso sólo intensificaba la proclamación de Wesley. Cualesquiera que hayan sido los cambios que hizo en la doctrina, los hizo para lograr una mayor claridad, así como para exhortar a sus oyentes a buscar la "bendición". Nadie puede leer la historia de Wesley y concluir que la perfección cristiana era solamente una "teoría mimada" para él. La perfección era el principal impulso en su ministerio.

En 1777 Wesley escribió lo siguiente:

> Pero os preguntaréis naturalmente, ¿qué es el metodismo?... El metodismo, así llamado, es la religión antigua, la religión de la Biblia, la religión de la Iglesia de Inglaterra. Esta religión antigua, (según observé en "La Apelación Fervorosa a los Hombres de la Razón y la Religión") no es "otra más que el amor, el amor a Dios y a toda la humanidad; el amar a Dios con todos nuestro corazón, y mente y fuerzas,... y el amar a cada alma que Dios ha hecho, a todos los hombres en la tierra, como a nuestra propia alma."[1]

Aquí Wesley consideró el metodismo y la santidad como sosteniendo la misma cosa. El tenía mucha confianza en que el avivamiento metodista tendría éxito y lo asociaba con la enseñanza de la religión pura, lo cual para él era la santidad de corazón. Wesley nunca tuvo la intención de que el metodismo fuera una iglesia aparte de la Iglesia de Inglaterra.[2]

Al contestar a la pregunta que le hicieron a Wesley de por qué Dios había levantado a los metodistas, contestó: "No para formar una nueva secta, sino para reformar la nación, especialmente la iglesia; y para esparcir la santidad escritural por la tierra." Su respuesta a la pregunta "¿Qué causó el nacimiento del metodismo?" fue dada en una revisión en 1791:

> En 1729, dos hombres jóvenes, mientras leían su Biblia, se dieron cuenta que no podían ser salvos sin la santidad; la buscaron y animaron a otros a hacer lo mismo. En 1737, se dieron cuenta que la santidad se recibía por la fe. También se dieron cuenta de que los hombres son justificados antes de ser santificados; pero la santidad continuaba siendo su punto. Dios entonces los envió, en contra de su voluntad completamente, a levantar un pueblo santo. Cuando Satanás no pudo

estorbar más esta obra, les arrojó el calvinismo; y después el antinomianismo, el cual ataca directamente las raíces de la santidad.³

En 1790, Wesley escribió que la "entera santificación" como una doctrina "es el gran depósito que Dios ha puesto en las manos de la gente llamada metodista; y con el fin de propagar esto principalmente, parece que nos levantó a nosotros".⁴

¿Qué tan bien ha retenido el metodismo la convicción de su fundador? Haciendo a un lado la opinión de Wesley de que los metodistas deberían permanecer en la Iglesia de Inglaterra, puesto que antes de su muerte él permitió la organización del metodismo en América del Norte como iglesia, uno está interesado en el resultado del "gran depósito". Como hemos sugerido en capítulo anteriores, la perfección cristiana tiene vínculos muy estrechos con la depravación total, la expiación en Cristo, la gracia preveniente, la justificación por la fe, la regeneración y las buenas obras. La negligencia de cualesquiera de éstas pervertirá la enseñanza acerca de la santidad.

Varias investigaciones de mucho valor han revelado datos muy interesantes sobre el asunto del perfeccionismo en el metodismo en América del Norte. Robert Clark estudió la historia de la doctrina en el metodismo hasta el año 1845. El sostiene que las normas heredadas de Wesley proveyeron una unidad constante en el metodismo sobre la doctrina de la perfección cristiana, en la cual no hubo desviación de los principios originales.⁵ En los primeros años del metodismo en los Estados Unidos se establecieron los grandes cultos campestres por medio de los cuales el metodismo se hizo famoso. Estos campamentos llegaron a ser conocidos más tarde como "cultos campestres de santidad".⁶ Sin embargo, Robert Clark cree que desde 1840 "hubo una declinación general de la presentación de la doctrina por los clérigos de la iglesia, y como resultado un grupo más pequeño en la iglesia buscó y profesó esta gracia". No obstante, la única controversia durante este primer período era "sobre la práctica y la presentación de esta doctrina en la iglesia, y no sobre la doctrina en sí".⁷

El estudio de la teología metodista de Leland Scott en el siglo XIX en Estados Unidos sugiere varias tendencias interesantes. Los primeros metodistas americanos tenían poco tiempo o interés para reflexionar sobre su teología. Aun Asbury sentía que lo único que se necesitaba era un poco de estudio para que uno hablara y escribiera para la gente sencilla.[8] Para mediados del siglo se sintió la necesidad de trabajo teológico independiente y original.[9] En la década de 1840 Timothy Merritt y Phoebe Palmer intentaron salvaguardar la enseñanza de la santidad, pues ambos temían que estaba habiendo un alejamiento de la doctrina. Durante este tiempo ocurrieron varias transiciones importantes. Disminuyó el énfasis sobre la experiencia de "momentos" de la gracia redentora. Scott afirma que la conversión evangélica, el testimonio del Espíritu y la entera santificación perdieron algo de su vitalidad. Había una preocupación creciente en la iglesia de que había muchos avivamientos. Con esto vino un énfasis tremendo acerca de la nutrición del recién convertido.[10]

Durante la última parte del siglo empezaron a aparecer algunos cambios en la teología. Daniel Whedon hizo hincapié en la agencia libre y el poder de la opción contraria.[11] William Warren y Juan Miley, afirma Scott, contribuyeron a estos cambios. Miley hizo hincapié en la decisión moral pero descuidó las doctrinas del pecado original y la gracia preveniente.[12] Por otro lado, hombres como Daniel Steele y Thomas Summers hicieron hincapié en recapturar la herencia metodista doctrinal por medio de una renovación de "experiencias concomitantes" de esa herencia.[13] A pesar de la transición, sigue diciendo Scott, la teología metodista en el siglo XIX mantuvo una "alianza formalista" con los linderos evangélicos del wesleyanismo.[14] Sin embargo, hay evidencias de una declinación gradual del énfasis en las doctrinas de Wesley de la conversión, el testimonio del Espíritu, la instantánea y entera santificación y la urgencia de la salvación.[15]

Elmer Gaddis, quien escribió acerca de la historia del movimiento perfeccionista en Norte América, atribuye gran importancia a la "introducción del componente wesleyano del perfeccionismo" a este país por los metodistas.[16] El sostiene que el "impacto de los metodistas perfeccionistas en moldear los principios y procedimientos de las sectas fronterizas tal vez nunca sea estimado con exactitud, pero esta influencia fue muy grande".[17] Dice Gaddis: "Los metodistas estaban equipados para extender el evangelio de la piedad superlativa lejos y ampliamente."[18]

Con todo, parece que los metodistas norteamericanos trataron con negligencia la doctrina de la santidad en la primera parte del siglo XIX. John Peters no encuentra mucho material en la literatura de ese tiempo para justificar la aseveración de que se le dio prominencia a la santidad.[19] Antes de 1805, los primeros metodistas norteamericanos se consideraban a sí mismos "hijos de Wesley", y en la conferencia de 1781 acordaron que predicarían la "antigua doctrina metodista" y seguirían las enseñanzas de Wesley.[20] Peters afirma que para 1812, "los eventos conspiraron y ocasionaron que los efectos fueran casi opuestos". Los tratados doctrinales fueron removidos de *La Disciplina* por motivos de conveniencia, y estos escritos de Wesley no se publicaron otra vez sino hasta 1832. Durante 1832 y 1849, poco se escribió acerca de la doctrina de la santidad en las principales revistas denominacionales. Durante estos años, dice Peters, esta doctrina no fue "interrogada seriamente ni predicada generalmente". Cuando esta doctrina se exponía o se defendía, se hacía estrictamente en términos wesleyanos, pero "la perfección cristiana parece no haber sido un ingrediente vital en el pensamiento general metodista y en la vida durante este tiempo".[21]

¿Cuáles fueron las razones de esta negligencia del "gran depósito" de Wesley? Se han sugerido varias razones. Peter piensa que la vida en la frontera en América del Norte ayudó a hacer de la conversión el tema principal en la predicación metodista. La guerra de 1812 pudo haber contribuido a dicha negligencia, aunque no puede decirse que durante la paz que hubo después, los metodistas hayan vuelto a asumir interés en la santidad. Peters opina que la prosperidad nacional que surgió y en la cual el metodismo participó, no "provocó una piedad más profunda".[22] Hablando del tiempo antes de la Guerra Civil, Delbert Rose atribuye el descenso en el énfasis de la santidad en la Iglesia Metodista al "crecimiento entre las denominaciones, el fanatismo religioso en nombre de la perfección y a las reacciones al carácter autocrático del episcopado metodista".[23]

Cualesquiera que hayan sido las causas que contribuyeron a la decadencia o la negligencia del énfasis sobre la santidad durante la primera mitad del siglo XIX, la doctrina no se perdió. La investigación de Timothy Smith revela una renovación del énfasis y un interés desde principios de 1825. En ese año,

Timothy Merritt publicó su obra intitulada *Treatise on Christian Perfection*, un manual que tuvo gran influencia por muchos años. Los obispos de la iglesia metodista hicieron un llamamiento a un avivamiento de santidad en la Conferencia General de 1832. En 1835, las famosas reuniones de los martes en Nueva York vinieron a estar bajo la dirección de Phoebe Palmer, y cuatro años más tarde, Timothy Merritt inició la publicación mensual de la revista *Guide to Holiness (Guía para la Santidad)*.[24]

No es la intención en la conclusión de este estudio sobre la doctrina de Wesley trazar en detalle el éxito o el fracaso de esta enseñanza en la escena norteamericana. Para estudios más detallados de esta naturaleza se le recomienda al lector las obras ya mencionadas por Elmer Gaddis, Delbert Rose, Timothy Smith, Claude Thompson y John Peters. Las conclusiones generales de estos hombres que estudiaron la enseñanza de la perfección en América del Norte nos ayudan a formar algunas opiniones generales acerca de qué tanto énfasis ha recibido la doctrina especial de Wesley.

El historiador Timothy Smith está convencido de que la doctrina de la perfección tuvo un lugar importante en los avivamientos a mediados del siglo XIX.[25] Estos avivamientos fueron aceptados por muchas denominaciones, incluyendo los bautistas, los presbiterianos, los congregacionales, los luteranos y los episcopales.[26] Estos predicadores de avivamiento de mediados del siglo no eran sectarios y fortalecieron el compañerismo entre las diferentes iglesias.[27] Los esposos Palmer, que eran metodistas y fuertes defensores de la perfección wesleyana, fueron usados en campañas de avivamientos apoyadas por otras iglesias.[28] Si Smith está en lo correcto en sus conclusiones, la doctrina de la santidad fue ampliamente aceptada y postulada por los predicadores de los avivamientos de ese tiempo. Sin embargo, esto no quiere decir que siempre seguían la doctrina de Wesley, aunque la mayoría de los escritores sobre la perfección cristiana en ese tiempo citaban profusamente a Wesley.[29]

Empero, Rose hace ver que no todos los metodistas apoyaron o dieron importancia al movimiento del avivamiento y de santidad de la década de 1850. Para 1860, las publicaciones de la Iglesia Metodista discutían la idea de abandonar totalmente los cultos campestres. También, por varios años antes de 1867, hubo una oposición creciente al tema de la entera santificación. En algunos lugares esta oposición llegó a ser muy violenta.[30] Rose presenta pruebas evidentes para demostrar que hubo un testimonio constante de la perfección wesleyana durante todo el "tiempo de la reacción drástica metodista a su propia doctrina". El discute extensamente la influencia de Phoebe Palmer y su esposo sobre muchos predicadores metodistas y obispos.[31] Parecería que para 1860 había dos grupos dentro del metodismo muy distintos entre sí. Uno se fortalecía más y más en pregonar la santidad; mientras que el otro tenía la tendencia a oponerse. Probablemente entre los dos extremos había muchos que descuidaban la doctrina pero no se oponían a ella.

Lo que sucedió después de la Guerra Civil no ha sido escrito completamente. Una historia de la Asociación Nacional de Santidad nos ayudaría a encontrar una respuesta.[32] Después que aumentó el interés en la santidad, interés creado por los esposos Palmer y otros predicadores de avivamiento, creció un deseo de parte de muchos de organizar un culto campestre (anual) para promover la enseñanza de la santidad. El primero de ellos se llevó a cabo en Vineland, New Jersey, en 1867, y se le llamó "La Asociación Nacional de Cultos Campestres para la Promoción de la Santidad Cristiana". El propósito de esta asociación fue avivar la obra de santidad en las iglesias.[33] No todos los defensores de la santidad favorecieron tal movimiento debido a los peligros que involucraba, pero otros sí estaban a favor.[34] Los líderes de esta organización han sido en su mayoría de la iglesia metodista. Estos líderes miraban con desagrado los cismas y la formación de las sectas y animaban a sus miembros a que continuaran testificando dentro de sus denominaciones. Esta asociación, aunque con algunos cambios en la estructura de la organización y en el nombre, ha continuado hasta el tiempo presente. Es representada como el "énfasis moderno wesleyano dentro del metodismo y su familia de vástagos menores, denominacionales e interdenominacionales".[35]

Aunque los líderes de la Asociación Nacional de Santidad no querían estimular a que hubiera cismas dentro del metodismo, éstos finalmente llegaron. John Peters presenta evidencias de varias revistas y periódicos en donde momento tras momento se emprendía una controversia dentro del metodismo en las últimas tres décadas del siglo XIX. Los predicadores de santidad hacían hincapié en lo instantáneo de la entera santificación mientras que otros insistían en una santificación que se identificaba con la regeneración, o en una santificación gradual únicamente.[36]

Durante este tiempo de controversia sobre la doctrina de Wesley de la entera santificación, los pregoneros de la santidad formaron asociaciones independientes de cultos campestres y empezaron a adquirir propiedades. Muchos evangelistas tomaron una parte activa en estos campamentos, y algunos de ellos se negaron a ser controlados por los líderes del metodismo. Naturalmente los obispos temían los excesos y dieron advertencias al respecto. Con el crecimiento del número de estos cultos campestres independientes y de los evangelistas (de santidad), surgió la amenaza de los cismas. Aparecieron casas publicadoras con el propósito de publicar exclusivamente materiales de santidad. En 1888 había cuatro casas de publicaciones y 27 revistas de santidad. Para 1892 ya había 41 revistas. No es de sorprender que se suscitó una reacción adversa a tal programa.[37]

Mientras que los predicadores de santidad fueron insistiendo cada vez más en los puntos de vista tradicionales y algunas veces "se refugiaban en el oscurantismo y en un dogmatismo aterrador", el otro extremo buscó refugio en el nuevo liberalismo que fue inspirado por el racionalismo alemán, el darwinianismo y el nuevo movimiento de reforma social. Las posiciones teológicas de los dos campamentos separados estaban rápidamente llegando a ser "mutuamente incomprensibles".[38] Un sector de la iglesia estaba decidido a buscar un avivamiento del énfasis tradicional, mientras que el otro "sector se sentía incómodo bajo esa tradición". El primero parecía no tener interés alguno en la sociedad de la cual formaba parte; el segundo tenía interés en establecer nuevas bases de interpretación para la fe cristiana. Se levantó una demanda para la fe cristiana. Se levantó una demanda por la paz, (entre los grupos) pero el grupo que insistía en la entera santificación no estaba dispuesto a hacer ninguna concesión. El resultado fue que muchos se alejaron de la Iglesia Metodista en la década de 1880, y se organizaron en varias sectas.[39]

Así, hacia fines del siglo, la doctrina de la perfección cristiana fue presentada en diferentes estilos por dos grupos metodistas, y ambos aducían la autoridad wesleyana para sus posiciones. En las sectas, era un wesleyanismo abreviado —en muchos respectos característico de sus puntos de vista sin modificar de 1760, haciendo énfasis en su enseñanza instantánea y menospreciando en gran parte su énfasis sobre lo gradual. En la iglesia era un wesleyanismo incierto —en muchos respectos característico de sus puntos de vista de 1745, esperando tímidamente que una aproximación gradual (a la santidad) tuviera éxito, pero casi menospreciando completamente el énfasis de Wesley sobre lo instantáneo.[40]

Robert Cushman hace el juicio de que el "metodismo moderno ha regresado a la religión de Juan Wesley antes de 1738 y la ha aceptado", pero los metodistas no poseen el mismo celo por las buenas obras que él tenía.[41] Como quiera que sea, parece ser que el énfasis en el metodismo sobre la santidad en general, terminó con el siglo XIX.

La santidad vital estaba desapareciendo de la fe y la práctica metodistas. Finalmente, todos los rasgos de la doctrina fueron cuidadosamente eliminados de los himnos de la iglesia en el himnario publicado en 1935. Por ejemplo, en el gran himno de Carlos Wesley intitulado "Love Divine, All Love Excelling" ("Solo Excelso, Amor Divino"), que se ha publicado en todos los himnarios desde 1747, una línea en la segunda estrofa que dice: "Encontremos *ese segundo descanso*", fue alterada por la comisión de música y ahora dice: "Encontremos *el descanso prometido*." ¡No se permitió que permaneciera nada que pudiera recordar a los metodistas que su iglesia jamás había endosado una *segunda* obra de gracia![42]

Aunque los investigadores Gaddis, Elmer Clark, Thompson y Peters están de acuerdo en la conclusión general de que la agitación de la santidad dentro del metodismo en las últimas tres décadas del siglo XIX resultó en la formación de las sectas de santidad, y en que éstas se han "especializado" en la entera santificación,[43] no se debe llegar a la conclusión de que la iglesia metodista ha repudiado la doctrina wesleyana de la perfección cristiana. Todos los presidentes de la Asociación Nacional de Santidad hasta 1952, con la excepción de tres, han sido ministros metodistas.[44] Hay un avivamiento de interés entre los metodistas contemporáneos en la doctrina de Wesley de la santidad, tal como es evidente por los estudios de Flew, Sangster, Lindstrom, Cannon, Thompson y Peters. Que un gran número de metodistas no repudió esta doctrina es indicado por Rose.[45] Es probable que un metodismo que trató de estar a la par con los cambios contemporáneos de hace medio siglo, está ahora, juntamente con otras iglesias, tratando de recapturar algo de su herencia perdida.

De este examen relativamente breve y limitado de estudios hechos de la perfección en el metodismo norteamericano, nos atrevemos a sugerir un resumen general. Los primeros metodistas en Norteamérica estaban estrechamente unidos a Wesley y determinaron seguir sus doctrinas e instrucciones. Sin embargo, para principios del siglo XIX, las condiciones de la vida en la frontera produjeron una negligencia general de la enseñanza especial de Wesley sobre la entera santificación por dos o tres décadas. Para 1835, algunos líderes metodistas demostraron un interés renovado en esta doctrina, y usaron varios medios de hacer hincapié en la enseñanza. Para 1858, este interés había alcanzado una proporción considerable. Al mismo tiempo que se exhibía este nuevo interés, otros en el metodismo empezaron a oponerse a la enseñanza de la santidad que se iba desarrollando. Después de la organización de la Asociación Nacional de Santidad en 1867, y durante el aumento rápido de los campamentos de santidad, de las revistas y de los evangelistas con ese énfasis después de esta fecha, la controversia llegó a ser tan grande que, para fines del siglo XIX, se formaron muchas sectas de santidad, y el énfasis especial sobre la entera santificación sufrió un eclipse en la Iglesia Metodista. Sin embargo, ha existido un interés continuo de parte de algunos dentro del metodismo en el siglo XX. En las dos décadas recientes ha sido evidente un avivamiento de su interés en esta doctrina.

C. Sectas Norteamericanas de Santidad

Es imposible al concluir este libro dar una descripción detallada de las diferentes sectas que profesan enseñar la entera santificación. El metodismo es responsable, directa o indirectamente, de más de 50 sectas que existen en Estados Unidos. Todas éstas "pueden ser llamadas perfeccionistas en lo que concierne a sus doctrinas oficiales, y cuando menos 30 de ellas todavía hacen de la santificación uno de sus principios centrales".[46] Muchas de éstas fueron creadas en la década de 1890, cuando la controversia acerca de la santidad estaba en su apogeo. Peters declara que para 1900 "la gran parte de los predicadores vehementes de santidad —lo cual quería decir principalmente la perfección cristiana en su aspecto de la entera santificación— se habían retirado del metodismo episcopal norteamericano, o se les había animado a abandonarlo".[47] De acuerdo con Gaddis, estas sectas pedían que hubiera una restauración del metodismo primitivo.[48]

Mencionaremos aquí únicamente a tres de los muchos grupos de santidad. La Iglesia Metodista Wesleyana se separó de la Iglesia Episcopal por los asuntos de la esclavitud y el episcopado. Cuando se formó en 1843, la santidad no era un problema. Más tarde la Iglesia Metodista Wesleyana tomó su posición acerca de la perfección cristiana como una iglesia de santidad al insertar la siguiente declaración en su *disciplina:*

> La entera santificación es esa obra del Espíritu Santo por medio de la cual el hijo de Dios es limpiado de todo pecado innato por medio de la fe en Cristo Jesús. Es subsecuente a la regeneración, y es llevada a cabo cuando el creyente se presenta a sí mismo como un sacrificio vivo, santo y aceptable delante de Dios, y está por lo tanto capacitado por medio de la gracia para amar a Dios con todo su corazón y para andar sin culpa en sus santos mandamientos.[49]

Esta iglesia ha continuado su ministerio por más de un siglo y toma una posición declarada en favor de las doctrinas de Juan Wesley. Gaddis sostiene que los metodistas wesleyanos están constantemente buscando restaurar la "verdad" wesleyana en la doctrina así como los ideales "primitivos" en su organización.

> Probablemente no exista una denominación más leal a la interpretación primitiva de Wesley de la perfección cristiana, más dedicada al propósito ético central de la doctrina y más libre de los extremos emocionales y entusiastas que los wesleyanos.[50]

En las primerísimas etapas de la controversia de la santidad dentro del metodismo, ocurrió un cisma en el área de Nueva York. El resultado fue la formación de la Iglesia Metodista Libre en 1860. En esta separación, la santidad fue definitivamente uno de los puntos, si bien éste fue ocasionado por malentendidos. Esta iglesia formó una pronunciación clara sobre la fase de la entera santificación de la perfección cristiana, y se consideró a sí misma definitivamente como una iglesia de santidad.[51] Esto no significaba que la Iglesia Metodista ya había abandonado para esa temprana fecha la enseñanza de la santidad. Lo que significaba era que la disciplina era importante para los obispos metodistas.[52]

La Iglesia del Nazareno fue formada por varias iglesias de santidad independientes que se crearon del metodismo al finalizar el siglo. El doctor Bresee organizó la primera iglesia en California en 1893. Esta iglesia, y otras, se unieron con grupos que se relacionaban entre sí en 1907 y 1908 para formar la Iglesia del Nazareno,[53] que es el más grande de los grupos de santidad. "Adelantar el perfeccionismo era la única excusa para la existencia de este grupo." Elmer Clark cree que los nazarenos ya están perdiendo algo de lo que los distingue como iglesia de santidad. Han removido el término "santidad" de los nombres de sus instituciones. "Ni una sola institución de la denominación expone ahora su símbolo doctrinal en su nombre."[54] Sin embargo, tal vez sea mejor explicar este cambio de nombre por el hecho de que generalmente se atribuye el término "santidad" a todas las iglesias pentecostales. Los nazarenos, al igual que otras iglesias que aducen tener la doctrina wesleyana, no quieren ser confundidas con el movimiento de las "lenguas".

Estas tres iglesias, juntamente con los Peregrinos de la Santidad, "una pequeña edición de los nazarenos",[55] y muchas otras sectas pequeñas, intentaron seguir con la tradición de la doctrina de Wesley del perfecto amor. No es fácil determinar qué tanto lograron. La formación de las sectas demuestra que la doctrina no se extinguirá. Sin embargo, parece probable que hubiera sido mejor para esa enseñanza si hubiera sido retenida por la Iglesia Metodista. Admitimos sin ambages que han existido extremos en los grupos de santidad. "No siempre se ha avanzado hacia adelante y hacia arriba." Han existido "retrocesos y causas de oprobio así como triunfos y adelantos" en el "curso de este énfasis moderno wesleyano".[56]

En estos "grupos moderados de santidad", según les llama Gaddis, ¿se ha retenido el mensaje wesleyano?[57]

Resumen y Conclusión

Los metodistas modernos que se avergüenzan de las enseñanzas de santidad de la "segunda bendición" postuladas por las sectas pequeñas que se han derivado del metodismo, se inclinan a negar que Wesley sostuviera tales interpretaciones. En esto sus deseos prevalecen por sobre sus juicios históricos. Wesley dio todo su apoyo al principio y a la técnica de la "segunda bendición" o "segunda obra de gracia"; y las sectas pequeñas de santidad, ya sea para bien o para mal, son mucho más "wesleyanas" que sus críticos.[58]

Robert Clark insiste en que todas las sectas del metodismo regresan al principio de la perfección cristiana. Ellas "incitan a sus seguidores a que hagan todo lo posible en la búsqueda de esta gracia" tanto como Wesley exhortaba a sus seguidores "cuando la Iglesia Metodista era considerada una secta por la denominación establecida".[59] Clark cree que las sectas de santidad han sido fieles a la enseñanza de Wesley.

Cuando uno lee un discurso de uno de estos ministros de santidad de hoy, y después lo compara con algunos de los mensajes predicados por nuestros primeros padres en la Iglesia Metodista, la similitud es tan grande que uno no puede negar la fuente común de sus ideas.[60]

No es bueno comparar las enseñanzas perfeccionistas de estas sectas de santidad con las enseñanzas de Wesley a menos que se haya hecho una cuidadosa investigación de sus métodos, sus sermones y sus escritos. Parece que Gaddis y Robert Clark son de la opinión de que existe una similitud. Sin embargo, se necesitará más investigación para determinar el grado de desviación del ideal de Wesley. Parecería ser que la separación en grupos pequeños fácilmente conduciría a extremos que se podrían haber evitado en una iglesia más grande. Wesley se oponía a la independencia por parte de sus predicadores y les urgía a continuar en la Iglesia de Inglaterra. La controversia amarga y la acción independiente son contrarias al espíritu y la enseñanza de Wesley.

Aun si se pudiera probar que la doctrina de Wesley de la perfección fue retenida en algunas de las iglesias de santidad, todavía existe el problema de la comunicación. Cuando los grupos llegan a estar aislados en su actividad y ya no tienen ningún contacto activo con la comunidad cristiana mayor, cualquier contribución que sea de ayuda que ellas puedan aportar en la discusión ecuménica está perdida, ya no son corregidos por los grupos mayores, ni reciben su influencia. Tales grupos están en peligro de los extremos fanáticos y del oscurantismo.

Se debe decir una palabra acerca del movimiento moderno pentecostal. Existe mucha confusión en la mente popular, y aun en las mentes de algunos eruditos; confusión que casi les impide ver diferencia alguna entre esos grupos que ponen énfasis en los "dones" del Espíritu y los grupos que conservan la herencia wesleyana. Horton Davies, en un artículo sobre las sectas cristianas, usa las palabras santidad, pentecostal y adventista sin las distinciones correspondientes. Parece que él ve en las sectas de santidad un énfasis sobre el Espíritu Santo y la experiencia emocional.[61] Es obvio que se necesita un entendimiento más claro del asunto.

Desde luego se admite que las primeras iglesias pentecostales fueron un resultado de los avivamientos de santidad de las últimas décadas del siglo XIX. Es posible que el énfasis del movimiento de santidad en cuanto al bautismo con el Espíritu como una experiencia pentecostal produzca a su vez un énfasis exagerado en la experiencia emocional y los "dones espirituales". Cuando el "movimiento" quedó en manos de independientes sin la vigilancia propia de la iglesia, los extremos fueron inevitables. Cuando los pregoneros de santidad más conservadores vieron estos extremos, actuaron en contra de ellos.[62]

Los defensores "moderados" de la santidad reaccionaron en contra de los extremos que se desarrollaron en el pentecostalismo. La eliminación de la palabra "pentecostal" del nombre de la denominación nazarena es una evidencia de esto.[63] Prácticamente no hay lugar para los grupos pentecostales en la Asociación de Santidad de nuestros días.[64] El énfasis sobre las "lenguas" o la "sanidad" deja algo que desear en cualquier doctrina de santidad. Cuando se recuerda que la doctrina de Wesley es una religión interior y un perfecto amor, no manifestaciones externas, se ve muy claramente por qué la santidad como él la enseñó, no debería ser confundida con experiencias emocionales.

En contraste con los grupos pentecostales que no son wesleyanos, del siglo XX, hay los movimientos de santificación o de "vida elevada", que se han desarrollado a partir de la posición calvinista. El "Movimiento de Santificación" germano recibió su inspiración en gran parte de un hombre, Teodoro Jellinghaus, quien a su vez recibió su doctrina de Robert P. Smith, fundador del "Movimiento Keswick" en Inglaterra.[65] Es muy interesante que Phoebe Palmer y su esposo, y otros predicadores de santidad de Estados Unidos, tuvieron una parte principal en poner los cimientos para el movimiento Keswick.[66] Puesto que los Palmer fueron moldeados por la doctrina wesleyana en América del Norte, uno puede ver el origen común de todos estos grupos.[67]

Pero en este mismo movimiento entró una influencia que no era wesleyana. Charles Finney y Asa Mahan tenían antecedentes congregacionales y una nomenclatura de Westminster.[68] Las enseñanzas de Finney también afectaron a los movimientos de Keswick y de santificación en Europa.[69] D. L. Moody, Evan Roberts, R. A. Torrey, Wilbur Chapman y "El Gitano" Smith, miembros todos ellos de iglesias que no eran wesleyanas, participaron en los avivamientos de los cuales salieron estos movimientos.[70] Uno esperaría ver en estos movimientos fuera de la tradición metodista una interpretación diferente de la santidad de Wesley. Cuando Warfield le atribuye a la enseñanza wesleyana lo que él descubre en los movimientos de santidad, no está del todo en lo correcto.[71]

Los movimientos de santidad no wesleyanos, aunque retienen considerable terminología y énfasis de santidad, y hasta aceptan que hay una obra real de la gracia de Dios en el alma, aun en el sentido de la "segunda bendición", no se alzan hasta el concepto de Wesley de un corazón puro. Su concepto del pecado es tal que la gracia santificadora no es una purificación.[72] Se detienen antes de creer en una limpieza verdadera de todo pecado.[73] Su doctrina es tal que, aunque están relacionados con la doctrina wesleyana, no podrían subscribirse a la declaración de santidad de la Asociación Nacional de Santidad.[74] Aunque la diferencia es casi principalmente un asunto de definición, básicamente sus conceptos de la gracia, del pecado y de la "santidad posicional" los colocan muy cerca de una doctrina calvinista de la santificación.[75]

D. CONCLUSION

Es altamente improbable que los sucesores de un gran

pensador como Juan Wesley pudieran conservar, sin cambio, los grandes ideales y el espíritu de tal clase de hombre. En realidad, un hombre como Wesley esperaría que el tiempo y la experiencia modificarían sus métodos, su terminología y sus ideas. El estaba consciente de algunos cambios en sí mismo y en sus seguidores, cambios que ocurrieron durante su vida. Sin embargo, su concepto básico de la perfección no cambió, de acuerdo a su mismo testimonio.

No se discute aquí que no haya desviaciones en los puntos de vista maduros de Wesley entre los predicadores de santidad. Las opiniones de Wesley eran demasiado complejas para que muchos lo siguieran totalmente. Además, uno tampoco debe menospreciar la posibilidad de nuevos discernimientos o verdades acerca de la experiencia del amor perfecto, y nuevas expresiones de la misma verdad, que uno encuentra en los exponentes de la perfección cristiana en los siglos XIX y XX. También es incorrecto juzgar una doctrina por algunas de las opiniones populares, o de las acciones de adherentes de esa enseñanza. ¡A Wesley mismo no le habría gustado que lo hubieran juzgado de acuerdo a ciertas opiniones de sus seguidores! Ni tampoco debiera requerirse de aquellos que dicen seguir a Wesley en su doctrina de la perfección cristiana que ellos también lo sigan en sus puntos de vista sobre la iglesia, sobre la política, o sobre la economía, o de que consideren sacrosantos sus términos, métodos o prácticas.

Parece ser que la vida de los colonizadores de Estados Unidos, la agitación por el asunto de la esclavitud y la Guerra Civil, y las controversias debido a la santificación en el metodismo durante el siglo XIX, resultaron en modificaciones del punto de vista de Wesley de la santidad. En el acaloramiento de la controversia es muy fácil hacer hincapié en una verdad y descuidar otras. John Peters aparentemente está correcto en su conclusión de que el movimiento de santidad del siglo XIX, en su énfasis sobre la santificación instantánea y el testimonio, descuidó la insistencia equitativa de Wesley sobre el aspecto gradual, y sus precauciones acerca del testimonio.[76] Además, muchos olvidaron el espíritu amplio y liberal de Wesley en el acalorado conflicto.

Es imposible evaluar adecuadamente el *statu quo* presente de la enseñanza de la perfección en la Iglesia Metodista o de las sectas de santidad sin una investigación más detallada. Un examen minucioso de los métodos y enseñanzas de estos grupos debe hacerse en sus escuelas dominicales, en las reuniones de oración, en los servicios juveniles, en el ministerio pastoral, en la literatura devocional y en otros medios de nutrición cristiana, así como en sus escritos teológicos. Antes de que se pueda dar una evaluación verdadera, se debe estudiar el testimonio cristiano y las vidas de sus feligreses que profesan la experiencia de la entera santificación. Si se pudiera hacer esta clase de estudio, podría arrojar algo de luz sobre la pregunta: ¿cuántos de los conceptos de Wesley sobre la perfección se han retenido y practicado?

Los resultados de esta investigación de los conceptos de Wesley, asimismo revelan ciertas áreas de debilidad en el mensaje moderno de santidad, y ofrecemos las siguientes sugerencias como corrección. En primer lugar, el concepto de Wesley de la gracia preveniente atribuía un poder a la gracia gratuita de Dios que muy a menudo se pasa por alto. Wesley vio que una persona puede ser aceptable ante Dios con la fe de un siervo antes de que se le dé la fe evangélica. En otras palabras, puede haber muchas personas que no estén "bajo la ira", que no hayan experimentado a sabiendas el nuevo nacimiento en la fe que salva. Todavía están "bajo la ley", aunque poseen los principios de la fe, sólo que muy débil.

Una segunda corrección que Wesley ofrece se encuentra en su insistencia de que el justificado es inicialmente santificado y es hecho santo gradualmente. Esta santificación aumenta gradualmente como un proceso hasta el momento de la entera santificación. Wesley nunca sostuvo que un creyente podía ser indiferente en este punto de la santificación gradual y esperar alcanzar el amor perfecto. Debe haber una búsqueda intensa y continua, algunas veces por años, antes de que sea dada la fe para la santidad completa. Y para Wesley, esta fe para la entera santificación, así como para la justificación, es un don. Entonces, después de obtener el perfecto amor, la obra de la santificación progresiva o gradual, continúa en la vida total de uno. No existe verdadera santidad sin el crecimiento y la disciplina.

Otra corrección que nos sugiere el estudio de Wesley puede ser la desaprobación del reformador inglés de la demanda por la "segunda bendición" como un requisito para ir al cielo. El sostuvo que nadie podría ir al cielo sin la completa santidad, como todas las iglesias enseñan pero él no sostuvo que todos los que conscientemente no entraban a esta experiencia estaban perdidos. En realidad él mantenía el otro punto de vista —únicamente unos cuantos de los creyentes alcanzaban la entera santificación poco antes de morir. El se oponía al método de urgir a los creyentes a que fueran enteramente santificados por medio de amenazas como castigo. Era posible para los hombres andar en el "camino bajo", y no obtener el nivel más elevado en la vida cristiana, y aun así ser aceptados por Dios.

El reconocimiento de los límites humanos para la perfección era vitalmente importante para Wesley. La diferencia entre dos perfecciones —la perfección en el amor y la perfección en la ejecución— debe ser entendida. El esperar perfección en los poderes naturales aquí y ahora era engañoso. El *deseo* perfecto de llegar a ser perfecto en el actuar, era perfección cristiana; para llegar a ser perfecto en el segundo sentido, uno debe esperar la resurrección.

Estos límites humanos dejan una gran área en la persona santificada en donde la confesión es necesaria y se debe demostrar la humildad. El creyente enteramente santificado está en constante peligro de perder su gracia especial. No es una gracia que, una vez que se da, permanece por sí misma. La confianza en Cristo de momento en momento es esencial. Los fracasos y errores de los creyentes más santos son serios y necesitan la eficacia de la expiación de Cristo. No hay lugar para ensalzarse uno mismo por cualquier gracia obtenida. La humildad más grande es necesaria en cualquier testimonio. Un sentimiento continuo de indignidad y dependencia aumenta con un corazón puro. Cuando estos "pecados" del santificado son reconocidos, el pregonero de santidad puede entender mejor a su hermano calvinista que se considera todavía un pecador.

La negligencia del énfasis de Wesley acerca de la vida "de momento a momento" puede fácilmente conducir a una actitud farisaica hacia el pecado. Cuando el concepto de Wesley del pecado voluntario es recalcado sin su énfasis correspondiente en la pecaminosidad del creyente y las debilidades y fracasos del creyente enteramente santificado, un estado imaginario de santidad puede ser profesado sin el sentido esencial de indignidad y sin la dependencia necesaria en los méritos continuos de Cristo. Sin embargo, la verdadera santidad de corazón destruye cualquier acto de vanagloria en cualquier bondad obtenida, y hace al creyente sentir profundamente su constante necesidad de la expiación de Cristo. Sin este último hincapié, no existe la verdadera santidad.

Wesley determinó hablarle a la iglesia cristiana de su día. Lo que él decía no era un mensaje aislado. El expresó su mensaje en términos que pudieran ser entendidos por la gente del siglo XVIII. El no esperaba ningún favor, pero sí logró ser oído. Hay una grande pérdida cuando alguna verdad queda escondida en grupos aislados. Si el mensaje de Wesley es válido, necesita ser escuchado en los canales principales de las iglesias cristianas. Wesley no únicamente quería que su mensaje de santidad fuera *retenido* en el metodismo, sino que fuera *comunicado* a todos. Una de las más grandes debilidades que resultan de la formación de sectas es la incapacidad de hablar con una voz unida.

Wesley tiene una contribución que hacer a la discusión ecuménica. Su influencia sobre el protestantismo moderno ha sido demasiado grande para que su voz no se oiga. Controversias, cismas y extremos no deben cegar a los líderes cristianos al valor del pensamiento de Wesley acerca de la redención en Cristo. La verdad central de la teología de Wesley no debería ser dejada solamente a grupos aislados y extremistas. Esta verdad, propiamente comprendida y proclamada, es la propiedad de la iglesia universal.

Una gran contribución de Wesley se encuentra en su énfasis sobre la gracia universal. Esto no era nuevo en Wesley por ningún motivo, pero él hizo que la idea se avivara en el protestantismo. Cristo murió por todos los hombres. Su gracia opera en cada hombre. Todo hombre puede con esta gracia, si quiere, ser salvo. El es salvo por la fe que es el don de Dios, un don que todos pueden obtener si usan la gracia que ya tienen. La salvación es por gracia y sin embargo, por la fe. Es sinergismo en el marco del monergismo. Es una gran síntesis de la gracia gratuita universal de Dios con la salvación de los elegidos por la fe.

Las diferencias de Wesley en la definición de pecado, aunque no están tan claras como debieran, deberían ser reconocidas. Ciertamente los "pecados" que el pecador comete en rebelión y desafío de Dios, no son los mismos "pecados" en la vida del creyente cuyo corazón ha sido transformado. Y esta diferencia no está solamente en la actitud de Dios hacia los "pecados". Básicamente ha habido un cambio en la voluntad del creyente de tal manera que ya no comete pecados voluntarios ni a sabiendas. Tales "pecados" son imposibles en uno que está confiando en Dios. El creyente no está en rebeldía con Dios.

También existe una diferencia entre las desviaciones del perfecto o puro amor, y las desviaciones de una acción perfecta o norma. En la primera se encuentra el fracaso involuntario. Ya sea que uno esté de acuerdo con Wesley no, de que uno puede experimentar un amor perfecto para Dios, uno debe estar de acuerdo en que un amor puro no es lo mismo que perfección al ejecutar ese amor. Si esta distinción se asimila, la idea de Wesley de la perfección cristiana tiene significado.

El énfasis de Wesley sobre un cambio verdadero en el individuo tiene gran significado. Este "cambio verdadero" es interno y es descubierto en la motivación del amor. La vida nueva en la regeneración es el amor "derramado en todo el corazón" por el Espíritu Santo. Este amor llega a ser perfecto cuando sus rivales se destruyen a sí mismo. Pero puede abundar más y más. En este concepto, la santidad de Wesley no es solamente una justicia que se le "toma en cuenta" al creyente debido a Cristo, sino es realmente un amor que el creyente posee. Sin embargo, no es un amor natural sino un don de Dios que es comunicado por la constante unión con Cristo.

¿Debería uno negar la validez del concepto de Wesley del perfecto amor? Puesto que este amor es un don de Dios, no puede ser el desenvolvimiento natural de un amor humano. Puesto que es dado por Dios, ¿no debería expulsar a todos sus enemigos en el yo *(ego)*? Nadie debería negar el poder de Dios para crear un corazón completamente leal a Dios. Este hecho básico de un amor puro es el mensaje cristiano y viene a ser el fundamento para toda la unidad cristiana. Es un hecho drástico y hace un llamado a un cambio y a voluntades leales, pero describe el cristianismo del Nuevo Testamento correctamente. La doctrina de Wesley de la perfección tiene un propósito claro para este mundo moderno.

Es *perfección* —una perfección en el motivo del amor. Es *santidad* —una santidad derivada de Cristo y totalmente dependiente de El. Es *salvación* del pecado, pero es del pecado de la rebelión, del orgullo y del egoísmo. Es *pureza* —una pureza en el deseo y lealtad de un corazón totalmente dedicado a Dios. Es *humildad* nacida de una convicción personal de inutilidad y de toda la suficiencia de Cristo. Esto, para Wesley, es la descripción de la religión pura, la cual llama perfección cristiana.

NOTAS BIBLIOGRAFICAS

1. *Works*, VII, 423-24.
2. *Ibid.*, pp. 425-29.
3. *Ibid.*, VIII, 300.
4. *Ibid.*, XIII, 9.
5. Robert Clark *op. cit.*, p. 214.
6. *Ibid.*, p. 65.
7. *Ibid.*, pp. 238-40.
8. Scott, *op. cit.*, pp. 29-30.
9. *Ibid.*, p. 143.
10. *Ibid.*, pp. 161-65.
11. *Ibid.*, pp. 193-225.
12. *Ibid.*, pp. 265, 464.
13. *Ibid.*, p. 403.
14. *Ibid.*, p. 499.
15. *Ibid.*, p. 504.
16. Gaddis, *op. cit.*, p. 141.
17. *Ibid.*, p. 221.
18. *Ibid.*, p. 164.
19. Peters, *op. cit.*, pp. 188-89.
20. *Ibid.*, pp. 87, 90.
21. *Ibid.*, pp. 98-101.
22. *Ibid.*, p. 101.
23. Rose, *op. cit.*, p. 21.
24. Smith, *op. cit.*, pp. 115-16.
25. *Ibid.*, pp. 135-47.
26. *Ibid.*, p. 62.
27. *Ibid.*, p. 85.
28. *Ibid.*, pp. 67-68.
29. *Ibid.*, pp. 146-47.
30. Rose, *op. cit.*, p. 21.
31. *Ibid.*, pp. 22-35.
32. *Ibid.*, p. 13.
33. *Ibid.*, pp. 36-37.
34. *Ibid.*, pp. 47-48.
35. *Ibid.*, pp. 52-54.
36. Peters, *op. cit.*, pp. 175-76.
37. *Ibid.*, pp. 136-46.
38. *Ibid.*, pp. 143-44.
39. *Ibid.*, p. 192.
40. *Ibid.*, pp. 192-93.

41. Cushman, "Landmarks in the Revival", *op. cit.*, p. 118.
42. Elmer Clark, *op. cit.*, p. 58.
43. Gaddis, *op. cit.*, pp. 321-23; Thompson, *op. cit.*, pp. 709-10.
44. Rose, *op. cit.*, p. 53.
45. *Ibid.*, pp. 76-77.
46. Elmer Clark, *op. cit.*, p. 59.
47. Peters, *op. cit.*, p. 150.
48. Gaddis, *op. cit.*, p. 268.
49. *Discipline of the Wesleyan Methodist Church of America* (Syracuse: Wesleyan Methodist Publishing Association, 1951), p. 17.
50. Gaddis, *op. cit.*, pp. 299-301.
51. Peters, *op. cit.*, pp. 130-31.
52. Smith, *op. cit.*, pp. 129-30.
53. Peters, *op. cit.*, p. 149.
54. Elmer Clark, *op. cit.*, p. 75.
55. Gaddis, *op. cit.*, p. 376.
56. *Ibid.*, p. 54.
57. Gaddis, *op. cit.*, p. 353.
58. *Ibid.*, p. 99.
59. Robert Clark, *op. cit.*, pp. 215-16.
60. *Ibid.*, pp. 236-37.
61. Horton Davies, "Centrifugal Christian Sects", *Religion in Life*, XXV, núm. 3 (1956), 323-58.
62. Smith, *op. cit.*, pp. 60, 86.
63. Elmer Clark, *op. cit.*, p. 75.
64. Rose, *op. cit.*, pp. 192-93.
65. Warfield, *op. cit.*, I, 345.
66. Wall, *op. cit.*, pp. 404-6.
67. Rose, *op. cit.*, pp. 29-33.
68. Gaddis, *op. cit.*, p. 227.
69. Warfield, *op. cit.*, II, 213.
70. Rose, *op. cit.*, p. 32.
71. Warfield, *op. cit.*, II, 567.
72. *Ibid.*, pp. 582-83.
73. Norman Grubb, *The Law of Faith* (Londres: Lutterworth Press, 1947), pp. 79-93.
74. Peters, *op. cit.*, p. 162.
75. H. Orton Wiley, *Introduction to Christian Theology* (Kansas City: Beacon Hill Press, 1946), pp. 305-6.
76. Peters, *op. cit.*, pp. 191-92.

BIBLIOGRAFÍA

Obras Escritas por Juan Wesley

WESLEY, JUAN. *The Works of John Wesley.* Una edición de sus *Obras completas,* reproducida de la edición autorizada publicada por la Oficina de la Conferencia Wesleyana en Londres, Inglaterra, en 1872. 14 tt. Grand Rapids: Zondervan Publishing House, 1958.

———. *Explanatory Notes upon the New Testament,* Nueva York: Eaton and Mains, s.f.

———. *Standard Sermons.* Editado por E. H. Sugden, 2 tt. Londres: The Epworth Press, 1921.

———. *The Journal of the Rev. John Wesley, M.A.* Editado por Nehemiah Curnock, 8 tt. Londres: Epworth Press, 1938.

———. *The Letters of the Rev. John Wesley, M.A.* Editado por John Telford, 8 tt. Londres: Epworth Press, 1931.

———. and WESLEY, CHARLES. *Poetical Works.* Acumulado y ordenado por G. Osborn, 1868-72.

———. *A Calm Address to Our American Colonies.* Editado por Thomas Kepler. Cleveland: World Publishing Co., 1954.

———. *Survey of the Wisdom of God in the Creation.* Lancaster, Pa.: Hamilton, 1810.

———. *A Compend of Wesley's Theology.* Compilado por Robert Burtner y Robert Chiles, Nueva York: Abingdon Press, 1954.

Obras con Respecto a Wesley

BAKER, FRANK. *A Charge to Keep.* Londres: The Epworth Press, 1947.
BOWEN, MARJORIE. *Wrestling Jacob.* Londres: Watts and Co., 1937.
BRAILSFORD, MABEL R. *A Tale of Two Brothers.* Nueva York: Oxford University Press, 1954.
BREADY, JOHN WESLEY. *England: Before and After Wesley.* Londres: Hodder and Stoughton, Ltd., 1938.
CANNON, WILLIAM R. *The Theology of John Wesley.* Nueva York: Abingdon-Cokesbury Press, 1946.
CELL, GEORGE CROFT. *The Rediscovery of John Wesley.* Nueva York: Henry Holt and Company, 1935.
CLARK, ELMER T. *What Happened at Aldersgate?* Nashville: Methodist Publishing House, 1938.
COX, LEO G. "John Wesley's Concept of Sin". Tesis para maestría, inédita, University of Iowa, 1957.
CUSHMAN, ROBERT E. "Landmarks in the Revival Under Wesley", *Religion in Life,* XXVII, núm. 1, 1958, 105-18.
DOUGHTY, WILLIAM L. John Wesley: *His Conferences and His Preachers.* Londres: The Epworth Press, 1944.
EDWARDS, MALDWYN. *John Wesley and the Eighteenth Century.* Londres: George Allen and Unwin, Ltd., 1933.

ELTZHOLTZ, CARL F. *John Wesley's Conversion and Sanctification.* Nueva York: Eaton and Mains, 1908.

ENSLEY, FRANCIS G. *John Wesley Evangelist.* Nashville: Tidings, 1955.

FAULKNER, JOHN A. "Wesley's Attitude Toward Luther", *Lutheran Quarterly,* nueva edición, XXXVI, 1906, 156-59.

———. *Wesley as Sociologist, Theologian, Churchman.* Nueva York: The Methodist Book Concern, 1918.

FITCHETT, W. H. *Wesley and His Century.* Londres: Smith, Elder, and Company, 1906.

GREEN, J. BRAZIER. *John Wesley and William Law.* Londres: The Epworth Press, 1945.

GREEN, RICHARD. *The Conversion of John Wesley.* Londres: Francis Griffiths, 1909.

HARRISON, G. ELSIE. *Son to Susanna.* Nashville: Cokesbury Press, 1938.

HILDEBRANDT, FRANZ. *Christianity According to the Wesleys.* Londres: The Epworth Press, 1956.

———. *From Luther to Wesley.* Londres: Lutterworth Press, 1951.

HUTTON, WILLIAM HOLDEN. *John Wesley.* Londres: Macmillan and Co., Ltd., 1927.

KROLL, HARRISON. *The Long Quest.* Filadelfia: The Westminster Press, 1954.

LEE, UMPHREY. *John Wesley and Modern Religion.* Nashville: Cokesbury Press, 1936,

LIPSKY, ABRAM. *John Wesley a Portrait.* Nueva York: Simon and Schuster, 1928.

LUNN, ARNOLD. *John Wesley.* Londres: Cassell and Co., Ltd., 1929.

MACARTHUR, K. W. *The Economic Ethics of John Wesley.* Chicago: University of Chicago Libraries, 1936.

MCCONNELL, FRANCIS. *John Wesley.* Nueva York: The Abingdon Press, 1939.

NEELY, THOMAS BENJAMIN. *Doctrinal Standards of Methodism.* Nueva York: Fleming H. Revell Co., 1918.

PIETTE, MAXIMIN. *John Wesley in the Evolution of Protestantism.* Nueva York: Sheed and Ward, 1937.

PRINCE, JOHN W. *Wesley on Religious Education.* Nueva York: Methodist Book Concern, 1926.

RATTENBURY, J. ERNEST. *The Conversion of the Wesleys.* Londres: The Epworth Press, 1938.

———. *Wesley's Legacy to the World.* Nashville: Cokesbury Press, 1929.

SIMON, JOHN S. *John Wesley the Master Builder.* Londres: The Epworth Press, 1927.

———. John Wesley, *The Lost Phase.* Londres: The Epworth Press, 1934.

SIMPSON, W. J. SPARROW. *John Wesley and the Church of England.* Nueva York: The Macmillan Company, 1934.

SOUTHEY, ROBERT. *The Life of John Wesley and the Rise and Progress of Methodism.* Tercera edición. Londres: Longman, Brown, Green and Longmans, 1846.

TENNEY, MARY ALICE. *Blue Print for a Christian World.* Winona Lake: Light and Life Press, 1953.

THOMPSON, DAVID D. *John Wesley as a Social Reformer.* Nueva York: Eaton and Mains, 1898.

TYERMAN, LUKE. *The Life and Times of the Rev. John Wesley, M.A.* 3 tt. Londres: Hodder and Stoughton, 1875.

WADE, JOHN D. *John Wesley.* Nueva York: Coward-McCann, Inc., 1930.

WATSON, RICHARD. *The Life of the Rev. John Wesley, A.M.* Nueva York: T Mason and G. Lane, 1839.
WHITELEY, JOHN H. *Wesley's England: Survey of Eighteenth Century England.* Londres: The Epworth Press, 1938.
WINCHESTER, C. T. *The Life of John Wesley.* Nueva York: The MacMillan Company, 1916.
YOST, JESSE J. "Plerophoria in the Spiritual Experiences of John Wesley." Tesis inédita para maestría, State University of Iowa, 1922.

OBRAS SOBRE LA PERFECCION CRISTIANA

ABEL, PAUL F. "Human Nature", *Asbury Seminarian,* III, Núms. 2-3 (1948), 62-71, 114-21.
ANDERSON, TONY M. *After Holiness, What?* Kansas City: Nazarene Publishing House, 1929.
ARTHUR, WILLIAM. *The Tongue of Fire.* Nueva York: Eaton and Mains, 1856.
ATKINSON, J. BAINES. *The Beauty of Holiness.* Nueva York: Philosophical Library, 1953.
BALDWIN, H. A. *Holiness and the Human Element.* Louisville: Pentecostal Publishing Co., 1919.
BROCKETT, HENRY E. *Scriptural Freedom from Sin.* Kansas City: Kingshiway Press, 1941.
BROOKS, JOHN R. *Scriptural Sanctification.* Nashville: Publishing House of the M.E. Church, South, 1899.
BROWN, CHARLES EWING. *The Meaning of Sanctification.* Anderson, Ind.: The Warner Press, 1945.
CARRADINE, BEVERLY. *Sanctification.* Syracuse: A. W. Hall, Publisher, 1897.
CHADWICK, SAMUEL. *The Call to Christian Perfection.* Kansas City: Beacon Hill Press, 1943.
CLARK, DOUGAN. *The Theology of Holiness.* Chicago: The Christian Witness Co., 1893.
CLARK, ROBERT BURTON. "The History of the Doctrine of Christian Perfection in the Methodist Episcopal Church in America up to 1845." Disertación doctoral inédita, Temple University, 1946.
CORLETT, D. SHELBY. *The Meaning of Holiness.* Kansas City: Beacon Hill Press, 1944.
CURNICK, E. T. *A Catechism on Christian Perfection.* Chicago: The Christian Witness Co., 1885.
EARLE, RALPH. "The Holiness Teaching of the New Testament." Disertación doctoral inédita, Gordon Divinity School, 1944.
FAIRBAIRN, CHARLES V. *Purity and Power.* Chicago: The Christian Witness Company, 1930.
FLETCHER, JOHN. *The Works.* 4 tt. Nueva York: B. Waugh and T. Mason, 1835.
FLEW, R. NEWTON. *The Idea of Perfection in Christian Theology.* Londres: Oxford University Press, 1934.
FOSTER, RANDOLPH S. *Christian Purity or the Heritage of Faith.* Nueva York: Eaton and Mains, 1897.
_____. *Philosophy of Christian Experience.* Nueva York: Hunt and Eaton, 1890.
GADDIS, ELMER MERRILL. "Christian Perfectionism in America." Disertación doctoral inédita, University of Chicago, 1929.
GREER, GEORGE DIXON. "A Psychological Study of Sanctification as a Second Work of Divine Grace." Disertación doctoral inédita, Drew University, 1936.

HAINES, WALLACE R. "A Survey of Holiness Literature", *Heart and Life Magazine*, XXX, núm. 2 (1943), 10-15.

HINSHAW, CECILE EUGENE. "Perfectionism in Early Quakerism". Disertación doctoral inédita, Iliff School of Theology, 1943.

HUNTINGTON, D. W. C. *Sin and Holines* or *What It Is to Be Holy.* Nueva York: Eaton and Mains, 1898.

JESSOP, HARRY E. *Foundations of Doctrine in Scripture and Experience.* Chicago: Chicago Evangelistic Institute, 1938.

JONES, E. STANLEY. *Victorious Living.* Nueva York: Abingdon-Cokesbury Press, 1936.

KEEN, S. A. *Faith Papers.* Chicago: The Christian Witness Co., 1919.

LINDSTROM, HARALD. *Wesley and Sanctification.* Londres: The Epworth Press, 1946.

LOWERY, ASBURY. *Possibilities of Grace.* Chicago: The Christian Witness Co., 1884.

MALLALIEU, WILLARD F. *The Fullness of the Blessing of the Gospel of Christ.* Chicago: The Christian Witness Co., 1903.

MANIFOLD, ORRIN AVERY. "The Develoment of John Wesley's Doctrine of Christian Perfection". Disertación doctoral inédita, Boston University, 1945.

PALMER, PHOEBE. *Faith and Its Effects.* Nueva York: Palmer and Hughes, 1867.

PECK, GEORGE. *The Scripture Doctrine of Christian Perfection.* Nueva York: Lane and Scott, 1850.

PECK, JESSE T. *The Central Idea of Christianity.* Boston: Henry V. Degen, 1856.

PETERS, JOHN LELAND. *Christian Perfection and American Methodism.* Nashville: Abingdon Press, 1956.

REES, PAUL S. "Our Wesleyan Heritage After Two Centuries", *Asbury Seminarian*, III, núms. 1-3 (1948), 8-12, 54-58, 103-7; IV, núms. 1-2 (1949), 13-17, 47-54.

RIES, CLAUDE ARDEN. "A Greek New Testament Approach to the Teaching of the Deeper Spiritual Life." Disertación doctoral inédita, Northern Baptist Seminary, 1945.

ROSE, DELBERT R. *A Theology of Christian Experience.* Wilmore, Ky.: The Seminary Press, 1958.

SANGSTER, W. E. "The Church's One Privation", *Religion in Life,* XVIII, núm. 4 (1949), 493-507.

―――. *The Path to Perfection.* Nashville: Abingdon-Cokesbury Press, 1943.

SCHWAB, RALPH KENDALL. *The History of the Doctrine of Christian Perfection in the Evangelical Association.* Menasha, Wis.: George Banta Publishing Co., 1922.

SMITH, HANNAH WHITALL. *The Christian's Secret of a Happy Life.* Nueva York: Fleming H. Revell Co., 1916.

SMITH, JOSEPH H. *Pauline Perfection.* Chicago: The Christian Witness Co., 1913.

SMITH, TIMOTHY L. *Revivalism and Social Reform.* Nashville: Abingdon Press, 1957.

STEELE, DANIEL. *Love Enthroned.* Nueva York: Phillips and Hunt, 1881.

―――. *Steele's Answers.* Chicago: The Christian Witness Company, 1912.

THOMPSON, CLAUDE HOLMES. "The Witness of American Methodism to the Historical Doctrine of Christian Perfection." Disertación doctoral inédita, Drew University, 1949.

TURNER, GEORGE A. *The More Excellent Way.* Winona Lake: Light and Life Press, 1952.

WALKER, EDWARD F. *Sanctify Them.* Chicago: The Christian Witness Co., 1899.
WOOD, J. A. *Purity and Maturity.* Boston: Christian Witness Co., 1899.
ZEPP, ARTHUR C. *Progress After Sanctification.* Chicago: The Christian Witness Co., 1909.

OBRAS AFINES A LA SANTIFICACION

BERKOUWER, GERRIT C. *Faith and Sanctification.* Grand Rapids: Wm. B. Eerdmans Publishing Company, 1952.
COCHRANE, ARTHUR C. "The Doctrine of Sanctification: Review of Barth's *Kirchliche Dogmatik*", *Theology Today*, XIII, núm. 3 (1956), 376-88.
CUSHMAN, ROBERT E. "Karl Barth on the Holy Spirit", *Religion in Life*, XXIV, núm. 4 (1955), 566-78.
FOSS, MARTIN. *The Idea of Perfection in the Western World.* Princeton: Princeton University Press, 1946.
KUYPER, ABRAHAM. *The Work of the Holy Spirit.* Grand Rapids: Wm. B. Eerdmans Publishing Co., 1946.
LAW, WILLIAM. *A Serious Call to a Devout and Holy Life.* Nueva York: E. P. Dutton and Co., 1906.
McCULLOH, GERALD O. "Evangelizing the Whole of Life", *Religion in Life*, XIX, núm. 2 (1950), 236-44.
NORTHCOTT, CECIL. "The Great Divide: Experience Versus Tradition", *Religion in Life*, XX, núm. 3 (1951), 396-402.
STEERE, DOUGLAS V. "The Meaning of Mysticism Within Christianity", *Religion in Life*, XXII, núm. 4 (1953), 515-26.
TAYLOR, JEREMY. *Holy Living and Dying.* Londres: Henry G. Bohn, 1850.
THOMAS A. KEMPIS. *The Imitation of Christ.* Nueva York: J. M. Dent and Sons, Ltd., 1910.
WALL, ERNEST. "I Commend to you Phoebe", *Religion in Life*, XXVI, núm. 3 (1957), 396-408.
WARFIELD, BENJAMIN B. *Studies in Perfectionism.* 2 tt. Nueva York: Oxford University Press, 1931.

OBRAS GENERALES DE TEOLOGIA

ARMINIUS, JAMES, *Works.* 3 tt. Londres: Longman, Hunt, Rees, Orme, Brown, and Green, 1825.
BERKOUWER, G. C. *The Triumph of Grace in the Theology of Karl Barth.* Grand Rapids: Wm. B. Eerdmans Publishing Co., 1956.
CAIRNS, DAVID. *The Image of God in Man.* Nueva York: Philosophical Library, 1953.
CALVIN, JOHN. *A Compend of the Institutes of the Christian Religion.* Editado por Hugh T. Keer. Filadelfia: Prebyterian Board of Christian Education, 1939.
_____. *Institutes of the Christian Religion.* 2 tt. Grand Rapids: Wm. B. Eerdmans Publishing Co., 1949.
CLARKE, ADAM. *Christian Theology.* Nueva York: Waugh and Manson, 1837.
_____. *The Holy Bible, with a Commentary and Critical Notes.* Nueva York: Abingdon-Cokesbury Press, s.f.
CURTIS, O. A. *The Christian Faith.* Nueva York: Eaton and Mains, 1905.
FINNEY, CHARLES G. *Systematic Theology.* Oberlin: E. J. Goodrich, 1878.

FOSTER, RANDOLPH S. *Studies in Theology.* 6 tt. Nueva York: Eaton and Mains, 1899.
HAY, CHARLES E. *The Theology of Luther.* 2 tt. Filadelfia: Lutheran Publication Society, 1897.
HILLS, A. M. *Fundamental Christian Theology.* 2 tt. Pasadena, California: C. J. Kinne, 1931.
HODGE, CHARLES. *Systematic Theology.* Grand Rapids: Wm. B. Eerdmans Publishing Co., 1952.
HORDERN, WILLIAM. "The Relevance of the Fall", *Religion in Life*, XX, núm. 1 (1951), 99-105.
IKIN, GRAHAM. "Sin, Psychology and God", *Hibbert Journal*, XLVIII, 368-71.
KNUDSON, ALBERT C. *Basic Issues in Christian Thought.* Nueva York: Abindon-Cokesbury Press, 1950.
LUTHER, MARTIN. *Commentary on the Epistle to the Romans.* Grand Rapids: Zondervan Publishing House, 1954.
―――. *Commentary on St. Paul's Epistle to the Galatians.* Grand Rapids: Wm. B. Eerdmans Publishing Company, 1930.
―――. *A Compend of Luther's Theology.* Ed. Hugh T. Kerr. Filadelfia: The Westminster Press, 1943:
―――. *Works of Martin Luther.* 6 tt. Filadelfia: A. J. Holman Company, 1932.
MACKINTOSH, ROBERT. *Christianity and Sin.* Nueva York: Charles Scribner's Sons, 1914.
MCGIFFERT, ARTHUR CUSHMAN. *Protestantism, Thought Before Kent.* Nueva York: Charles Scribner's Sons, 1936.
MILEY, JOHN. *Systematic Theology.* 2 tt. Nueva York: The Methodist Book Concern, 1892.
MURRAY, JOHN. *Redemption —Accomplished and Applied.* Grand Rapids: Wm. B. Eerdmans Publishing Company, 1955.
POPE, WILLIAM BURT. *A Compendium of Christian Theology.* 2 tt. Segunda edición, revisada y aumentada. Nueva York: Hunt and Eaton, 1899.
RALSTON, THOMAS N. *Elements of Divinity.* Ed. T. O. Summers. Nashville: Cokesbury, 1924.
RAYMOND, MINER, *Systematic Theology.* 3 tt. Cincinnati: Hitchcock and Walden, 1877.
SMITH, H. SHELTON. *Changing Conceptions of Original Sin.* Nueva York: Charles Scribner's Sons, 1955.
SPALDING, JAMES C. "Recent Restatements of the Doctrines of the Fall and Original Sin." Tesis doctoral, Columbia University. Ann Arbor: University Microfilms, 1950.
SPERRY, WILLIAM. "Sin and Salvation", *Religion in Life*, XXI, núm. 2 (1952), 163-206.
TAYLOR, JOHN. *The Scripture-Doctrine of Original Sin Proposed to Free and Candid Examination.* 3 secciones. Tercera edición. Incluyendo *A Supplement.* Belfast: John Hay, Bookseller, 1746.
TAYLOR, RICHARD S. *A Right Conception of Sin.* Kansas City: Nazarene Publishing House, 1939.
TENNANT, FREDERICK ROBERT. *The Concept of Sin.* Cambridge: University Press, 1912.
THIESSEN, HENRY CLARENCE. *Introductory Lectures in Systematic Theology.* Grand Rapids: Wm. B. Eerdmans Publishing Company, 1951.
WAKEFIELD, SAMUEL. *Christian Theology.* Nueva York: Hunt and Eaton, 1869.
WATSON, RICHARD. *Theological Institutes.* 2 tt. Ed. nueva. Nueva York: Carlton and Porter, 1857.

WILEY, H. ORTON. *Christian Theology.* 3 tt. Kansas City: Nazarene Publishing House, 1941.

OBRAS ACERCA DEL METODISMO

BETT, HENRY. *The Spirit of Methodism.* Londres: The Epworth Press, 1937.
BUCKLEY, J. M. *A History of Methodists in the United States.* Nueva York: The Christian Literature Co., 1896.
CAMERON, RICHARD M. *The Rise of Methodism.* A Source book. Nueva York: Philosophical Library, 1954.
CHILES, ROBERT E. "Methodist Apostasy: From Free Grace to Free Will" *Religion in Life,* XXVII, núm. 3 (1958), 438-49.
CHURCH, LESLIE F. *The Early Methodist People.* Londres: The Epworth Press, 1948.
DANIELS, W. H. *History of Methodism.* Nueva York: Methodist Book Concern, 1880.
FERRE, NELS F. S. "The Holy Spirit and Methodism Today", *Religion in Life,* XXIII, núm. 1 (1954), 36-46.
HYDE, A. B. *The Story of Methodism.* Springfield, Massachusetts: Willey and Company, 1888.
LUCCOCK, HALFORD E. y HUTCHINSON, PAUL. *The Story of Methodism.* Nueva York: Methodist Book Concern, 1926.
McLEISTER, IRA F., y NICHOLSON, ROY S. *History of the Wesleyan Methodist Church of America.* Edición revisada. Syracuse: Wesleyan Methodist Publishing Association, 1951.
SCOTT, LELAND HOWARD. "Methodist Theology in America in the Nineteenth Century". Disertación doctoral inédita, Yale University, 1954.
SIMPSON, MATTHEW (ed.). *Cyclopedia of Methodism.* Filadelfia: Louis H. Evérts, 1880.
STEVENS, ABEL. *A Compendious History of American Methodism.* Nueva York: Eaton and Mains, 1868.
STOKES, MACK B. *Major Methodist Beliefs.* Nashville: The Methodist Publishing House, 1955-56.
SWEET, WILLIAM WARREN. "Religion on the American Frontier, 1783-1840". T. IV. *The Methodists.* Chicago: The University of Chicago Press, 1946.
TOWNSEND, WILLIAM JOHN, WORKMAN, H. B., y EAYRS, GEORGE. *A New History of Methodism.* 2 tt. Londres: Hodder and Stoughton, 1909.
TUCKER, ROBERT L. *The Separation of the Methodists from the Church of England.* Nueva York: The Methodist Book Concern, 1918.
WARNER, WELLMAN J. *The Wesleyan Movement in the Industrial Revolution.* Nueva York: Longmans, Green and Co., 1930.
WHEELER, HENRY. *History and Exposition of the Twenty-five Articles of Religion of the Methodist Episcopal Church.* Nueva York: Eaton and Mains, 1908.

OBRAS GENERALES

BARTH, KARL. *The Christian Life.* Londres: Student Christian Movement Press, 1930.
BOSLEY, HAROLD A. *A Firm Faith for Today.* Nueva York: Harper and Brothers, Publishers, 1950.
———. *Main Issues Confronting Christendom.* Nueva York: Harper and Brothers, Publishers, 1948.

BRIGHTMAN, EDGAR S. *Personalism in Theology.* Boston: Boston University Press, 1943.
BRUNNER, EMIL. *The Divine Imperative.* Nueva York: The Macmillan Company, 1942.
CARNELL, EDWARD JOHN. *A Philosophy of the Christian Religion.* Grand Rapids: Wm. B. Eerdmans, 1954.
_____. *Christian Commitment.* Nueva York: The Macmillan Company, 1957.
CHAPMAN, J. B. *A History of the Church of the Nazarene.* Kansas City: Nazarene Publishing House, 1926.
CHERBONNIER, E. LaB. *Hardness of Heart.* Garden City: Doubleday and Company, Inc., 1955.
CLARK, ELMER T. *The Small Sects in America.* Nueva York: Abingdon-Cokesbury Press, 1949.
DAVIES, HORTON. "Centrifugal Christian Sects", *Religion in Life,* XXV, núm. 3 (1956) 323-35.
Discipline of the Wesleyan Methodist Church of America. Syracuse: Wesleyan Methodist Publishing Association, 1951.
FORELL, GEORGE W. *Ethics of Decision.* Filadelfia: The Muhlenberg Press, 1955.
_____. *Faith Active in Love.* Nueva York: The American Press, 1954.
GRUBB, NORMAN. *The Law of Faith.* Londres: Lutterworth Press, 1947.
HUNT, JOHN. *Religious Thought in England.* Londres: Strahan and Co., 1873.
JAMES, WILLIAM, *The Varieties of Religious Experience.* Nueva York: Longmans, Green, and Co., 1925.
JONES, RUFUS M. *Spiritual Reformers in the 16th and 17th Centuries.* Londres: Macmillan and Co., Ltd., 1914.
LECKY, WILLIAM E. H. *A History of England in the Eighteenth Century.* Londres: D. Appleton and Co., 1879.
LEWIS, EDWIN. *A Christian Manifesto.* Nueva York: The Abingdon Press, 1934.
_____. *A Philosophy of the Christian Revelation.* Nueva York: Harper and Brothers Publishers, 1940.
_____. *The Practice of the Christian Life.* Filadelfia: The Westminster Press, 1942.
MANSCHREECK, CLYDE LEONARD. *Melachthon, The Quiet Reformer.* Nueva York: Abingdon Press, 1958.
NIEBUHR, REINHOLD. *The Nature and Destiny of Man.* 2 tt. Nueva York: Charles Scribner's Sons, 1943.
PELIKAN, JAROSLAV. *Fools for Christ.* Filadelfia: Muhlenberg Press, 1955.
RALL, HARRIS FRANKLIN. *Religion as Salvation.* Nashville: Abingdon-Cokesbury Press, 1953.
ROBERTS, DAVID E. *Psychotherapy and a Christian View of Man.* Nueva York: Charles Scribner's Sons, 1953.
RUPP, GORDON. *The Righteousness of God.* Nueva York: Philosophical Library, Inc., 1953.
WATSON, PHILIP S. *Let God Be God!* Londres: The Epworth Press, 1947.
WILLEY, BASIL. *The Eighteenth Century Background.* Londres: Chatto and Windus, 1940.
_____. *The Seventeenth Century Background.* Londres: Chatto and Windus, 1934.

www.ingramcontent.com/pod-product-compliance
Lightning Source LLC
Chambersburg PA
CBHW051341040426
42453CB00007B/361